U0109424

古典文獻研究輯刊

二六編

潘美月・杜潔祥 主編

第4冊

四庫全書考校錄（第四冊）

江慶柏、徐大軍 編

王婷、魯秀梅、胡露、趙喜娟、
袁芸、徐大軍、孫瑾、楊麗霞、
沈玉雲、姜雨婷 著

國家圖書館出版品預行編目資料

四庫全書考校錄（第一冊）　江慶柏、徐大軍 編／王婷、魯秀梅、胡露、趙喜娟、袁芸、徐大軍、孫瑾、楊麗霞、沈玉雲、姜雨婷 著 — 初版 — 新北市：花木蘭文化事業有限公司，2018〔民 107〕

目 2+248 面；19×26 公分

（古典文獻研究輯刊 二六編；第 4 冊）

ISBN 978-986-485-348-9（精裝）

1. 四庫全書 2. 研究考訂

011.08　　107001755

ISBN-978-986-485-348-9

古典文獻研究輯刊

二六編　第四冊　　ISBN：978-986-485-348-9

四庫全書考校錄（第四冊）

編　　者　江慶柏、徐大軍

作　　者　王婷、魯秀梅、胡露、趙喜娟、袁芸、徐大軍、孫瑾、楊麗霞、沈玉雲、姜雨婷

主　　編　潘美月　杜潔祥

總 編 輯　杜潔祥

副總編輯　楊嘉樂

編　　輯　許郁翎、王筑　美術編輯　陳逸婷

企劃出版　北京大學文化資源研究中心

出　　版　花木蘭文化事業有限公司

發 行 人　高小娟

聯絡地址　235 新北市中和區中安街七二號十三樓

電話：02-2923-1455／傳真：02-2923-1452

網　　址　http://www.huamulan.tw 信箱 hml 810518@gmail.com

印　　刷　普羅文化出版廣告事業

初　　版　2018 年 3 月

全書字數　650239 字

定　　價　二六編 25 冊（精裝）新台幣 48,000 元

四庫全書考校錄（第四冊）

江慶柏、徐大軍 編

王婷、魯秀梅、胡露、趙喜娟、袁芸、
徐大軍、孫瑾、楊麗霞、沈玉雲、姜雨婷 著

目次

朱鶴齡《愚菴小集》校勘記

沈玉雲

作者簡介：

沈玉雲，江蘇泰州人。2015 年畢業於南京師範大學中國古典文獻學專業，獲文學碩士學位。現任職於南京城牆保護管理中心。參與編寫《江蘇地方文獻書目》等。

內容提要：

目前學界對《四庫全書》的研究大多集中於《四庫全書總目》，而其所收錄的書籍文本則並未引起學者們的足夠重視。《四庫全書》中收錄清人別集 42 部，存目 578 部。由於政治因素，不少文集被四庫館臣進行了刪改，又因編校、謄錄者偷工、筆誤等諸多原因，使得收錄進《四庫全書》的書籍未能保全原貌。尤其是一些明清文人的文集，更是與底本差異頗大。目前四庫研究問題中常常忽略對基礎文本的考察分析，又常由於條件所限，在文本研究中往往只注重對文淵閣本的研究，而不太注意將文淵閣本與其他版本，及與同屬於四庫本的文津閣本等進行比較。朱鶴齡的《愚菴小集》是少數被收入《四庫全書》的遺民文集中的一部，具有相當的代表性。1979 年，上海古籍出版社以復旦大學圖書館所藏為底本，復據上海圖書館所藏抄本、南京圖書館藏本補入復旦藏本所缺篇目，為迄今最為完備之影印本。本文即以此影印本為底本，與文淵閣《四庫全書》本、文津閣《四庫全書》本進行對校，著重考察淵本、津本兩版《愚菴小集》的刪改情況，以此考察四庫館臣對收錄入《四庫全書》之書的刪改原因和標準。

目　次

前　言

目前學界對《四庫全書》的研究極爲重視。但一直以來，對《四庫全書》的研究大多集中於《四庫全書總目》，而其所收錄的書籍文本則並未引起學者們的足夠重視。

《四庫全書》中收錄宋以前別集 111 部，存目 31 部；兩宋別集 399 部，存目 66 部；金元別集 175 部，存目 37 部；明人別集 238 部，存目 855 部；清人別集 42 部，存目 578 部。相較而言，清人別集的采擇最爲嚴格。從四庫館臣對清人別集的處理上，也能透視出整個四庫纂修及整個清代的政治文化氛圍。

《四庫全書》中除皇帝御製的以外，共有清人別集 37 部。由於政治因素，不少文集被四庫館臣進行了刪改，又因編校、謄錄者偷工、筆誤等諸多原因，使得收錄進《四庫全書》的書籍未能保全原貌。尤其是一些明清文人的文集，更是與底本差異頗大。

朱鶴齡的《愚菴小集》是少數被收錄入《四庫全書》的遺民文集中的一部，具有相當的代表性。目前四庫研究問題中常常忽略對基礎文本的考察分析，又常由於條件所限，在文本研究中往往只注重對文淵閣本的研究，而不太注意將文淵閣本與其他版本，及與同屬於四庫本的文津閣本等進行比較，實際上是孤本研究。現嘗試以上海古籍出版社影印本《愚菴小集》爲底本，與文淵閣《四庫全書》本、文津閣《四庫全書》本進行對校，著重考察淵本、津本兩版《愚菴小集》的刪改情況，以此考察四庫館臣對收錄入《四庫全書》之書的刪改原因和標準。

當前對朱鶴齡《愚菴小集》的研究成果不多。周金標的《〈四庫提要・愚菴小集〉辨誤》〔註1〕主要對《四庫全書總目》中《愚菴小集》提要裏提到的錢謙益與朱鶴齡之間的交往恩怨作出些辨誤；《朱鶴齡〈愚菴小集〉考述》〔註2〕對《愚菴小集》的編撰、版本及內容、藝術和文學思想進行了全面考述；《從〈愚菴小集〉看〈四庫全書〉對清初別集的著錄標準》〔註3〕則從清人別集本身出發來反觀四庫纂修問題。

碩士論文方面，欒翔的《朱鶴齡〈愚庵小集〉研究》〔註4〕分析了朱鶴齡的生平、著述和交遊以及《愚菴小集》的版本流傳，著重論述了《小集》的文學價值，闡釋了屈原詩魂對朱氏文風的影響。高洪韜的《朱鶴齡〈愚庵小集〉存詩校注》〔註5〕對《愚菴小集》中所存朱鶴齡詩進行校注與研究，對其人其詩進行了綜合性的研究。王建濤的《朱鶴齡詩歌研究》〔註6〕注重研究朱鶴齡的詩學淵源和詩學理論，探究其詩歌的思想內容和藝術技巧，總結其在當時的地位和詩學影響。

此外，楊麗霞的論文《〈曝書亭集〉康熙本、四庫本異文掇拾》〔註7〕、《從〈曝書亭集〉看四庫館臣對「違禁」人物的處理》〔註8〕，以及在此基礎上完成的碩士論文《四庫本〈曝書亭集〉校議》〔註9〕是少有的以四庫本清人別集爲專門研究對象的論文。作者進行了細緻的版本比對和異文分析工作，頗有創獲。陳恒舒的博士論文《四庫全書清人別集纂修研究》〔註10〕則對四庫清人別集纂修和流傳過程中涉及到的採進、禁燬、別擇、編校、刪改以及擬定提要等一系列問題進行了細緻的研究考證。

以上各篇，對於本文的寫作皆有一定的參考價值。

〔註1〕周金標，《〈四庫提要·愚菴小集〉辨誤》，《中國典籍與文化》，2009年第4期。

〔註2〕周金標，《朱鶴齡〈愚菴小集〉考述》，《淮陰師範學院學報》（哲學社會科學版）2009年第4期。

〔註3〕周金標，《從〈愚菴小集〉看〈四庫全書〉對清初別集的著錄標準》，《圖書館工作與研究》，2009年第10期。

〔註4〕欒翔，《朱鶴齡〈愚菴小集〉研究》，安徽大學，2011年碩士論文。

〔註5〕高洪韜，《朱鶴齡〈愚菴小集〉存詩校注》，廣西大學，2011年碩士論文。

〔註6〕王建濤，《朱鶴齡詩歌研究》，廣西師範大學，2012年碩士論文。

〔註7〕楊麗霞，《〈曝書亭集〉康熙本、四庫本異文掇拾》，《文教資料》，2008年第28期。

〔註8〕楊麗霞，《從〈曝書亭集〉看四庫館臣對「違禁」人物的處理》，《圖書館研究與工作》，2009年第3期。

〔註9〕楊麗霞，《四庫本〈曝書亭集〉校議》，南京師範大學，2012年碩士論文。

〔註10〕陳恆舒，《四庫全書清人別集纂修研究》，北京大學，2013年博士論文。

甲、《愚菴小集》概述

一、作者小傳

朱鶴齡（1606～1683），字長孺，號愚菴，別號松陵散人，江蘇吳江人。明末諸生。明亡後，絕意仕途，屛居故里，一心著述。「遺落世事，晨夕一編，行不識途路，坐不知寒暑。人或謂之愚，遂自號愚菴。」〔註 1〕曾與顧炎武等人參加明遺民組成的驚隱詩社，與李顒、黃宗羲、顧炎武並稱「海內四大布衣」。年七十八卒。

朱鶴齡穎敏嗜學，長於箋疏之學，撰有《杜工部集輯注》、《李義山詩集箋注》盛行於世。中年後，從顧炎武之勸，致力經學，著成《易廣義略》四卷、《尚書埤傳》十七卷、《詩經通義》二十卷、《讀左日鈔》十四卷、《春秋集說》二十二卷、《禹貢長箋》十二卷等，發明宋儒集注、集傳之所未及顧，惜不甚傳。

二、版本

《愚菴小集》是朱鶴齡所撰詩文集，凡十五卷，卷一爲賦，卷二至卷六爲各體詩歌，卷七、八爲序，卷九爲記，卷十爲書，卷十一爲論，卷十二爲辨，卷十三、卷十四爲雜著，卷十五爲傳。書前有康熙十年（1671）計東、王光承序。後附《傳家質言》十三則，自述其持身處世、讀書作文之法，但復旦藏本及其他較早印本未收入。

〔註 1〕清潘檉章撰，《松陵文獻》，《續修四庫全書》第 541 冊，上海古籍出版社，2013 年，第 489 頁。

關於其版本情況，諸人說法各異。

《清人別集總目》〔註 2〕中，將《愚菴小集》的版本分爲五種：康熙十年刻本、四庫全書本、抄本、1979 年上海古籍出版社影印復旦藏康熙十年刻本〔註 3〕（以下簡稱「上古本」）和燕京大學圖書館排印本〔註 4〕（以下簡稱「燕京本」）。

周金標在其《朱鶴齡〈愚菴小集〉考述》中提出，《愚菴小集》主要分金閶童晉之刊刻的十五卷本（即康熙十年刻本）、《四庫全書》本和上海古籍出版社影印本。

虞思徵在其《愚菴小集》〔註 5〕整理弁言中指出，目前可見版本有三：

1. 文淵閣《四庫全書》本：簡稱「四庫本」，據庶起士祝堃家藏本收錄。
2. 燕京大學本：簡稱「燕京本」。1940 年夏，燕京大學圖書館訪得清康熙十年序刻本，以東方文化事業總委員會圖書館藏本校讎，得其所缺詩七十九首、文十八篇，輯成《補遺》二卷附於其後。
3. 上海古籍出版社影印本：簡稱「上古本」。1979 年，上海古籍出版社以復旦大學圖書館所藏爲底本，復據上海圖書館所藏抄本、南京圖書館藏本補入復旦藏本所缺篇目，爲迄今最爲完備之影印本。

高洪韜在其論文《朱鶴齡〈愚菴小集〉存詩校注》〔註 6〕中認爲現有四種版本，分別爲四庫本、上古本、燕京本和華東師大出版社虞思徵點校本（簡稱「虞本」）。

王建濤在《朱鶴齡詩歌研究》〔註 7〕中提出版本有三：復旦大學館藏清康熙十年刻本、文淵閣四庫全書本、燕京大學圖書館鉛印本。另外，他認爲燕京本與上海古籍出版社影印本底本相同、篇次大抵相同，可看做同一版本。

欒翔在其論文《朱鶴齡〈愚菴小集〉研究》〔註 8〕中則認爲版本有二：清康熙十年刻本和文淵閣《四庫全書》本。

〔註 2〕李靈年、楊忠主編，《清人別集總目》，安徽教育出版社，2008 年，第 455 頁。

〔註 3〕清朱鶴齡撰，《愚菴小集》，上海古籍出版社，1979 年。

〔註 4〕清朱鶴齡撰，《愚菴小集》十五卷，補遺二卷，燕京大學圖書館，1940 年。

〔註 5〕清朱鶴齡著，虞思徵編，《愚菴小集》，華東師範大學出版社，2010 年。

〔註 6〕高洪韜，《朱鶴齡〈愚菴小集〉存詩校注》，廣西大學，2011 年碩士論文，第 15 頁。

〔註 7〕王建濤，《朱鶴齡詩歌研究》，廣西師範大學，2012 年碩士論文，第 1 頁。

〔註 8〕欒翔，《朱鶴齡〈愚菴小集〉研究》，安徽大學，2011 年碩士論文，第 15 頁。

仔細查驗可知，以上這幾種説法都不太準確，未能準確説明《愚菴小集》的版本刊刻情況。針對目前關於此書版本的一些概念混亂問題，現考辨如下：

（一）「康熙十年刻本」與「康熙十年序刻本」

目前所見康熙十年刻本，其實不能確定其是否即刻於康熙十年。學界多是據卷首康熙十年（1671 年）計東所作之序，認定其刊刻年代。但此集中收錄有康熙十年以後所作十篇。因此準確説，應稱之爲「康熙十年序刻本」。而研究者多遺漏「序」字，徑稱「康熙十年刻本」，造成不少誤解。一字之差，意義大不相同。如僅根據書前之序輕率地認爲是「康熙十年刻本」，恐會混淆不同版本。

限於條件，多數收藏單位亦未能仔細查考藏本的版本問題，僅據表面情況標爲「康熙十年刻本」，這也給研究者帶來一定困惑。

（二）「四庫本」與「淵本」

目前研究者在研究《愚菴小集》四庫全書本時，大多只使用了文淵閣本，而忽略了文津閣本、文溯閣本、文瀾閣本。由於文溯閣本、文瀾閣本不容易看到，現在實際能看到的只有文淵閣本（以下簡稱「淵本」）和文津閣本（以下簡稱「津本」）。經過比較，可以發現津本與淵本的文字和篇目仍有不少差異，因此可看作是兩個有聯繫又有差異的版本。本文即以上古影印本爲底本，從提要、篇目、文字三方面將其與淵本和津本作比較。

（三）「北大本」與「復旦本」

北京大學圖書館藏本（簡稱「北大本」）原藏於燕京大學，現藏於北京大學圖書館。「北大本」實際上即爲 1940 年燕京大學圖書館所得清康熙十年序刻本。

與北大本相比，復旦大學圖書館藏本（簡稱「復旦本」）缺卷八《董太史豫遊草序》、《宗定九全集序》，卷九《蓴鄉草堂記》，卷十二《春秋譏世卿辨》、《季札不書公子辨》、《孔子用魯年月辨》等六篇，且缺頁情況也較嚴重，如卷九《同里顧氏梅林記》後缺數頁，致使後一篇《蓴鄉草堂記》亦缺，卷十五《贈翰林院待詔孝介朱公傳》缺一頁。北大本雖較之保存完好，但末頁亦缺損部分文字，現已做修補。

朱鶴齡生前，《愚菴小集》曾多次增補刊刻，而北大本篇目較復旦本更爲全面，據此推知復旦本刊刻年代當在北大本之前。

復旦本卷十三《書朱子大全集後》「何澹菴」，北大本作「胡澹菴」，「胡」字明顯與其他字跡不同，當爲後改。此亦可輔證「復旦本早於北大本」之論。

《愚菴小集》中有一篇《尚書埤傳序》，兩版部分文字差異較大：

復旦本：

余之輯是書也，主詁義而兼及史家，臚羣疑而斷以臆説，務求爲通今適用之學，庶幾孔堂之金石絲竹不盡銷沈磨滅于數千載之後云爾？若曰夫夫也。于詩傳既不苟同紫陽，于書傳又多施砭仲默，是殆好立異幟于儒先之壇宇者乎？則吾豈敢。

北大本：

余之輯是書也，主詁義而兼及史家，臚羣疑而斷以臆説，務求爲通今適用之學，庶幾孔堂之金石絲竹不盡至于銷沈磨滅云爾。若以仲默之書羣然，尸祝不應輙有異辭，則余且撟舌而退。夫仲默作傳已不盡同紫陽之説，何獨疑于生仲默之後者哉。

查《尚書埤傳》卷首原序〔註 9〕，與北大本文字相同，又序末標明作於康熙十二年（1673 年），故北大本必在康熙十二年之後刊刻，刊刻時文字內容亦有所改動。

燕京大學鉛印本書末《跋》曰〔註 10〕：

惟東方館本紙墨較新，卷首有粉紅紙一葉，中題愚菴小集，左旁題金閶童晉之梓行，其卷七《讀左日鈔序》自「且左氏所稱書，不書先書，故書之類」以下語句多所改易，與康熙二十年所刊《讀左日鈔》卷首序文相同。於以見兩本刊行相距當有十年也，則童刻本其殆後來重印而加以搜集補訂者歟。

卷七《讀左日鈔序》北大本、復旦本文字一致，但與康熙二十年（1681）刊刻之《讀左日鈔》卷首序文自「且左氏所稱書，不書先書，故書之類」以下文字稍異。而據燕京大學民國鉛印本書末説明可知，東方館本《讀左日鈔序》與康熙二十年刊刻《讀左日鈔》卷首序文字相同，故東方館本《愚菴小

〔註 9〕清朱鶴齡撰，《尚書埤傳》，《景印文淵閣四庫全書》第 66 冊，臺灣商務印書館，1986 年，第 688 頁。

〔註 10〕清朱鶴齡撰，《愚菴小集》第四冊，燕京大學圖書館，民國廿九年鉛印本，跋一。

集》或爲北大本、復旦本之外另一版本，且其刊刻年代當在兩本之後。「東方館本」即東方文化事業總委員會圖書館藏本，現不知其所藏。

淵本、津本《尚書埤傳序》與復旦本文字相同，《讀左日鈔序》與復旦本、北大本文字相異，則四庫底本或爲復旦本、北大本之外的另一版本，不知與東方館本是否有關。條件所限，此問暫且擱置。

（四）「燕京本」與「上古本」

燕京大學圖書館鉛印本書末《跋》曰〔註11〕：

> 己卯夏，本館爲哈佛大學圖書館訪得康熙十年序刻本，據以付梓，將蕆事矣。見卷末無傳家質言也。自卷二至卷六缺諸體詩七十九首，自卷七至卷十一卷十三卷十五，缺雜著文十八篇，計缺葉六十有六，而兩本之板框行款如出一轍。惟東方館本紙墨較新，卷首有粉紅紙一葉，中題「愚菴小集」，左旁題「金閶童晉之梓行」，其卷七《讀左日鈔序》自「且左氏所稱書，不書先書，故書之類」以下語句多所改易，與康熙二十年所刊《讀左日鈔》卷首序文相同，於以見兩本刊行相距當有十年也。則童刻本其殆後來重印而加以搜集補訂者歟。本館印行是集，固宜存原書之舊，仍當爲全璧之謀，乃將所缺詩文分作補遺二卷，編次義例，一依童刻某詩某文原列某卷者目錄爲之注明。至於已據印之詩文所缺字句，如卷六第五葉無題詩，缺一二三句，卷八《宗定九全集序》末缺一評語，卷九《蓴鄉草堂記》末缺「焉」字，及朱錫鬯評語，均依童刻校補，又補遺卷一五言律《贈顧季任》一首，承顧君廷龍自滬據他本抄寄補入，蓋顧君亦曾經始校印是集者也。

據此可知，燕京本是在康熙十年序刻本（現藏北京大學圖書館）基礎上，依東方館童刻本將所缺詩文分作補遺二卷，編次目錄。

上古本則以復旦大學圖書館藏本爲底本，「復據上海圖書館、南京圖書館藏本補入復旦藏本所無各篇」〔註12〕，分別插入每卷之後，「並在目錄頁中相應增入各該篇目錄」。

現將燕京本與上古本文字相異逐一錄出，以供參考。

〔註11〕清朱鶴齡撰，《愚菴小集》第四冊，燕京大學圖書館，民國廿九年鉛印本，跋一。

〔註12〕清朱鶴齡撰，《愚菴小集》，上海古籍出版社，1979年，出版說明二a。

燕京本：《送徐松之遊新安》（補遺卷一，七 a）

上古本：《送松之遊新安》（卷四，十四 a，161）

《賦得天寒有鶴守梅花》

燕京本：光翻傍水渾艱辨，影亂臨風只對垂。（卷五，二 b）

上古本：光翻傍水渾難辨，影亂臨風只對垂。（卷五，四 b，200）

《周易廣義略序》

燕京本：烏敢自謂于易學有裨乎？（補遺卷二，三 b）

上古本：烏敢自謂子易學有裨乎？（卷七，二十九 b，336）

《孫義士鳴災記》

燕京本：時圜土疫作，已斃數人。（補遺卷二，七 b）

上古本：時圜上疫作，已斃數人。（卷九，二十二 b，458）

《與李太史■■論杜注書》

燕京本：況又絫牘不休，有專注《秋興八首》至衍成卷帙者，此何異昔人解「曰若稽古」四字乃作數萬餘言，雖罄剡溪之藤書之，豈能竟乎？（卷十，二 a）

上古本：況又絫牘不休，有專注《秋興八首》至衍成卷帙者，此何異唐人解「曰若稽古」四字乃作數萬餘言，雖罄剡溪之藤書之，豈能竟乎？（卷十，三 b，468）

《寄徐太史健菴論經學書》

燕京本：信生于辨，辨生于疑，疑生于不一說。（卷十，五 b）

上古本：信生于辨，辨生于疑，疑生于不一說。（卷十，十三 b，488）

《無黨論》

燕京本：虛則是非之見勿橫據于胸中而一衷乎。（補遺卷二，九 b）

上古本：虛則是非之見勿橫據于胸中而一衷乎。（卷十一，十四 a，529）

《書朱子大全集後》

燕京本：胡澹菴劾之醜詆爲奸邪，謂可與秦檜同斬。（卷十三，九 a）

上古本：何澹菴劾之醜詆爲奸邪，謂可與秦檜同斬。（卷十三，二十三 a，643）

綜上所考，復旦本當爲現今可見之最早版本，北大本爲其之後數年所刻，東方館本再次之，後爲《四庫全書》各版本。燕京本爲民國鉛印本，上古本爲 1979 年出版之現今最全之版本，虞本爲 2010 年點校本。

因上古影印本篇目最全，故以此版本爲底本，與淵本、津本對比校勘。

三、提要比較

《四庫全書》各本中皆有「卷首提要」，每一篇都須進呈乾隆，以示「欽定」。「提要格式例以『臣等謹案』四字起首，篇末署乾隆某年某月校上，下題總纂、總校官名姓」〔註 13〕。《四庫全書總目提要》的書寫格式則與庫本不同，較爲簡略。

四庫全書各版本抄錄時間不同，故提要也多有改動。下爲《愚菴小集》淵本、津本、總目提要摘錄：

淵本〔註 14〕：

臣等謹案：愚菴小集十五卷。國朝朱鶴齡撰。鶴齡所著《尚書埤傳》諸書俱別著錄，此集乃所著詩文，凡賦一卷，諸體詩五卷，雜文九卷，末附《傳家質言》十三則。鶴齡始專力於詞賦，自顧炎武勖以本原之學，乃研思經義於漢唐注疏，皆能爬梳抉摘，獨出心裁。故所爲文章悉能典雅醇實，不墮剽竊摹擬之習。其邶墉衛三國、禹貢三江、震澤、太湖、嶓冢、漢源諸辨，多有裨于考證生平。甞箋注杜甫李義山詩，其作韻語頗出入二家之間，而寄興清遠，亦復自饒神趣。至其與錢謙益同郡，方謙益箋注杜詩，時甞館於其家，乃集中無一語推重之。所作《書元裕之集後》一篇稱「裕之舉金進士，歷官左司員外郎。及金亡，不仕隱居。秀容詩文無一語指斥者，裕之於元，既足踐其土，口茹其毛，即無詢詈之理，非獨免咎，亦誼所當然，乃今之訕辭詆語，曾不少避。若欲掩其失身之事以誑國人者，非徒誖也，其愚亦甚」云云。其言蓋隱刺謙益而發，尤可謂能知大義者矣。乾隆四十二年十月恭校上

津本〔註 15〕：

臣等謹案：愚菴小集十五卷。國朝朱鶴齡撰。鶴齡，字長孺，

〔註 13〕劉遠遊，《〈四庫全書〉卷首提要的原文和撤換》，《復旦學報》（社會科學版）1991 年第 2 期。

〔註 14〕清朱鶴齡撰，《愚菴小集》，《景印文淵閣四庫全書》第 1319 冊，第 2 頁。

〔註 15〕清朱鶴齡撰，《愚菴小集》，《文津閣四庫全書》第 1322 冊，商務印書館，2006 年，第 651 頁。

吳江縣學生。玆集賦一卷，詩五卷，文九卷，末附《傳家質言》十三則。乃鶴齡自述其持身處世、讀書作文之法。前有王光承、計東序，鶴齡長於箋疏之學，所撰《毛詩通義》、《尚書埤傳》、《禹貢箋注》、《左傳日鈔》，發明宋儒集注、集傳所未及，顧不甚傳。惟杜甫、李商隱集盛行於時。《松陵文獻》稱其「遺落世事，晨夕一編，行不識路塗，坐不知寒暑，人或以爲愚。因以『愚菴』自號，並名其集」。東序稱其詩文似宋王魯齋，曾質之於汪琬，亦以爲然。誠非虛譽也。乾隆四十九年三月恭校上

總目〔註 16〕**：**

愚菴小集十五卷庶吉士祝堃家藏本

國朝朱鶴齡撰。鶴齡有《尚書埤傳》，已著錄。此集凡賦一卷、諸體詩五卷、雜著文九卷，末附《傳家質言》十三則。鶴齡始專力於詞賦。自顧炎武勖以本原之學，始研思經義，於漢唐注疏皆能爬梳抉摘，獨出心裁。故所作文章，亦悉能典雅醇實，不蹈剽竊摹擬之習。其邶鄘衛三國、禹貢三江、震澤、太湖、嶓冢、漢源諸辨，多有裨於考證。嘗箋注杜甫、李商隱詩集。故所作韻語，頗出入二家之間，而寄興清遠，能不自掩其神韻。與錢謙益爲同郡，初亦以其詞場宿老，頗與倡酬。既而見其首鼠兩端，居心反覆，薄其爲人，遂與之絕。所作《元裕之集後》一篇，稱「裕之舉金進士，歷官左司員外郎。及金亡不仕，隱居秀容，詩文無一語指斥者。裕之於元，既足踐其土，口茹其毛，即無反詈之理。非獨免咎，亦誼當然。乃今之訕辭詆語，曾不少避，若欲掩其失身之事，以誑國人者，非徒詩也，其愚亦甚」云云。其言蓋隱指謙益輩而發，尤可謂能知大義者矣。

淵本卷首提要主要介紹了文集內容、朱鶴齡從詞賦入經史的學術經歷和其對錢謙益的態度。《總目》提要與淵本提要差異不大。但淵本中有「至其與錢謙益同郡，方謙益箋注杜詩，時嘗館於其家，乃集中無一語推重之。」《總目》提要則言辭犀利，毫不留情地批判了錢謙益的爲人，「與錢謙益爲同郡，初亦以其詞場宿老，頗與倡酬。既而見其首鼠兩端，居心反覆，薄其爲人，

〔註 16〕清永瑢等撰，《四庫全書總目》，中華書局，1965 年，第 1523～1524 頁。

遂與之絕。」這也反映了清廷對錢謙益的態度基調，因此集中有關錢謙益的詩文全部被刪改。

津本卷首提要在淵本七年後所寫，介紹了文集內容、作者情況及時人評價，與淵本和總目差異較大，明顯爲後來重寫之辭。有關其與錢謙益之矛盾也再未提及，似是爲淡化其政治立場問題。

四、篇目比較

上古本、淵本和津本的篇目多寡頗有出入，篇次則大致相同。三種版本中上古本篇目最全，淵本、津本則被四庫館臣各有刪改。以下僅爲對《愚菴小集》中正文內容完全一致，但標題和篇目存在異同的篇目進行的分析。

「弘」字避諱、「丘」和「邱」互用情況忽略不計，三版篇目的異同具體可分爲以下幾種情況：

（一）上古本有，淵本、津本都刪除

上古本	淵　本	津　本
王光承序	無	無
投贈錢宗伯牧齋先生二十五韻	無	無
與吳梅村祭酒書	無	無

王光承（1606～1677），字玠右，華亭（今上海松江）人。明末諸生。曾與同邑夏允彝、陳子龍等人結「幾社」，與復社相應和。「公始入社，一時聲名之重，未有如公者也。會逢甲申之變，弘光改元於南都，公以恩拔貢於王廷，未期而遭鼎革，年方壯盛，即絕意功名，甘居肥遁。」〔註 17〕其明遺民的身份恐爲四庫館臣所忌，故而刪去此序。

卷四《投贈錢宗伯牧齋先生二十五韻》是朱鶴齡爲討好錢謙益，爲其所作的通款之作。此詩盛讚錢謙益在文壇的領袖地位，又暗示其反清之功績，因此雖在上古本保留，但淵本和津本皆刪。

卷十《與吳梅村祭酒書》則是爲錢謙益打抱不平之語，故四庫館臣刪去此詩。宋徵輿（「雲間三孝廉」之一）在《林屋文稿》卷十五《書錢牧齋列朝詩選後》中「極口詬詈」，假借梅村口實，誹謗錢謙益抄襲他人著作。朱鶴齡

〔註 17〕清葉夢珠撰，來新夏點校，《閱世編》，中華書局，2007 年，第 116 頁。

爲錢謙益打抱不平，稱讚他「高才博學，囊括古今，則夐乎卓絕一時矣」，認爲宋徵輿「鵲巢鳩踞，厚誣宗匠，不足當知者之一粲」。因此，他寫信給吳偉業，請「出一語以自明以間執讒慝之口」〔註 18〕，希望借吳偉業之口，澄清此事。不過就目前所見吳偉業的文稿中，並未發現他對朱鶴齡此信的回函。或是由於吳偉業當時正處多事之秋，又與錢、宋二人關係均密，故不肯多議此事。

四庫本對原書序跋多不收錄，又因王光承有明遺民身份，故四庫本皆未收錄其序。而《投贈錢宗伯牧齋先生二十五韻》、《與吳梅村祭酒書》皆爲頌揚錢謙益之詩文，故淵本、津本皆刪去。

（二）上古本有，淵本刪除，津本保留

1. 津本未改

上古本	淵　本	津　本
計東序	無	計東序
贈蒼雪法師六十	無	贈蒼雪法師六十
九日遣興	無	九日遣興
送友人適梁谿	無	送友人適梁谿
同馮定遠夜話	無	同馮定遠夜話
贈孫子長	無	贈孫子長
送文初無殊諸公適越州兼呈祁氏昆仲	無	送文初無殊諸公適越州兼呈祁氏昆仲
紅豆	無	紅豆
碧梧	無	碧梧

上古本前有康熙十年（1671）計東所作之序，淵本中並未收錄，津本則予以保留。

卷五《贈蒼雪法師六十》是朱鶴齡爲蒼雪法師所作。蒼雪法師（1588～1656），字見曉，更字蒼雪，號南來，法名讀徹，雲南趙氏。清順治十三年（1656）卒，年六十九。被王士禛譽爲「明代三百年第一詩僧」。明亡後，曾積極投身反清復明大業。其亦與錢謙益有所交遊。虞思徵在其《整理弁

〔註 18〕清朱鶴齡撰，《愚菴小集》，上海古籍出版社，1979 年，第 454 頁。

言》中考證指出：「蒼雪法師生於一五八八年，當其六十之歲，即一六四七年也，歲在乙未。正與先生《杜工部詩集輯注》自言『乙未館先生家塾』相合，則知諸詩作於其館牧齋碧梧紅豆山莊之時。」〔註 19〕故文淵閣本將此詩刪去。

卷五《九日遣興》，據清葛萬里《牧齋先生年譜》〔註 20〕順治十二年所記「遊震澤洞庭，逢重九，地主許更生邀同侯月鷺、翁于止、路安卿諸人登高莫釐峰頂」，清彭城退士《錢牧翁先生年譜》〔註 21〕、金鶴翀《錢牧齋先生年譜》〔註 22〕順治十二年所記「重九，先生游震澤洞庭，登莫釐峰頂」，故此詩當作於朱鶴齡館錢牧齋紅豆山莊之時，因而刪之。

卷五《送友人適梁谿》詩人借眼前荒涼景象感慨世事變幻、民生凋敝，此或揭露了當時社會的陰暗面，暗含對清廷統治的不滿，故四庫館臣刪去。此詩寫作時間暫不可考。

卷五《贈孫子長》，即孫永祚（1597～？），字子長，號雪屋，江蘇常熟人，明末諸生，復社成員，入清不仕。其《雪屋集》被列入四庫禁燬書目，故此詩自然被刪。

卷五《送文初無殊諸公適越州兼呈祁氏昆仲》，祁氏昆仲指祁彪佳之子祁理孫、祁班孫。祁彪佳爲前朝勛臣，清兵破城時拒不受降，自沉而死。祁理孫、祁班孫兄弟拒不仕清，感懷明朝，故四庫館臣刪去此詩。

卷五《紅豆》、《碧梧》，清葛萬里《牧齋先生年譜》順治十一年所記「是年卜築芙蓉莊，亦名紅豆莊」〔註 23〕。因錢謙益館舍名「紅豆山莊」，原名「碧梧山莊」。此因與錢謙益有關，故淵本刪去。

以上諸人諸詩皆因與清廷不和而被刪。

〔註 19〕清朱鶴齡著，虞思徵編，《愚菴小集》，華東師範大學出版社，2010 年，第 6 頁。

〔註 20〕清葛萬里編，《牧齋先生年譜》，《北京圖書館藏珍本年譜叢刊》第 64 冊，第 577 頁。

〔註 21〕清彭城退士編，《錢牧翁先生年譜》，《北京圖書館藏珍本年譜叢刊》第 64 冊，第 597 頁。

〔註 22〕金鶴翀編，《錢牧齋先生年譜》，《北京圖書館藏珍本年譜叢刊》第 64 冊，第 636 頁。

〔註 23〕清葛萬里編，《牧齋先生年譜》，《北京圖書館藏珍本年譜叢刊》第 64 冊，第 577 頁。

2. 津本改

上古本	淵　本	津　本
呈牧齋先生	無	呈某先生
陪牧齋先生登洞庭雨花臺即席限韻作	無	登洞庭雨花臺作
和牧齋先生登莫釐峰同子長作	無	登莫釐峰

卷五《呈牧齋先生》、《陪牧齋先生登洞庭雨花臺即席限韻作》、《和牧齋先生登莫釐峰同子長作》，淵本中皆直接刪去，津本則保留篇目，僅將與錢謙益有關的題目進行改動。據清葛萬里《牧齋先生年譜》順治十二年所記「遊震澤洞庭，逢重九，地主許更生邀同侯月鷺、翁于止、路安卿諸人登高莫釐峰頂」，清彭城退士《錢牧翁先生年譜》、金鶴翀《錢牧齋先生年譜》順治十二年所記「重九，先生游震澤洞庭，登莫釐峰頂」，故《陪牧齋先生登洞庭雨花臺即席限韻作》、《和牧齋先生登莫釐峰同子長作》皆當作於朱鶴齡館錢牧齋紅豆山莊之時。

此三首詩皆與錢謙益相關，故淵本中刪去。因其內容無礙，津本僅改其題。

（三）上古本有，淵本保留，津本刪除

上古本	淵　本	津　本
秋日述懷二十四韻	秋日述懷二十四韻	無
挽吳茂申先生二十四韻	挽吳茂申先生二十四韻	無
詠雪獅子十韻	詠雪獅子十韻	無
思陵長公主挽詩	思陵長公主挽詩	無

卷四《秋日述懷二十四韻》以秋景起興，渲染蒼涼廣闊之氛圍。又借「小冠閒自拭，壯齒恨難追。養拙安垂槖，嬉遊憶佩觿」，感慨時光易逝，暗含遲暮之悲。「百年俄遘運，三極遂全移。目慘江山異，神恇羽檄馳」，「歌風當彼黍，啓繇得明夷」表達江山易主，亡國之痛。故四庫館臣刪除此詩。

卷四《挽吳茂申先生二十四韻》，吳茂申，即吳有涯，字茂申。其曾爲復社成員，亦參與過反清復明大業。清潘檉章《松陵文獻》卷七載：「浙東兵潰，削髮爲僧，歸隱鄧尉山。久之，返故里。」〔註 24〕四庫館臣因而刪除

〔註 24〕清潘檉章撰，《松陵文獻》，《續修四庫全書》第 541 冊，第 455 頁。

此詩。

卷四《詠雪獅子十韻》從外貌、神態等方面描寫雪獅子之貌，顯示時人對這種西域之物之新奇。四庫館臣刪去此詩原因不詳。

卷四《思陵長公主挽詩》「思陵長公主」，即崇禎帝次女，原封號坤興公主，降清後改封長平公主。朱鶴齡此詩敘述了長公主短暫而坎坷的一生，令人哀歎。四庫館臣或恐引發前朝之思而刪。

以上諸篇，除《詠雪獅子十韻》一篇情況暫不清楚外，其餘幾篇都因與前朝有關而被刪。

（四）淵本、津本保留，但篇目名稱有改動

1. 淵本、津本都改動

上古本	淵　本	津　本
胡姬走馬	燕姬走馬	燕姬走馬
聞牧齋先生訃二首	聞某訃二首	聞某訃二首
假我堂文讌次和牧齋先生韻	假我堂文讌	假我堂文讌

卷四《胡姬走馬》，淵本和津本中改爲《燕姬走馬》，應爲避「胡」字而改。

卷四《聞牧齋先生訃二首》、卷五《假我堂文讌次和牧齋先生韻》，題名與錢謙益有關，故淵本和津本皆改。

2. 淵本改動，津本未改

上古本	淵　本	津　本
送松之遊新安	送徐松之遊新安	送松之遊新安
《和愚菴先生牡丹詩》沈永禋	沈永禋和詩	《和愚菴先生牡丹詩》沈永禋

卷四《送松之遊新安》（上古本目錄中作《送徐松之遊新安》，正文作《送松之遊新安》），淵本中添「徐」字。前後詩如《挽姜如農給諫》、《挽李如石明府》、《題計甫草村居次汪鈍翁韻二首》中均帶有姓氏，故淵本此處補上「徐」字，或爲使全文統一。

卷四《牡丹花下作》所附沈永禋《和愚菴先生牡丹詩》，淵本改題爲《沈永禋和詩》，此處無特殊意義，僅改題目。

3. 淵本未改，津本改動

上古本	淵　本	津　本
張公藥囊歌	張公藥囊歌	張公藥囊賦
過虞山同陳南浦諸子集劍浦池亭即席同賦	過虞山同陳南浦諸子集劍浦池亭即席同賦	夏六月同陳南浦諸子集劍浦池亭即席同賦
荷花三首	荷花三首	荷花二首

卷三《張公藥囊歌》，津本題目改作《張公藥囊賦》，未知所據。

卷四《過虞山同陳南浦諸子集劍浦池亭即席同賦》，「虞山」即錢謙益，淵本未改，津本改「過虞山」三字爲「夏六月」。

卷四《荷花三首》，津本誤作「二首」，當是謄錄錯誤。

《愚菴小集》淵本缺卷四《投贈錢宗伯牧齋先生二十五韻》、卷五《呈牧齋先生》、《贈蒼雪法師六十》、《九日遣興》、《送友人適梁溪》、《陪牧齋先生登洞庭雨花臺即席限韻作》、《同馮定遠夜話》、《贈孫子長》、《送文初無殊諸公適越州兼呈祁氏昆仲》、《和牧齋先生登莫釐峰同子長作》、《紅豆》、《碧梧》、卷七《箋注李義山詩集序》、卷十《與吳梅村祭酒書》、卷十二《舜崩蒼梧辨》、卷十三《書元裕之集後》等，共計詩十一首，文四篇。津本缺卷四《投贈錢宗伯牧齋先生二十五韻》、《秋日述懷二十四韻》、《挽吳茂申先生二十四韻》、《詠雪獅子十韻》、《韓蘄王墓碑》、《思陵長公主挽詩》、卷十《與吳梅村祭酒書》、卷十二《舜崩蒼梧辨》、卷十三《書元裕之集後》，共計詩五首，文四篇。刪改原因多是與錢謙益有關，其餘或爲謄錄錯誤，或爲語涉前朝，觸清廷忌諱。

《愚菴小集》中有大量與錢謙益有關的作品，在編纂《四庫全書》時，這些內容自然不可能在書中出現，因此作了相應的改動。有的在題目中刪去錢謙益的名號，有的則把整首詩都刪掉。例如，卷五《呈牧齋先生》和卷四《投贈錢宗伯牧齋先生二十五韻》，兩者提及錢謙益的程度不同。前面的一首只是泛泛而談，從詩篇內容上看並沒有具體談到某個人，所以四庫館臣僅將題目作了刪改，而原詩仍然予以保留。但後一首詩對錢謙益的一生做了相對完整的述說，時人對此詩評價很高，如金孝章云「典麗有則，此方是贈虞山詩」。「耆舊今誰在，巋然獨海虞。聖時留碩老，天末遯潛夫」，很容易想到所指即是錢謙益，而如果把相關詩句刪去，又很難保持整首詩的完整性，因此四庫館臣就將整首詩都刪去。

此外，卷六《贈安石周翁八十四首》，「首」字津本改作「韻」；上古本、津本卷十二《周人禘嚳辨》在《舜崩蒼梧辨》篇後，淵本則調到《春秋譏世卿辨》之前，不知何故。

五、文字差異

以上海古籍出版社影印本爲底本，與淵本、津本進行比較，所有文字差異分爲四種情況：上古本、淵本同，津本異；上古本、津本同，淵本異；淵本、津本同，上古本異；三版皆異。文字差異原因主要可以分爲有意改動和無意筆誤兩大類，除此以外，還有大量可通但文字有異的情形。另有一些不屬於改動，但文字完全不同的情形，其原因暫時還無法解答。今一併收錄於此，以待高見。

（一）有意改動

1. 前朝之思，暗諷清廷

滿清作爲異族統治者，並不能被廣大漢族所認同，尤其是一些明代遺民。儘管他們身在清廷統治之下，其心仍時常懷念明朝，所作詩文亦保留不少提及前朝的內容，如「明」、「朱明」、「漢」等字詞。又因其身處亂世，對滿清統治也多有不滿，遂借詩文以反映百姓疾苦、社會風貌。他們的文集被收錄入《四庫全書》時，四庫館臣必然要對這些進行改動。不過這類文字淵本中仍保留了不少，津本則改動較多。

（1）上古本、淵本同，津本異

《感遇十三首》

朱明未云滿，龍火已西移。（卷二，一b，48）

津本：已過長贏候，龍火正西移。（卷二，1322-662）

《遣興五首》

天子建明堂，棟梁安得遺。（卷二，十三b，72）

津本：豈不深固藏，棟梁安得遺。（卷二，1322-669）

《挽李如石明府》

千秋吳俎豆，一載漢衣冠。（卷四，十三b，160）

津本：千秋留俎豆，一載見鷹鸞。（卷四，1322-689）

（2）上古本、津本同，淵本異

《湖翻行》

盛朝蠲賑久不聞，長吏敲搒肯停否。（卷三，十三 a，117）

淵本：盛朝蠲賑猶未遑，長吏敲搒肯停否。（卷三，十四 b）

（3）三版皆異

《感遇十三首》

上古本：�蝗升天行，神龍失其所。（卷二，二 a，49）

淵本：蟥蝗升天行，潛蛟失其所。（卷二，二 a）

津本：富貴寧有常，羇窮亦其所。（卷二，1322-662）

《書夏瑤公幸存錄後》

上古本：自古敗亡之烈，其速如翻掌，易如建瓴，未有若思陵之季者也。（卷十三，二十七 a，651）

淵本：自古敗亡之烈，其速如翻掌，易如建瓴，未有甚於思陵之季者也。（卷十三，二十九 b）

津本：自古敗亡之烈，其速如翻掌，易如建瓴，從未有若思陵之季者也。（卷十三，1322-814）

《附錄傳家質言》

上古本：甲申春，館金陵唐儀曹署，聞■烈皇帝變報，乃泫然長號曰：「此何時也？尚思以科第顯耶？」（附錄，一 a，759）

淵本：甲申春，館金陵唐儀曹署，聞莊烈皇帝變報，乃泫然長號曰：「此何時也？尚思以科第顯耶？」（附錄，一 a）

津本：甲申春，館金陵唐儀曹署，聞崇禎之變報，乃謂吾家人曰：「流賊猖獗，何暇以科第顯耶？」（附錄，1322-844）

2. 忌諱字眼，外族人名

漢族一直以來對少數民族的態度都較爲蔑視，典籍中也多用貶稱，如「狄」、「寇」、「虜」、「胡」、「酋」、「夷」等。清朝統治者當然無法容忍，故四庫館臣將與少數民族有關的貶義稱呼皆作改動。相對而言，津本的改動更爲徹底，更爲嚴格。

此外乾隆時期，還曾下令對遼金元的人名、地名、官名等進行統一改譯。《御製改譯遼金元三史序》曰：「序其言亦非爲之修辭飾說，乃改譯漢文，譯其國語之訛誤者」，「且改譯者不過正其訛誤之語，而其舊史之布天下者自在也」，「若遼金元三國之譯漢文，則出于秦越人視肥瘠者之手，性情各別，語言不通」，「又有謬寓嗤斥之意存焉」〔註25〕。《遼金元三史語解》書前提要曰：「乾隆四十七年奉勅撰考譯語對音，自古已然」，「三史所附國語解顛舛支離，如出一轍，固其宜也。我皇上聖明天縱，邁古涵今，洞悉諸國之文，灼見舊編之誤，特命館臣詳加釐定，併一一親加指示，務得其眞」〔註26〕。乾隆對舊譯不滿，認爲訛誤頗多，故下令重譯，特地親自一一指示。所以四庫本外族人名相對統一，與上古本有明顯差異。

對乾隆時期的這次改譯，不少學者都評價不高。王樹民認爲：「遼、金、元三史所用之人名、官名、地名，除漢族固有者外，皆爲漢字譯者，沿習已久，與他書記載亦相一致，原無更改必要。清乾隆晚年，忽命一律重譯，又經一再改定，因此在學術上引起一場紛擾，可知重譯之名實無重要價値可言。」〔註27〕啓功也認爲：「所以，乾隆時人未必眞通元代色目各民族語言之發音，所改譯之字，可能只有兩類爲最多，一爲改易漢文舊譯不雅之字，二爲即據舊譯漢字改其諧音而已。其中易改者乃女眞語或蒙古語，至清仍在通行，只改其不雅之字，是改漢字，並非改譯罷了。」〔註28〕

（1）上古本、淵本同，津本異

《唐肅宗論》

撫軍監國之號非所施于此日，又況所控御者西北諸胡，所制置者李郭僕固諸大帥，所驅策者關內思歸之將士。（卷十一，八a，517）

津本：撫軍監國之號非所施于此日，又況所控御者西北諸部，所制置者李郭僕固諸大帥，所驅策者關內思歸之將士。（卷十一，1322-778）

《讀周本紀》

《本紀》云：「犬戎殺幽王驪山下，虜褒姒，盡取周賂而去。」（卷十三，一a，599）

〔註25〕元托克托等奉敕撰，清周長發等撰，《遼史》，《景印文淵閣四庫全書》第289冊，第1頁。

〔註26〕清乾隆四十七年奉敕撰，《欽定遼金元三史國語解》，《景印文淵閣四庫全書》第296冊，第1頁。

〔註27〕清趙翼著，王樹民校證，《廿二史札記校證》，中華書局，2013年，第919頁。

〔註28〕啓功著，《啓功全集》第3卷，北京師範大學出版社，2010年，第342頁。

津本：《本紀》云：「犬戎殺幽王驪山下，携褒姒，盡取周賂而去。」（卷十三，1322-799）

《書北盟會編後》

所載靖康俘虜炎興屈辱之狀，令人痛心指髮。（卷十三，十七b，632）

津本：所載靖康俘囚炎興屈辱之狀，所載最爲詳細。（卷十三，1322-808）

（2）淵本、津本同，上古本異

《書北盟會編後》

宋史成于脱脱，識者都譏其鹵莽。（卷十三，十九b，636）

四庫本：宋史成于托克托，識者都譏其鹵莽。（卷十三，二十一b）

（3）三版皆異

《虎丘散步》

上古本：山光樹影裹樓臺，誰問胡僧舊劫灰。（卷五，二十二b，236）

淵本：山光樹影裹樓臺，誰問當時舊劫灰。（卷五，二十二a）

津本：山光樹影裹樓臺，誰問梵僧舊劫灰。（卷五，1322-705）

《李綱論》

上古本：靖康初，斡離不入寇，李綱力主固守京師，欽宗從之。（卷十一，十b，522）

淵本：靖康初，斡里雅布入寇，李綱力主固守京師，欽宗從之。（卷十一，十一b）

津本：靖康初，斡里雅布入侵，李綱力主固守京師，欽宗從之。（卷十一，1322-779）

《書王公可大事》

上古本：萬曆庚寅巡視陝西茶馬，值嗣順義王撦力㫐與瓦剌部火落赤擾邊，茶使不敢渡河。（卷十四，二十一b，696）

淵本：萬曆庚寅巡視陝西茶馬，值嗣順義王舍呼根與衛拉特部和爾齊擾邊，茶使不敢渡河。（卷十四，二十四b）

津本：萬曆庚寅巡視陝西茶馬，值嗣順義王色勒們與衛拉特部和碩齊擾邊，茶使不敢渡河。（卷十四，1322-826）

3. 皇帝名諱及敬詞使用

語涉清帝名諱之處，四庫館臣亦多改之。因《愚菴小集》初刻於康熙十年，故上古本的「玄」、「胤」等未改，四庫本則作相應改動。（四庫本「弘」字皆作缺筆，或改作「宏」，此處略過不記。）

（1）上古本、淵本同，津本異

《感遇十三首》

鋒矢日相尋，毒流及玄冕。（卷二，二a，49）

津本：鋒矢日相尋，毒流及冠冕。（卷二，1322-662）

《讀後漢書》

范曄《後漢書》帝后紀十二卷，列傳八十卷，本刪取劉珍等《東觀漢記》及謝承、薛瑩、司馬彪、劉義慶、華嶠、謝沉、袁山松七家後漢史而成。（卷十三，五b，608）

津本：范氏《後漢書》帝后紀十二卷，列傳八十卷，本刪取劉珍等《東觀漢記》及謝承、薛瑩、司馬彪、劉義慶、華嶠、謝沉、袁山松七家後漢史而成。（卷十三，1322-802）

曄高自矜詡，謂過于班固。（卷十三，五b，608）

津本：范高自矜詡，謂過于班固。（卷十三，1322-802）

（2）上古本、津本同，淵本異

《寄徐太史健菴論經學書》

又昔年忝辱交遊之末，故敢郵寄所梓上塵乙覽。（卷十，十六b，492）

淵本：又昔年忝辱交遊之末，故敢郵寄所梓上塵台覽。（卷十，十六a）

（3）三版皆異

《哭葉中翰元禮》

上古本：弱胤生涯盡，孤嫠孑影欹。（卷四，又五b，178）

淵本：弱胤生涯盡，孤嫠孑影欹。（卷四，二十三a）

津本：弱嗣生涯盡，孤嫠孑影欹。（卷四，1322-692）

4. 語涉其他禁忌人物

錢謙益其身處明清之際，先叛明降清，後又暗中與反清復明勢力聯絡，為乾隆所不齒，斥其「反側僉邪，更不足比於人類」〔註29〕，「……均以不能死節，靦顏苟活，乃託名勝國，妄肆狂狺，其人實不足齒，其書豈可復存？」

〔註29〕中國第一歷史檔案館編，《纂修四庫全書檔案》，上海古籍出版社，1997年，第558頁。

〔註 30〕。因此，乾隆多次下令將所有有關錢謙益的詩文、各省郡邑志書中所載其生平事實及所著書目詳悉查明，「自應逐加芟削，以杜謬妄」〔註 31〕。

（1）上古本、淵本同，津本異

《梅村先生過訪》

時先生述吳社始末。（卷五，十一 b）

津本：無（卷五，1322-699）

《書笠澤叢書後》

此本予鈔得於海虞錢氏，益祥跋語在焉，最爲完古，惜字句不免漫漶耳。（卷十三，二十 b，638）

津本：此本予鈔得於友人齋中，益祥跋語在焉，最爲完古，惜字句不免漫漶耳。（卷十三，1322-810）

《附錄傳家質言》

又見一越友選時賢詩，嗤薄艷體，另爲一編，故借《西崑》以曉正之。（附錄，六 a，769）

津本：又見一越友選時人詩，所取艷體，過于佻達，故借《西崑》以曉正之。（附錄，1322-845）

（2）淵本、津本同，上古本異

《贈尚寶少卿袁公傳》

上古本：據錢牧齋《東征二士錄》。（卷十五，十五 b，738）

四庫本：據《東征二士錄》。（卷十五，十七 a）

（3）三版皆異

《假我堂文讌記》

上古本：丁酉冬日，牧齋先生僑寓其中。（卷九，十二 a，437）

淵本：丁酉冬日，梅村先生僑寓其中。（卷九，十三 b）

津本：丁酉冬日，健菴先生僑寓其中。（卷九，1322-758）

《書閣學周公事》

上古本：錢虞山有言：「近代進藥之獄有二，以唐事斷之，可也。援春秋

〔註 30〕《纂修四庫全書檔案》，第 551 頁。

〔註 31〕《纂修四庫全書檔案》，第 1151 頁。

則迂矣。」(卷十四，二十二 b，698)

淵本：余聞之友曰：「近代進藥之獄有二，以唐事斷之，可也。援春秋則迂矣。」(卷十四，二十五 b)

津本：予又聞有言：「近代進藥之獄有二，以唐事斷之，可也。援春秋則迂矣。」(卷十四，1322-827)

《附錄傳家質言》

上古本：虞山公語人以作文之法曰：「敘事外敘事，議論外議論。人知以議論、敘事爲文而不知敘事更有敘事，議論更有議論。」(附錄，三 b，764)

淵本：昔吾友語人以作文之法曰：「敘事外敘事，議論外議論。人知以議論、敘事爲文而不知敘事更有敘事，議論更有議論。」(附錄，四 a)

津本：先輩嘗語人以作文之法曰：「敘事外敘事，議論外議論。人知以議論、敘事爲文而不知敘事更有敘事，議論更有議論。」(附錄，1322-844)

5. 館臣誤改

四庫館臣誤以爲朱鶴齡原文有誤，誤改之，實乃弄巧成拙。此種錯誤津本尤多，不知是否有另一底本。

(1) 上古本、淵本同，津本異

《感遇十三首》

西南望懸圃，光氣何熊熊。(卷二，三 b，52)

津本：崑崙望懸圃，光氣何熊熊。(卷二，1322-663)

《靈巖寺新鑄銅鐘記》

蓋經營於■■孟夏之七日，詰旦而竣事焉。(卷九，九 b，432)

津本：蓋經營於孟夏之七日，詰旦而竣事焉。(卷九，1322-756)

《周人禘嚳辨》

康成臆揣爲禘祫相因之論，又妄引《春秋》、《魯禮》及緯書以文致其説，其謬可勝辨哉？(卷十二，二十二 b，578)

津本：康成意揣爲禘祫相因之論，又妄引《春秋》、《魯禮》及緯書以文致其説，其謬可勝辨哉？(卷十二，1322-794)

(2) 上古本、津本同，淵本異

《新編李義山文集序》

子美詩云：「庾信文章老更成，淩雲健筆意縱橫。」(卷七，十七 b，312)

淵本：子美詩云：「庾信文章老更成，淩雲筆意勢縱橫。」（卷七，十六 b）

《震澤太湖辨》

《爾雅》、《周禮》所載澤藪，如冀州之陽紆、并州之昭餘祁、幽州之貕養、兗州之大野、荊州之雲夢、青州之望諸、晉之大陵、鄭之圃田、周之焦穫，今皆變爲原隰，不能定其所在。蓋川浸通流終古不改，藪澤豬水最易溵淤。（卷十二，九 b，552）

淵本：《爾雅》、《周禮》所載澤藪，如冀州之陽紆、并州之昭餘祁、幽州之貕養、兗州之大野、荊州之雲夢、青州之望諸、晉之大陸，鄭之圃田，周之焦穫，今皆變爲原隰，不能定其所在。蓋川浸通流終古不改，藪澤稀水最易溵淤。（卷十二，十 b）

6. 糾正錯誤

朱鶴齡原文有誤，四庫館臣遂作改動。因津本抄錄時間在後，改正了不少上古本和淵本中的錯漏之處。另有幾處改動後更爲恰當，亦列於下，以供參考。

（1）上古本、淵本同，津本異

《秋日有懷四首》

霜葉丹平林，一望物非故。（卷二，八 a，61）

津本：霜葉彫平林，一望物非故。（卷二，1322-666）

《酬方爾止見懷兼送之金陵省侍》

子念高堂理須去，霜𧝝千林照歸袂。（卷三，四 b，100）

津本：子念高堂理須去，霜𧝝千林照歸袂。（卷三，1322-675）

《寒山集序》

此《樂記》所謂「急微噍殺」之音，子產所謂「中聲以降，五降之後不容彈矣」者也。（卷八，三十四 a，407）

津本：此《樂記》所謂「志微噍殺」之音，子產所謂「中聲以降，五降之後不容彈矣」者也。（卷八，1322-750）

（2）上古本、津本同，淵本異

《校定水經注箋序》

《隋書·經籍志》有兩水經，一本二卷郭璞注，一本四十卷酈善長注。（卷七，八 b，294）

淵本：《隋書・經籍志》有兩水經，一本三卷郭璞注，一本四十卷酈善長注。（卷七，九 b）

《申子純孝行記》

母顧病，殀。（卷九，二十 a，453）

淵本：母顧病，歿。（卷九，二十二 b）

《讀周本紀》

考《竹書紀年》：「幽王見弒，申侯、魯侯、許男、鄭子立太子宜臼于申，虢公翰立王子余臣于㩦。㩦地未詳所在。是謂㩦王。」《竹書》之言雖非可深信，而㩦王則不妄。當是幽王既隕，㩦王僭位，諸侯乃共舉兵黜之而迎立太子宜臼。（卷十三，一 b，600）

淵本：考《竹書紀年》，幽王見弒，申侯、魯侯、許男、鄭子立太子宜臼于申，虢公翰立王子余臣于攜。攜地未詳所在。是謂攜王。《竹書》之言雖非可深信，而攜王則不妄。當是幽王既隕，攜王僭位，諸侯乃共舉兵黜之而迎立太子宜臼。（卷十三，二 a）

（3）淵本、津本同，上古本異

《寶華山房雜詩四首》

上古本：野寺魚蝦襍，村煙薺麥深。（卷四，一 a，135）

四庫本：野市魚蝦襍，村煙薺麥深。（卷四，一 a）

《與李太史論杜注書》

上古本：況又紊牘不休，有專注《秋興八首》至衍成卷帙者，此何異唐人解「曰若稽古」四字乃作數萬餘言，雖罄剡溪之藤書之，豈能竟乎？（卷十，三 b，468）

四庫本：況又紊牘不休，有專注《秋興八首》至衍成卷帙者，此何異昔人解「曰若稽古」四字乃作數萬餘言，雖罄剡溪之藤書之，豈能竟乎？（卷十，四 a）

《無黨論》

上古本：小人之中，魁傑不過數人，其庸流觀望者，吾以《泰》之包荒處之，其陰附翕張者，吾以《夬》之惕號處之，而文取其魁傑者，任使之以策勵其材，利祿之以順適其意。（卷十一，十四 a，529）

四庫本：小人之中，魁傑不過數人，其庸流觀望者，吾以《泰》之包荒

處之，其陰附翕張者，吾以《夬》之惕號處之，而又取其魁傑者，任使之以策勵其材，利祿之以順適其意。（卷十一，十六 a）

（4）三版皆異

《吳門晤陳言夏》

上古本：蔚村托嘉遯，抱甕甘柴荊。（卷二，五 b，56）

淵本：蔚材托嘉遯，抱甕甘柴荊。（卷二，六 a）

津本：蔚村托嘉遯，抱甕甘柴荊。（卷二，1322-664）

（二）無意筆誤

四庫謄錄書目繁多，全爲手寫，或有筆誤亦情有可原。津本此種錯誤尤多，可見謄錄者態度之散漫。

1. 音近、形近致誤

（1）上古本、淵本同，津本異

《酬方爾止見懷兼送之金陵省侍》

須臾鐵甲彌吳市，共道花源在江渚。（卷三，四 a，99）

津本：須臾鐵甲粥吳市，共道花源在江渚。（卷三，1322-675）

《南州草堂集序》

其詩之工，抑且與露桃醲面，風柳矜腰相映發于西子湖心、馬塍花畔，而電發之遊于是乎不窮。（卷八，二十一 b，382）

津本：其詩之工，抑且與露桃醲面，風流矜腰相映發于西子湖心、馬塍花畔，而電發之遊于是乎不窮。（卷八，1322-743）

《與楊令若論大學補傳書》

昌黎《原道》乃闢佛之最粗者，考亭《釋氏論》斥其以心覓心，恐尚屬影響，惟荊川《中庸輯略序》能實指二教分別處，幸足下更究其說。（卷十，七 a，475）

津本：昌黎《原道》乃闢佛之最精者，考亭《釋氏論》斥其以心覓心，恐尚屬影響，惟荊川《中庸輯略序》能實指二教分別處，幸足下更究其說。（卷十，1322-768）

（2）上古本、津本同，淵本異

《遣興五首》

炎蒸一以歇，棄捐在斯須。（卷二，十四 a，73）

淵本：炎蒸一以歇，棄狷在斯須。（卷二，十五 b）

《靈巖寺新鑄銅鐘記》

是以鐘簴高懸，則靈祇列侍，將以震浩劫之幽沈，警羣生之大寐，非徒宣律呂、戒晨昏而已也。（卷九，九 a，431）

淵本：是以鐘簴高懸，則靈祇列侍，將以震浩劫之幽沈，驚羣生之大寐，非徒宣律呂、戒晨昏而已也。（卷九，十 a）

《蓴鄉草堂記》

穫田下潠，兒無懶隋之訶；拜客荷衣，孫有詩書之寄。（卷九，十五 b，444）

淵本：穫田下潠，兒無懶惰之訶；拜客荷衣，孫有詩書之寄。（卷九，十七 b）

2. 衍文脫文

（1）上古本、淵本同，津本異

《左氏春秋集說序》附錄左氏春秋集說凡例

傳文不能全載，今節畧其事蹟於經文之下，然後引用注疏諸家之說。（卷七，二十五 a，327）

津本：傳文不能全載，今節畧其事蹟於經文之下，而其後引用注疏諸家之說。（卷七，1322-728）

《周易廣義略序》

余嘗讀《左氏傳》曰：「物生而後有象，象而後有滋，滋而後有數。」（卷七，二十八 a，333）

津本：余嘗讀《尢氏傳》曰：「物生而後有象，象而後有滋，滋而後有數。」（卷七，1322-730）

《送董處士歸湖濱序》

充于勢而詘于道，古人猶有塵垢軒裳、逃之寂寞之濱以爲快者，況乎乘危抵戲，苟竊旦夕之光曜於蜩螗沸羹之中，此如操漏舟以試洪濤，策敗轅而上峻阪。（卷八，三 a，345）

津本：充於勢而詘於道，古人猶有塵垢軒裳、逃之寂寞之濱以爲快者，況乎乘危抵戲，苟且旦夕之光曜於蜩螗沸羹之中，此如操漏舟以試洪濤，策敗轅而上峻阪。（卷八，3122-732）

（2）上古本、津本同，淵本異

《陶潛論》

況淵明之祖烈之清名。又諸人之所深惡而思欲媒蘖其短者耶？（卷十一，七 a，515）

淵本：況淵明之祖烈淵明之清名。又諸人所深惡而思欲媒蘖其短者耶？（卷十一，七 b）

《書朱子大全集後》

天台朱右又云：「永康陳亮與仲友不相能。朱子提舉常平，行部過其家，乘間爲飛語中仲友。通判高文虎復以舊怨傾之，朱子遂爲所惑。」（卷十三，二十四 a，645）

淵本：朱右又云：「永康陳亮與仲友不相能。朱子提舉常平，行部過其家，乘間爲飛語中仲友。通判高文虎復以舊怨傾之，朱子遂爲所惑。」（卷十三，二十七 a）

噫！賢人君子之是非，天下後世所倚以取信也。然猶有不盡然者，今人乃欲據史策陳語以定古今人之賢不肖，不亦難乎？（卷十三，二十四 a，645）

淵本：噫！賢人君子之是非，天下後世所以取信也。然有不盡然者，今人乃欲據史策以定古今人賢不肖，不亦難乎？（卷十三，二十七 a）

3. 詞義混淆

部分筆誤非因音形相近，而是詞義相仿致誤。

《送徐介白移居上沙序》

自昔人有「大隱朝市，小隱山林」之説，而脂韋汨沒、與俗浮湛者反借之以藉口。（卷八，四 a，347）

津本：自昔人有「大隱朝市，小隱山林」之説，而脂韋汨沒、與俗浮沈者反借之以藉口。（卷八，1322-733）

《復沈留侯論修志書》

太湖向由長橋逕吳淞江入海，今長橋至龐山湖壅咽不利，乃邐迤而南，多從黴浦橋諸處東入白蜆江矣。（卷十，九 a，479）

津本：太湖向由長橋逕吳淞江入海，今長橋至龐山湖壅咽不利，乃迤邐而南，多從澉浦橋諸處東入白硯江矣。（卷十，1322-769）

《陶潛論》

且吾觀易姓之代，其主類猜忍自雄，而左右之者又多甄豐、華歆輩，于此而孑孑然自明其高，是深中其所忌也。（卷十一，五 b，512）

津本：且吾觀易姓之代，其主類猜忍自雄，而左右之者又多甄豐、華歆輩，於此而孑孑然自明其高，是深中其所忌者。（卷十一，1322-777）

（三）詞義通用

部分詞義皆可通用，文意無別，恐爲謄錄者個人書寫習慣所致，與四庫館臣刪改無關。

1. 上古本、淵本同，津本異

《毛詩稽古編序》

余書猶參停今古之間，長發則專宗古義，宣幽決滯，劈肌中理，即考亭見之亦當爽然心開，欣然頤解。（卷七，二十六 b，330）

津本：余書猶參停古今之間，長發則專宗古義，宣幽決滯，劈肌中理，即考亭見之亦當爽然心開，欣然頤解。（卷七，1322-729）

《周易廣義略序》

漢魏以下，如鄭玄、荀爽、王肅、干寶、陸績、虞翻、崔憬、侯果，諸家都從卦變互卦取義，非不時契易旨而穿鑿傅會。（卷七，二十八 b，334）

津本：漢魏以下，如鄭玄、荀爽、王肅、干寶、陸績、虞翻、崔景、侯果，諸家都從卦變互卦取義，非不時契易旨而穿鑿傅會。（卷七，1322-730）

《憺園牡丹文讌記》

其宴賞此花者亦不知凡幾，獨東坡通判杭州同太守陳公宴吉祥寺，花千本，品百數，酒酣樂作，金槃綵籃，獻坐客五十三人，東坡爲作記傳之。（卷九，十七 a，447）

津本：其宴賞此花者亦不知凡幾，獨東坡通判杭州同太守陳公宴吉祥寺，花千本，品百數，酒酣樂作，金槃綵藍，獻坐客五十三人，東坡爲作記傳之。（卷九，1322-761）

2. 上古本、津本同，淵本異

《送董處士歸湖濱序》

充于勢而詘于道，古人猶有塵垢軒裳、逃之寂寞之濱以爲快者，况乎乘危抵戲，苟竊旦夕之光曜於蜩螗沸羹之中，此如操漏舟以試洪濤，策敗轅而

上峻阪。方沉溺顛覆之不暇，又何榮辱之足云哉？（卷八，三 a，345）

淵本：充於勢而詘於道，古人猶有塵垢軒裳、逃之寂寞之濱以爲快者，況乎乘危抵巇，苟竊旦夕之光曜於蜩螗沸羹之中，此如操漏舟以試洪濤，策敗轅而上峻阪。方沈溺顛覆之不暇，又何榮辱之足云哉？（卷八，三 a）

《與吳漢槎書》

後因老友顧寧人以本原之學相勖，始湛思覃力于注疏、諸經解以及儒先理學諸書。（卷十，十九 a，497）

淵本：後因老友顧寧人以本原之學相勖，始湛思覃力于注疏、諸經解以及先儒理學諸書。（卷十，十八 b）

《歲暮雜詩六首》

差山高士稱同學沈麟士隱吳差山，注釋五經至八十不倦。（卷五，二十六 a，243）

淵本：羌山高士稱同學沈麟士隱吳羌山，注釋五經至八十不倦。（卷五，二十六 a）

3. 淵本、津本同，上古本異

《華及堂詩稾序》

上古本：然俊情麗語，絡繹奔赴，鮮有及晉賢者，得非深有契于仲弘之論詩，而心慕手追以幾及之者耶？（卷八，二十三 a，385）

四庫本：然俊情麗語，絡繹奔赴，鮮有及晉賢者，得非深有契于仲弘之論詩，而心摹手追以幾及之者耶？（卷八，二十六 a）

《寒山集序》

上古本：先王之不能廢羽聲而成八音也，猶雍人不能舍醯醢鹽梅而濟五味也。（卷八，三十四 b，408）

四庫本：先王之不能廢羽聲而成八音也，猶饔人不能舍醯醢鹽梅而濟五味也。（卷八，三十九 a）

《李綱論》

上古本：然使帝早從其言而不爲何㮚乎所惑，急召李綱委以留守之任，命康王爲元帥，統河北諸道之兵，犄角進擊則宋事猶可爲也，豈至有青城之辱哉？（卷十一，十一 b，524）

四庫本：然使帝早從其言而不爲何㮚所惑，急召李綱委以留守之任，命康

王爲元帥，統河北諸道之兵，掎角進擊則宋事猶可爲也，豈至有青城之辱哉？（卷十一，十二 b）

4. 三版皆異

《吳門晤陳言夏》

上古本：蔚村托嘉遯，抱甏甘柴荊。（卷二，五 b，56）

淵本：蔚村托嘉遯，抱甕甘柴荊。（卷二，六 a）

津本：蔚村托嘉遯，抱甕甘柴荊。（卷二，1322-664）

（四）不知差異原因

在校勘整理過程中發現淵本、津本的不少字詞改動既無關違礙問題，也不像是誤寫，似乎另有抄寫底本作依據。爲此，也曾經在一些圖書館查找過，但苦於無法找到相應的文本。現將有關內容羅列於下，以待以後查考。

1. 上古本、淵本同，津本異

《感遇十三首》

榮華爭努力，秖供霜霰欺。誰見西山藥，可駐百年期。（卷二，一 b，48）

津本：榮華爭努力，秖供霜霰欺。誰見商山藥，可駐百年期。（卷二，1322-662）

《梁溪歌贈吳伯成明府有序》

嗟彫敝兮誰與蘇，公之來兮瀸澤敷。（卷三，十一 a，113）

津本：嗟彼敝兮誰與蘇，公之來兮瀸澤敷。（卷三，1322-679）

《贈侯大將軍》

黃石秘符留蕙帳，白猿雄術寄松林。知君氣槩凌耿賈，豈得懷鄉但越吟。（卷五，三 a，197）

津本：黃石高名留蕙帳，白猿雄術寄松林。知君氣槩凌霄漢，豈得懷鄉但越吟。（卷五，1322-695）

2. 上古本、津本同，淵本異

《姑蘇楊柳枝詞四首和鈍翁》

人情比日秋雲薄，誰折長條綰別離。一作「十里紅亭嫋嫋春，任他輕拂陌頭塵。如今世路輕離別，誰倩長條綰去人。」（卷六，十一 a，273）

淵本：人情比似秋雲薄，誰折長條綰別離。一作「十里紅亭嫋嫋春，任他輕拂

陌頭塵。如今世路輕離別，誰倩長條綰去人。」（卷六，十二 b）

《寄徐太史健菴論經學書》

不佞齡窾啓寡聞，竊嘗披覽諸籍，讀《左傳》、《易》卦諸繇辭，皆取于象。（卷十，十五 b，490）

淵本：不佞齡窾啓寡聞，竊嘗披覽諸籍，讀《左傳》、《易》卦諸繫辭，皆取于象。（卷十，十四 a）

《唐肅宗論》

肅宗于此使能克修寢門之問不改家人之禮。兩宮無阻，情愛交通，奚至上元初有移仗之事哉？（卷十一，九 a，519）

淵本：肅宗于此時使克修寢門之問不改家人之禮。兩宮無阻，情愛交通，奚至上元初有移仗之事哉？（卷十一，十 a）

3. 三版皆異

《遊靈巖山賦》

上古本：其戴石嶙峋，詭狀非一。（卷一，四 b，20）

淵本：其戴（闕）　，詭狀非一。（卷一，五 a）

津本：其戴石堆星，詭狀非一。（卷一，1322-655）

《讀梅村永和宮詞有感作》

上古本：■思陵烈崩，李賊槁葬之於貴妃塋旁。（卷五，二十一 b，234）

淵本：思陵烈崩，李賊自成槁葬之於貴妃塋旁。（卷五，二十一 a）

津本：思陵莊烈崩，李賊槁葬之於貴妃塋旁。（卷五，1322-704）

《書笠澤叢書後》

上古本：嘉泰■年三山王公益祥來令，因前令趙君廣言此書多闕誤，且示以蜀本，屬校刊之。（卷十三，二十 b，638）

淵本：嘉泰某年三山王公益祥來令，因前令趙君廣言此書多闕誤，且示以蜀本，屬校刊之。（卷十三，二十三 a）

津本：嘉泰闕年三山王公益祥來令，因前令趙君廣言此書多闕誤，且示以蜀本，屬校刊之。（卷十三，1322-810）

（五）其他

三版皆誤的情況也存在。卷十一《無黨論》有「及范氏出，柳朔謂其子：『爾從王，勉之！我將死，此王生授我矣。』」《左傳・哀公五年》中實爲「爾從主」。朱鶴齡原文即有誤，四庫館臣謄錄時未能發現，三版皆誤。

六、總結

四庫本《愚菴小集》篇目、文字的改動異同可能與具體負責的館臣有關。淵本與津本抄錄時間相差數年，負責之人也不一定一致，故對《愚菴小集》內容的把握也不盡相同。朱鶴齡爲明末著名遺民文人，四庫館臣必知其詩文有違礙之篇，但依個人感受不同，刪改的篇目、文字也不盡相同。淵本缺卷四《投贈錢宗伯牧齋先生二十五韻》、卷五《呈牧齋先生》、《贈蒼雪法師六十》、《九日遣興》、《送友人適梁溪》、《陪牧齋先生登洞庭雨花臺即席限韻作》、《同馮定遠夜話》、《贈孫子長》、《送文初無殊諸公適越州兼呈祁氏昆仲》、《和牧齋先生登莫釐峰同子長作》、《紅豆》、《碧梧》、卷七《箋注李義山詩集序》、卷十《與吳梅村祭酒書》、卷十二《舜崩蒼梧辨》、卷十三《書元裕之集後》等，共計詩十一首，文四篇。津本缺卷四《投贈錢宗伯牧齋先生二十五韻》、《秋日述懷二十四韻》、《挽吳茂申先生二十四韻》、《詠雪獅子十韻》、《韓蘄王墓碑》、《思陵長公主挽詩》、卷十《與吳梅村祭酒書》、卷十二《舜崩蒼梧辨》、卷十三《書元裕之集後》，共計詩五首，文四篇。可見，四庫館臣在對《愚菴小集》刪改問題上起到的重要主導作用。

另外，四庫館臣多爲飽讀詩書之人，其對朱鶴齡詩文的改動，也有不少可取之處。就所改文字來看，也可講得通，甚或更爲貼切。例如，卷二《秋日有懷四首》「入門徒有懷，出門復何遇。隔水稻花香，沿村漁火聚。霜葉丹平林，一望物非故。縱有西山童，衰顏豈能駐。」上古本「丹」，淵本同，津本作「彫」。此寫所見秋日情景。「霜葉丹平林」，指秋天的楓葉染紅了平林。「霜葉彫平林」，則意爲平林中霜後的樹葉紛紛凋零。津本作「彫」，未知其所依據。據詩意，「一望物非故」有物是人非之感。下言「衰顏豈能駐」，感慨人的衰老無可避免。津本或因此而改作「彫」。卷二《感遇十三首》「神龍無尺木」，津本改作「神龍無尺水」。「尺木」意爲龍昇天時所依據的短小樹枝。但「尺水」亦可理解爲神龍的棲身之所。此處兩字皆可說得通，可見四庫館臣所改並非毫無道理。

《四庫全書》謄錄工程浩大，不可避免有一些筆誤，但不少錯誤非常明顯，可見謄錄態度散漫。例如卷十二《邶鄘衛三國辨》有「梓材曰『王啓監厥亂爲民』，康叔封地參錯于三監之間，故當時亦謂之監。」津本作「梓材曰『王其監厥亂爲民』，康叔封地參錯於三監之前，故當時亦謂之監。」一句內竟有兩處錯誤，可見謄錄者之消極怠工。卷十五《安丘李公傳》「治邑三載，政成民和，召入爲■■■■」闕四字，津本隨意補作「治邑三載，政成民和，邑人爲文以記之」，亦不知其所依據。

據《纂修四庫全書檔案》「質郡王永瑢等奏查明四庫全書遺失有印底本請將提調等分別議處摺」（乾隆五十二年七月三十日）載〔註 32〕，有遺失有印之本而「另行購覓」之本，說明四庫各本使用的可能並不是同一底本。而「多羅質郡王永瑢等奏遵旨酌定僱覓書手繕寫全書章程摺」（乾隆四十七年八月二十日）載：「武英殿所有底本，現在趕辦第三、四分〔註 33〕，一時未能交出。今添寫三分書，所需底本，應先盡官刻各書及《永樂大典》副本發寫，其在館貯有重本者，亦可陸續咨取發繕，約計可得十之四五。至每一底本發出，即令書手全寫三分，庶繕校尤得迅速。」〔註 34〕所以這部分使用在館重本作底本所繕之書，肯定也並不相同。「大學士英廉等奏遵旨查審提調陸費墀遺失底本情形摺」（乾隆四十五年五月二十七日）〔註 35〕載，辦理文淵本時，有些書已遺失底本，而此時其正本已寫定。那麼，這部分書的底本也會不同。

在校勘整理過程中發現淵本、津本的不少字詞改動原因不明，似乎也另有抄寫底本作依據。爲此，也曾在一些圖書館查找過，但苦於無法找到相應的文本，恐怕這個問題暫時還無法解決。

朱鶴齡《愚菴小集》初刻於康熙十年左右，與後來的版本相比，差異頗多。不少後來被認爲語涉違礙的內容，在康熙時期仍舊保留在集。可見，康熙時期對思想文化方面的檢查控制還並不非常嚴格。從淵本，尤其是津本對詩文內容的刪改數量來看，乾隆朝的文化控制大有愈演愈烈之勢。與前朝、皇帝、朝代興替等稍有關聯的內容，悉數盡改。此中或許有館臣的誤解，但誤解的基礎在於館臣對文字的過於敏感，也反映了文字獄陰影之下館臣的恐懼心理。

本篇著重比較分析了文淵閣本和文津閣本對底本刪改的不同情況。這種情況在其他著作中同樣存在。這也說明將四庫全書的不同本子放在一起加以

〔註 32〕中國第一歷史檔案館編，《纂修四庫全書檔案》，上海古籍出版社，1997 年，第 2053 頁。

〔註 33〕指文源閣本、文津閣本。

〔註 34〕《纂修四庫全書檔案》，第 1616 頁。

〔註 35〕《纂修四庫全書檔案》，第 1164 頁。

比較，可以發現更多的問題。而目前四庫研究問題中常常忽略對基礎文本的考察分析，在文本研究中往往只注重對文淵閣本的研究，而不太注意將文淵閣本與其他版本，及與同屬於四庫本的文津閣本等進行比較，實際上是孤本研究。本篇以上古影印本《愚菴小集》爲底本，與淵本、津本進行對校，著重考察淵本、津本兩版《愚菴小集》的刪改情況，以此考察四庫館臣對收錄入《四庫全書》之書的刪改原因和標準。

以下爲《愚菴小集》校勘記，將對此書的文字差異一一分析比較，並對差異原因作些初步分析。

乙、《愚菴小集》校勘記

校　例

1. 本文以上海古籍出版社影印本（簡稱「上古本」）爲底本來參校四庫全書本，包括文淵閣本和文津閣本。若兩種版本有差異，則分別稱淵本和津木，否則，統稱爲四庫本。
2. 以下情況不出校記：
   （1）一般性的異體字不出校。
   （2）相同可通用的字不出校。如「漫」、「曼」，「熳」、「漫」，「抵」、「柢」，「邱」、「丘」，「倚」、「猗」，「謨」、「謀」。
   （3）因避諱而改字不出校，如「弘」之缺筆，或改作「宏」；「玄」之缺筆；「胤」之缺筆，或改作「嗣」。
   （4）少數民族人名、官名譯法不同不出校，如「斡離不」、「斡里雅布」，「黏沒喝」、「尼瑪哈」，「脫脫」、「托克托」，「兀朮」、「烏珠」，「撻懶」、「達蘭」，「蒲盧虎」、「富勒呼」，「拏里艮」、「舍哷根」，「瓦剌部」、「衛拉特」，「火落赤」、「和爾齊」等。

上古本：松陵　朱鶴齡著（卷一，一 a，13）

淵本：吳江　朱鶴齡撰（卷一，一 a）

津本：吳江　朱鶴齡撰（卷一，1322-653）

【按】上古本「松陵」，四庫本作「吳江」。「松陵」即「吳江」。明俞允文撰《仲蔚先生集》卷十五碑《吳江縣脩城碑銘代》云：「吳江，古松陵地，爲吳越要衝。」《（乾隆）江南通志》卷三十一輿地志載：「松陵，即今吳江縣治。《吳越春秋》云：『越追吳入於江陽，松陵是也。』」〔註 1〕清馮桂芬撰《(同治）蘇州府志》卷二云：「吳江縣，本吳縣地，唐曰『松陵鎮』。」〔註 2〕此爲本書卷端題名，松陵爲吳江古稱，非嚴格的行政區劃名稱，四庫館臣爲保持全書作者籍貫著錄的統一，遂將其改爲清朝行政區劃名稱「吳江」。

《遊靈巖山賦》

上古本：其戴石嶙峋，詭狀非一。(卷一，四 b，20)

淵本：其戴（闕）□□□，詭狀非一。(卷一，五 a)

津本：其戴石堆星，詭狀非一。(卷一，1322-655)

【按】上古本「石嶙峋」，淵本缺三字，津本作「石堆星」。淵本所缺文字無關違礙，當是謄錄者所據底本有缺。朱鶴齡的《愚菴小集》當爲習見之書，所缺字不難補出，而此處竟隨意空缺三字，可見謄錄與校對都有欠認眞。

「石堆星」見沈約《郊居賦》：「其爲狀也，則巍峨崇崒，喬枝拂日；嶢嶷岧嵉，墜石堆星。」〔註 3〕「石嶙峋」則較爲常用。如，宋李昴英《送梁伯隆歸丹谷舊隱》中有：「自言谷中萬修篘，泉鳴琮琤石嶙峋。」(《文溪集》卷十三詩）淵本三字有闕，或爲四庫館臣所見底本有闕，此「石堆星」疑是館臣臆加。

上古本：溯高深於亭毒兮，等今古於埃塵。(卷一，六 b，24)

淵本：溯高深於亭毒兮，等今古於埃塵。(卷一，七 b)

津本：溯高深於亭毒兮，等古今於埃塵。(卷一，1322-656)

【按】上古本「今古」，淵本同，津本作「古今」。文意無別，文字有異，或爲謄錄者誤抄。

《白鳧賦》

上古本：澹容與其翩翻，雖卑飛而自得。(卷一，十二 b，36)

淵本：澹容與其翩翻，雖卑飛而自得。(卷一，十四 b)

津本：澹容與以翩翻，雖卑飛而自得。(卷一，1322-660)

〔註 1〕清黃之雋等編纂，趙弘恩等監修，《(乾隆）江南通志》，《景印文淵閣四庫全書》第 508 冊，第 58 頁。

〔註 2〕清李銘皖、譚鈞培修，馮桂芬纂，《(同治）蘇州府志》卷二，《中國地方志集成》江蘇府縣志輯第 7 冊，江蘇古籍出版社，1991 年，第 126 頁。

〔註 3〕唐姚思廉撰，《梁書》第一冊卷十三，中華書局，2012 年，第 240 頁。

【按】上古本「其翩翻」，淵本同，津本作「以翩翻」。不知其所依據，或係誤抄。

《感遇十三首》

上古本：朱明未云滿，龍火已西移。日車無續景，壯士安能持？（卷二，一b，48）

淵本：朱明未云滿，龍火已西移。日車無續景，壯士安能持？（卷二，一b）

津本：已過長嬴候，龍火正西移。日車無續景，壯士安能持？（卷二，1322-662）

【按】上古本「朱明未云滿」，淵本同，津本作「已過長嬴候」。「朱明」、「長嬴」皆爲夏天之別稱。周尸佼《尸子》卷上《仁意》中有：「春爲青陽，夏爲朱明，秋爲白藏，冬爲玄英。」清孫枝蔚《惜夏》中曰：「我餞朱明後，無衣暗自傷。」（《溉堂集》前集卷八）「長嬴」，亦作「長贏」。《仁意》中亦載：「春爲發生，夏爲長嬴，秋爲方盛，冬爲安靜。」明歸有光《史稱安隗素行何如》：「故卒之太和回斡，勃焉盎焉，變而爲朱明長嬴之氣。」（《震川別集》卷一）「朱明未云滿」意爲夏天未過，津本中改作「已過長嬴候」，則意義改變爲夏天已過，意思略有差別。

高洪韜《朱鶴齡〈愚菴小集〉存詩校注》稱「朱明」兩句「是指朱明王朝被清軍擊潰，江山易主，神器更易之事」。〔註 4〕朱鶴齡其詩是否有此意，仍待商榷。但「朱明」二字顯然觸犯清朝忌諱，聯想到朱鶴齡的明遺民身份，更爲敏感。所以津本改掉「朱明」這類易引發聯想之字眼，改用與其意相同的「長嬴」一詞。淵本未改，或因疏忽，或因「未云滿」可理解爲「未必圓滿」，亦含貶抑「朱明」之意。

上古本：榮華爭努力，秖供霜霰欺。誰見西山藥，可駐百年期。（卷二，一b，48）

淵本：榮華爭努力，秖供霜霰欺。誰見西山藥，可駐百年期。（卷二，二a）

津本：榮華爭努力，秖供霜霰欺。誰見商山藥，可駐百年期。（卷二，1322-662）

〔註 4〕《朱鶴齡〈愚菴小集〉存詩校注》，第 49 頁。

【按】上古本「西山藥」，淵本同，津本作「商山藥」。三國魏曹丕《折楊柳行》：「西山一何高，高高殊無極。上有兩仙僮，不飲亦不食。與我一丸藥，光耀有五色。服藥四五日，身體生羽翼。輕舉乘浮雲，倏忽行萬億。流覽觀四海，芒芒非所識。」（《宋書》卷二十一志第十一）後遂稱仙藥爲「西山藥」。

「商山」，山名，在今陝西商縣東，亦名商嶺、商阪、地肺山、楚山。秦末漢初，東園公、綺里季、夏黃公、甪里先生，避秦亂，隱商山。南朝梁沈約《宿東園》詩云：「若蒙西山藥，頹齡倘能度。」（《文選》卷二十二）唐李白《金門答蘇秀才》詩有：「願狎東海鷗，共營西山藥。」〔註 5〕然未見「商山藥」之用法。此處恐爲筆誤所致。

上古本：天道有波瀾，山云誰爲主。蓬瀛今不流，安得朝市古。金狄酸秋風，銅駝埋宿莽。姆。（卷二，一 b，48）

淵本：天道有波瀾，山云誰爲主。蓬瀛今不流，安得朝市古。金狄酸秋風，銅駝埋宿莽。姆。（卷二，二 a）

津本：天道有波瀾，萬物同逆旅。蓬瀛今不流，滄海揚塵土。城闕酸秋風，銅駝埋宿莽。姆。（卷二，1322-662）

【按】此詩淵本與上古本同，津本改動較多。上古本「山云誰爲主」，津本改作「萬物同逆旅」。朱鶴齡詩原意是說世事變幻無定，誰爲天下主宰尚未可知。在清人已入主中原，統一天下之時，此詩在四庫館臣看來，頗有對清廷統治懷疑之意。津本或因此而改作「萬物同逆旅」。

上古本「安得朝市古」，淵本同，津本改作「滄海揚塵土」。「朝市」有朝廷之義。晉陶潛《讀〈山海經〉》詩之十三：「巖巖顯朝市，帝者慎用才。」（《陶淵明集》卷第四）北齊顏之推《顏氏家訓·勉學》：「及離亂之後，朝市遷革，銓衡選舉，非復曩者之親。」王利器集解：「朝市，猶言朝廷。」〔註 6〕揆諸朱鶴齡此詩，大約有江山未定，何時能恢復舊統之意。津本或認爲此處暗懷前朝之思，因而改之。

又，朱鶴齡詩中「金狄」原指銅鑄的人像。北魏酈道元《水經注》卷四：「按秦始皇二十六年，長狄十二見于臨洮，長五丈餘，以爲善祥，鑄金人十二以象之，各重二十四萬斤，坐之宮門之前，謂之金狄。」「金狄」也稱之爲

〔註 5〕清彭定求等編，《全唐詩》（上），上海古籍出版社，1986 年，第 415 頁。
〔註 6〕王利器撰，《顏氏家訓集解》，中華書局，2013 年，第 186 頁。

金人。《文選》卷二張衡《西京賦》云：「高門有閌，列坐金狄。」李善注：「金狄，金人也。」這裡的金人，指銅鑄的人像。「狄」通常爲對北方外族之蔑稱。《清史稿・太祖本紀》載：「天命元年丙辰春正月壬申朔，上即位，建元天命，定國號曰金。」〔註 7〕後世史學家稱之「後金」，四庫館臣或因此避用「金狄」，且將津本改作「城闕」。

金狄，文獻中也常用來指代南宋時北方女眞族建立的金王朝，因此四庫館臣經常避用「金狄」一詞。如明程敏政編《明文衡》，卷十一收錄劉定之《宋論八》，其第五篇爲「帝諷道籙院」。明嘉靖六年盧煥刻本此篇「序」云：「朕乃上帝元子，在天爲神霄玉清王長生大帝君，憫中華被金狄之教，懇請於上帝，下降人世爲人主，令天下歸于正道。」因其中涉及民族關係，文淵閣本刪去了此篇。《四庫全書薈要》本、文津閣本雖保留了此篇，但文字作了相應改動。「金狄」二字，《薈要》本改作「外道」，文津閣本改作「金人」。

上古本：豈辨青門人，當年乃萬户。螮蝀升天行，神龍失其所。感此淚悢悢，含辛不得語。（卷二，二 a，49）

淵本：豈辨青門人，當年乃萬户。螮蝀升天行，潛蛟失其所。感此淚悢悢，含辛不得語。（卷二，二 a）

津本：豈辨青門人，當年乃萬户。富貴寧有常，羇窮亦其所。感此淚悢悢，含辛不得語。（卷二，1322-662）

【按】上古本「神龍」，淵本作「潛蛟」，津本整句皆異。「神龍」可指天子，後接「失其所」，四庫館臣或認爲暗含眞龍天子失位之意，淵本因此改爲「潛蛟」。津本爲避聯想，遂將整句改作「富貴寧有常，羇窮亦其所」。

上古本：鋒矢日相尋，毒流及玄冕。柏梁隨草根，瓜蔓終不剪。往復見天心，殺機還自踐。悠悠白馬津，千載同憤懣。（卷二，二 a，49）

淵本：鋒矢日相尋，毒流及玄冕。柏梁隨草根，瓜蔓終不剪。往復見天心，殺機還自踐。悠悠白馬津，千載同憤懣。（卷二，二 b）

津本：鋒矢日相尋，毒流及冠冕。牛李恩怨深，瓜蔓終不剪。須息漢陰機，浮雲自閒遠。所以澹蕩人，杯酒聊獨遣。（卷二，1322-662）

【按】上古本「柏梁隨草根」，淵本同，津本作「牛李恩怨深」。「柏梁」即柏梁臺，爲漢代臺名，泛指宮殿。《三輔黃圖》卷之五載：「栢梁臺，武帝

〔註 7〕趙爾巽等撰，《清史稿》第二冊，中華書局，2012 年，第 9 頁。

元鼎二年春起，此臺在長安城中北關內。《三輔舊事》云：『以香栢爲梁也。帝嘗置酒其上，詔群臣和詩，能七言詩者乃得上。太初中，臺災。』〔註8〕昔日君臣唱和於柏梁臺上，如今荒草萋萋空餘一片悲涼。此情此景，不由讓人生發世事無常，滄海桑田之感。津本或因此改爲「牛李恩怨深」，去其懷古之幽思。

上古本「往復見天心，殺機還自踐。悠悠白馬津，千載同憤懣」，淵本同，津本作「須息漢陰機，浮雲自閒遠。所以澹蕩人，杯酒聊獨遣」。上古本四句暗含對朝代更迭、戰事頻繁之憤懣。津本改後，徒留遠離政事、歸隱山林之孤寂。

上古本：傷物無獨利，愚者乃爭強。干戈終未已，勸君且後亡。（卷二，二 b，50）

淵本：傷物無獨利，愚者乃爭強。干戈終未已，勸君且後亡。（卷二，三 a）

津本：傷物無獨利，愚者乃爭強。悠悠大江水，千古此蒼茫。（卷二，1322-663）

【按】上古本「干戈終未已，勸君且後亡」，淵本同，津本作「悠悠大江水，千古此蒼茫」。上古本兩句，表達對戰事仍頻，前途未明之感歎，亦有對前朝留戀之情。津本改後，則空餘蒼茫感慨之意。

上古本：山南生美棗，山北生蒺藜。（卷二，三 a，51）

淵本：山南生美棗，山北生蒺藜。（卷二，三 a）

津本：澗東生美棗，澗西生蒺藜。（卷二，1322-663）

【按】上古本「山南」、「山北」，淵本同，津本作「澗東」、「澗西」。此處改動未知其所依據。

上古本：不如守衾枕，昏昏無是非。（卷二，三 a，51）

淵本：不如守衾枕，昏昏無是非。（卷二，三 b）

津本：不如守衾枕，悠悠無是非。（卷二，1322-663）

【按】上古本「昏昏」，淵本同，津本作「悠悠」。「昏昏」，神志昏沉，迷迷糊糊的樣子。白居易《白氏長慶集》卷二十一《答崔賓客晦叔十二月四日見寄》中有：「居士忘筌默默坐，先生枕麴昏昏睡。」又有韓愈《昌黎先

〔註8〕不著撰人，《三輔黃圖》，《景印文淵閣四庫全書》第468冊，第26頁。

生文集》卷第五《寄皇甫湜》：「昏昏還就枕，惘惘夢相值。」皆是形容昏昏沉沉入睡之意。此處作者藉此表明不問世事之意。津本作「悠悠」，未知何所依據。

上古本：神龍無尺木，反爲螾螘陵。（卷二，三b，52）

淵本：神龍無尺木，反爲螾螘陵。（卷二，三b）

津本：神龍無尺水，宛轉困邱陵。（卷二，1322-663）

【按】上古本「尺木」，淵本同，津本作「尺水」。「尺木」，古人謂龍昇天時所憑依的短小樹木。漢王充《論衡・龍虛》：「短書言『龍無尺木，無以昇天。』又曰『昇天』，又言『尺木』，謂龍從木中昇天也。」（《論衡》卷六）唐劉禹錫《薛公神道碑》云：「文館入仕，幽龍未光，尺木爲階，秋然欲翔。」（《劉夢得文集》卷第二十九）「尺水」可理解爲神龍的棲身之所。唐李白《贈別舍人弟臺卿之江南》云：「潛虯隱尺水，著論談興亡。」（《李太白文集》卷九）宋司馬光《傳家集》卷四《送李汝臣同年謫官導江主簿》云：「蛟龍得尺水，雙髂方嶷嶷。」此處兩字皆可說得通，四庫館臣所改有一定道理。

又上古本「反爲螾螘陵」，淵本同，津本作「宛轉困邱陵」。四庫館臣或以爲此句暗含前朝眞龍失卻所依、反爲螾螘之輩欺凌之意，有失天子威嚴，故改之。

上古本：赤日盪靈魂，秋水澄心胸。（卷二，三b，52）

淵本：赤日盪靈魂，秋水澄心胸。（卷二，四a）

津本：赤日盪靈魄，秋水澄心胸。（卷二，1322-663）

【按】上古本「靈魂」，淵本同，津本作「靈魄」。「靈魄」即「靈魂」，意義一致，津本所改未知所據，或係誤抄。

上古本：西南望懸圃，光氣何熊熊。（卷二，三b，52）

淵本：西南望懸圃，光氣何熊熊。（卷二，四a）

津本：崑崙望懸圃，光氣何熊熊。（卷二，1322-663）

【按】上古本「西南」，淵本同，津本作「崑崙」。此句化用《山海經・西山經》「南望崑崙，其光熊熊，其氣魂魂。」（晉郭璞注《山海經卷二）「懸圃」，傳說在昆崙山頂，有金臺、玉樓，爲神仙所居，也稱「玄圃」，後泛指仙境。語出《楚辭・天問》：「崑崙懸圃，其尻安在？」王逸注：「崑崙，山名也，在西北，元氣所出。其巓曰縣圃，乃上通於天也。」（《楚辭章句》卷三）晉陶潛《讀〈山海經〉》詩之三曰：「迢遞槐江嶺，是謂玄圃邱。西南望崑墟，光氣難與儔。」（《陶淵明集》卷四）「懸圃」在「崑崙」山頂，怎可相望？此處當爲四庫館臣誤改。

上古本：史弱翁曰：「諸作感愴時艱，出以身心性命之語。其中包孕甚深厚高者，可與曲江頡頏。麟臺篇什雖繁，遜其含蘊。（卷二，三 b，52）

淵本：史弱翁曰：「諸作感愴時艱，出以身心性命之語。其中包孕甚深厚高者，可與曲江頡頏。麟臺篇什雖繁，遜其含蘊。（卷二，四 a）

津本：史弱翁曰：「諸作感愴無限，出以身心性命之語。其中包孕甚深厚高者，可與曲江頡頏。麟臺篇什雖繁，遜其會蘊。（卷二，1322-663）

【按】上古本「時艱」，淵本同，津本作「無限」。四庫館臣或爲避聯想時事而改，此與朱彝尊《曝書亭集》部分改動原因相同。如上古本《錢學士詩序》「予以入直內廷護譴」，「或陷于獄，當辟。君屢率私錢力援之，事得解」，淵本刪。楊麗霞《四庫本〈曝書亭集〉校議》按曰：「此處可以從側面看出當時官府黑暗，收受賄賂之現象嚴重。這些文字流露出當時政治陰暗的一面，誠然是不利於清王朝統治的言論，故當作違礙文字處理，將其刪去。」〔註 9〕

上古本「含蘊」，淵本同，津本作「會蘊」。「含蘊」，含蓄蘊藉。「會蘊」不詞，「會」、「含」形近，當是筆誤。

《吳門晤陳言夏》

上古本：蔚村托嘉遯，抱甕甘柴荊。（卷二，五 b，56）

淵本：蔚材托嘉遯，抱甕甘柴荊。（卷二，六 a）

津本：蔚村托嘉遯，抱甕甘柴荊。（卷二，1322-664）

【按】上古本「蔚村」，津本同，淵本作「蔚材」。此詩爲朱鶴齡到蘇州會見陳言夏所作。陳言夏，即陳瑚。清馮桂芬撰《（同治）蘇州府志》卷一百十二載：「陳瑚，字言夏，號確菴，太倉人。博通經史，兼精律曆兵農之學。崇禎壬午舉於鄉。明亡，奉父隱居崑山之蔚村。」〔註 10〕可見，陳言夏隱居之地名蔚村，此處當是謄錄者筆誤。

〔註 9〕《四庫本〈曝書亭集〉校議》，第 47 頁。

〔註 10〕《（同治）蘇州府志》卷一百十二，《中國地方志集成》江蘇府縣志輯第 9 冊，第 808 頁。

又按上古本「抱甕」，四庫本作「抱甕」。「甕」、「甕」形近義同。朱鶴齡詩中多用「抱甕」一詞，如「瓜田手自鉏，抱甕汲深夕」（卷二《寄徐介白》），「抱甕世誰爭，丘園養大名」（卷四《題計甫草村居次汪鈍翁韻二首》），未見有用「抱甕」者。四庫館臣或因此改作「抱甕」。

《秋日有懷四首》

上古本：入門徒有懷，出門復何遇。隔水稻花香，沿村漁火聚。霜葉丹平林，一望物非故。縱有西山童，衰顏豈能駐。（卷二，八 a，61）

淵本：入門徒有懷，出門復何遇。隔水稻花香，沿村漁火聚。霜葉丹平林，一望物非故。縱有西山童，衰顏豈能駐。（卷二，九 a）

津本：入門徒有懷，出門復何遇。隔水稻花香，沿村漁火聚。霜葉彫平林，一望物非故。縱有西山童，衰顏豈能駐。（卷二，1322-666）

【按】上古本「丹」，淵本同，津本作「彫」。此寫所見秋日情景。「霜葉丹平林」，指秋天的楓葉染紅了平林。「霜葉彫平林」，則意爲平林中霜後的樹葉紛紛凋零。津本作「彫」，未知其所依據。據詩意，「一望物非故」有物是人非之感。下言「衰顏豈能駐」，感慨人的衰老無可避免。津本或因此而改作「彫」。

《寄徐介白》

上古本：美人今何在，抱膝靈巖側。秋花秀綠堦，清賞散縹帙。（卷二，八 b，62）

淵本：美人今何在，抱膝靈巖側。秋花秀綠堦，清賞散縹帙。（卷二，九 b）

津本：美人今何在，抱膝靈巖側。秋花秀緣堦，清賞散縹帙。（卷二，1322-666）

【按】上古本「綠堦」，淵本同，津本作「緣堦」。後半句「縹帙」，指淡青色的書衣。「縹」即指青白色的絲織品，與之相對，上半句第四字應亦爲一顏色詞。「綠」、「緣」，字形相近，當爲謄錄者筆誤。

《寄王西樵吏部兼呈阮亭工部》

上古本：瑯琊今嗣興，風軌扇羣彥。（卷二，十一 a，67）

淵本：瑯琊今嗣興，風軌扇羣彥。（卷二，十二 b）

津本：瑯琊今嗣興，風蓬扇羣彥。（卷二，1322-667）

【按】上古本「風軌」，淵本同，津本作「風蓬」。「風軌」指風氣規範。王西樵，即王考功，爲王士禛之兄。清陳僖《燕山草堂集》卷三《新城王氏合傳》曰：「王考功，名士祿，字伯受，一字子底，別字西樵，又號負苓子，伍六世孫。」「瑯琊今嗣興」即讚頌瑯琊王氏之人才輩出。「風軌扇群彥」則指王氏家族門風不墮，培養出很多傑出人才。「風蓬」指船上風帆，此處無解，不知所據。

《遣興五首》

上古本：天子建明堂，棟梁安得遺。匠石一朝顧，何嫌采用遲。（卷二，十三b，72）

淵本：天子建明堂，棟梁安得遺。匠石一朝顧，何嫌采用遲。（卷二，十五b）

津本：豈不深固藏，棟梁安得遺。匠石一朝顧，何嫌采用遲。（卷二，1322-669）

【按】上古本「天子建明堂」，淵本同，津本作「豈不深固藏」。原詩謂自己乃棟梁之才，一定不會被遺忘，即使很晚才得到重用，也並不嫌遲。上古本、淵本作「天子建明堂」意爲自己一定會被皇帝看中。聯繫朱鶴齡十八歲童子試考取第一名，卻放棄科舉之事，可見其頗爲自傲。津本或以爲此句過於狂傲，遂改爲「豈不深固藏」。這就將朱鶴齡的出仕與皇帝之間的聯繫切斷。

上古本：齊紈製團扇，清風涼慢膚。炎蒸一以歇，棄捐在斯須。（卷二，十四a，73）

淵本：齊紈製團扇，清風涼慢膚。炎蒸一以歇，棄狷在斯須。（卷二，十五b）

津本：齊紈製團扇，清風涼慢膚。炎蒸一以歇，棄捐在斯須。（卷二，1322-669）

【按】上古本「棄捐」，津本同，淵本作「棄狷」。「棄狷」不詞，當是形近而誤。宋周紫芝《擬桃葉團扇歌三首》云：「團扇復團扇，團扇亦已好。但恐秋風至，棄捐在中道。」（《太倉稊米集》卷二）朱鶴齡此詩與該詩意同。

《徐健菴太史過訪》

上古本：三張才並雄，景陽名早晟。（卷二，十五b，76）

淵本：三張才並雄，景陽名早晟。（卷二，十七 b）

津本：三張才並雄，景陽成早晟。（卷二，1322-670）

【按】上古本「名」，淵本同，津本作「成」。此用西晉「三張」張載、張協、張亢，來讚頌崑山「三徐」徐乾學、徐元文、徐秉義。西晉「三張」老二張協（字景陽）其名最盛，正如崑山「三徐」也是老二徐元文最早成名。此處當是謄錄者筆誤所致。

《贈學究周翁九十》

上古本：外臣雖草莽，耕鑿皇仁貽。（卷二，十六 b，78）

淵本：外臣雖草莽，耕鑿皇仁貽。（卷二，十八 b）

津本：外臣雖草莽，耕鑿念所貽。（卷二，1322-670）

【按】上古本「皇仁」，淵本同，津本作「念所」。「皇仁」指皇帝的仁德。周翁，生平不詳。此詩述周翁隱居不仕，躬耕自適，感念皇恩浩蕩。最後四句「我亦太古民，貢諛安能爲？表翁耿耿心，勝頌南山詩」，顯然在表明心志所向。四庫館臣爲避此意，遂改作「念所」。

《獻曹秋岳侍郎三十韻》

上古本：琅函與玉瓔，祕冊無不收。（卷二，十八 a，81）

淵本：琅函與玉躞，祕冊無不收。（卷二，二十 b）

津本：琅函與玉躞，祕冊無不收。（卷二，1322-671）

【按】上古本作「玉瓔」，四庫本作「玉躞」。「玉瓔」不詞，當是形近而誤。「玉躞」，亦作「玉燮」，指書畫。宋米芾《題子敬范新婦唐摸帖》有：「嗟爾方來眼次洗，玉躞金題半歸米。」（明曹學佺編《石倉歷代詩選》卷一百四十六）清錢泳《履園叢話・收藏・總論》：「雖金題玉躞，插架盈箱，亦何異於市中之骨董鋪邪？」（《履園叢話》卷十）

《精衛詞》

上古本：朝發發鳩暮滄海，口銜木石雲中飛。（卷三，二 b，96）

淵本：朝發發鳩暮滄海，口銜木石雲中飛。（卷三，二 b）

津本：朝發鳩茲暮滄海，口銜木石雲中飛。（卷三，1322-674）

【按】上古本「發鳩」，淵本同，津本作「鳩茲」。「發鳩」，山名。《山海經・北山經》曰：「又北二百里，曰發鳩之山，其上多柘木。有鳥焉，其狀如烏，文首、白喙、赤足，名曰精衛，其鳴自詨。是炎帝之少女，名曰女娃。

女娃遊于東海，溺而不返，故爲精衛。常銜西山之木石，以堙于東海。漳水出焉，東流注于河。」（晉郭璞注《山海經》卷三）「鳩茲」，古邑名。《左傳·襄公三年》：「楚子重伐吳，爲簡之師，克鳩茲。」楊伯峻《春秋左傳注》云：「鳩茲，吳邑，當在今安徽蕪湖市東南二十五里。」〔註 11〕津本改作「鳩茲」，恐將兩處地名混淆，誤將此「鳩」作彼「鳩」。

《酬方爾止見懷兼送之金陵省侍》

上古本：昔年偕子瓦棺宿，風雨寒燈歎聲續。（卷三，四 a，99）

淵本：昔年偕子瓦官宿，風雨寒燈歎聲續。（卷三，四 b）

津本：昔年偕子瓦棺宿，風雨寒燈歎聲續。（卷三，1322-675）

【按】上古本「瓦棺」，津本同，淵本作「瓦官」。此爲金陵佛寺名。清楊倫《杜詩鏡銓》卷四云：「《唐書》：『昇州江寧郡屬江南東道。』公開元末嘗遊此。朱注：瓦官寺本晉武帝建，以陶官故地在秦淮北，故名。後『官』訛作『棺』耳。」唐許嵩撰《建康實錄》卷八有：「案：帝時置一寺，興寧二年僧慧力造瓦官寺，在今縣東南三里半井岡東偏也。」卷二十：「七月庚辰，大風雨震萬安陵華表。癸夘震瓦棺寺重門，一女子死。」宋釋志磐《佛祖統紀》卷三十六載：「帝嘗幸瓦官寺，聽竺法汰講放光般若，每讀佛經以爲陶鍊神明，則聖人可至。」宋韓元吉《南澗甲乙稿》卷十五《崇勝戒壇記》：「佛刹之在江左，莫先於金陵之瓦棺寺。」可見，史志中「瓦官」、「瓦棺」互用。此處「瓦官」、「瓦棺」雖可通，但朱氏原書作「瓦棺」，四庫謄錄不宜輕改。

上古本：須臾鐵甲彌吳市，共道花源在江渚。（卷三，四 a，99）

淵本：須臾鐵甲彌吳市，共道花源在江渚。（卷三，四 b）

津本：須臾鐵甲粥吳市，共道花源在江渚。（卷三，1322-675）

【按】上古本「彌」，淵本同，津本作「粥」。「彌」，意爲充滿。句中用「彌」字，當是爲表現鐵騎之多，以凸顯清軍佔領吳都街市，形勢之嚴峻。用「粥」字則明顯與詩意不符，當是形近致誤。

上古本：子念高堂理須去，霜禕千林照歸袂。（卷三，四 b，100）

淵本：子念高堂理須去，霜禕千林照歸袂。（卷三，五 a）

津本：子念高堂理須去，霜禕千林照歸袂。（卷三，1322-675）

〔註 11〕楊伯峻注，《春秋左傳注》，中華書局，1981 年，第 925 頁。

【按】上古本「籜」，淵本同，津本作「蘀」。關於「籜」、「蘀」兩字的差異，唐顏元孫《干祿字書．入聲》曰：「蘀、籜，上草木落，下筍皮。」就朱鶴齡此詩而言，「籜」字其意較狹，津本作「蘀」意義更爲通達。但上古本原文作「籜」，津本不宜輕改。

上古本：《張公藥囊歌》（卷三，八 a，107）

淵本：《張公藥囊歌》（卷三，九 a）

津本：《張公藥囊賦》（卷三，1322-677）

【按】上古本「歌」，淵本同，津本作「賦」。此處改動未知所據。

《姑蘇臺感懷》

上古本：荒臺碧血秋光老，西施行處寒煙遶。（卷三，十 a，111）

淵本：荒臺碧血秋光老，西施行處寒煙遶。（卷三，十一 a）

津本：荒臺碧血老秋光，西施行處寒煙遶。（卷三，1322-678）

【按】上古本「秋光老」，淵本同，津本作「老秋光」。此詩爲古體詩，無嚴格平仄、用韻的要求，故「秋光老」、「老秋光」皆可，應遵循朱鶴齡原詩。此處或爲謄錄者筆誤所致。

《梁溪歌贈吳伯成明府有序》

上古本：嗟彫敝兮，誰與蘇公之來兮瀸澤敷。（卷三，十一 a，113）

淵本：嗟彫敝兮，誰與蘇公之來兮瀸澤敷。（卷三，十二 b）

津本：嗟彼敝兮，誰與蘇公之來兮瀸澤敷。（卷三，1322-679）

【按】上古本「彫」，淵本同，津本作「彼」。此處改動未知所據。

《湖翻行》

上古本：更憐人畜死無數，浮轉塞港漂難求。（卷三，十三 a，117）

淵本：更憐人畜死無數，浮轉塞港漂難求。（卷三，十四 b）

津本：更憐人畜死無數，浮轉塞巷漂難求。（卷三，1322-680）

【按】上古本「港」，淵本同，津本作「巷」。此詩作於庚戌年六月十二日，即康熙九年（1670）。《（乾隆）震澤縣志》卷二十八載：「康熙庚戎夏六月，太湖水嘯，田禾渰沒。」此詩記載了太湖大水後，百姓流離失所、家破人亡的悲慘境遇。此處津本作「塞巷」，當爲謄錄者筆誤所致。

上古本：盛朝蠲賑久不聞，長吏敲搒肯停否。（卷三，十三 a，117）

淵本：盛朝蠲賑猶未遑，長吏敲搒肯停否。（卷三，十四 b）

津本：盛朝蠲賑久不聞，長吏敲搒肯停否。（卷三，1322-680）

【按】上古本「久不聞」，津本同，淵本作「猶未遑」。「久不聞」意在強調朝廷賑災長久未來，暗含譴責之義。四庫館臣將之改為「猶未遑」，則語氣稍緩，批評程度減輕，有為清廷開脫之嫌。

《寶華山房雜詩四首》

上古本：山色何年古，茅茨抱碧岑。谷虛聲自答，松老氣常陰。野寺魚鰕襍，村煙薺麥深。素懷誰與共，蘿月候孤琴。（卷四，一 a，135）

淵本：山色何年古，茅茨抱碧岑。谷虛聲自答，松老氣常陰。野市魚鰕襍，村煙薺麥深。素懷誰與共，蘿月候孤琴。（卷四，一 a）

津本：山色何年古，茅茨抱碧岑。谷虛聲自答，松老氣常陰。野市魚鰕襍，村煙薺麥深。素懷誰與共，蘿月候孤琴。（卷四，1322-682）

【按】上古本「野寺」，四庫本作「野市」。「野寺」，恐非是。古人有野市與鄉村相對而言的用法，如唐耿湋《登鍾山館》詩：「野市魚鹽隘，江村竹葦深。」即「野市」與「江村」相對。古人亦以「野市」與「魚鰕」相連用，如潘朝英《題金鰲山如畫軒》云「分得魚蝦歸野市」〔註 12〕即是。

《過龐山湖》

上古本：無殊曰：「『百里半漁蓑』，所感甚深。三四正申此意，五六寫景清絕，末只淡淡収，味餘言外。」（卷四，二 a，137）

淵本：無殊曰：「『百里半漁蓑』，所感甚深。三四正申此意，五六寫景清絕，末只淡淡収，味餘言外。」（卷四，二 a）

津本：無殊曰：「『百里半漁蓑』，所感甚深。三四正申此意，五六寫景幽絕，末只淡淡収，味餘言外。」（卷四，1322-683）

【按】上古本「清絕」，淵本同，津本作「幽絕」。「清絕」與「幽絕」意義差異不大，未知其所據。

上古本：《胡姬走馬》（卷四，三 b，140）

淵本：《燕姬走馬》（卷四，四 a）

津本：《燕姬走馬》（卷四，1322-684）

〔註 12〕北京大學古文獻研究所編，《全宋詩》第 71 冊，北京大學出版社，1998 年，第 45092 頁。

【按】上古本「《胡姬走馬》」，四庫本作「《燕姬走馬》」。此當爲四庫館臣爲避「胡」字而改。

《採香徑》

上古本：越地爭栽蕺，吳宮好采香。豈知蘭蕙路，偏作棘荊傷。臥犢仍芳草，啼烏自夕陽。應憐箭涇畔，羅袖此輕颺。（卷四，四 a，141）

淵本：越地爭栽蕺，吳宮好采香。豈知蘭蕙路，偏作棘荊場。臥犢仍芳草，啼烏自夕陽。應憐箭涇畔，羅袖此輕颺。（卷四，四 b）

津本：越地爭栽蕺，吳宮好采香。豈知蘭蕙路，偏作棘荊場。臥犢仍芳草，啼烏自夕陽。應憐箭涇畔，羅袖此輕颺。（卷四，1322-684）

【按】上古本「棘荊傷」，四庫本作「棘荊場」。「棘荊場」意爲布滿荊棘的地方。原詩前半句所說「蘭蕙路」指擁有美好事物的道路，「偏作棘荊場」指現在忽然變成了危險的地方，前後形成鮮明對比。「路」與「傷」詞性不同，與「場」則對仗工整。四庫謄錄或據此而改。

上古本：《過虞山同陳南浦諸子集劒浦池亭即席同賦》（卷四，五 a，143）

淵本：《過虞山同陳南浦諸子集劒浦池亭即席同賦》（卷四，六 a）

津本：《夏六月同陳南浦諸子集劒浦池亭即席同賦》（卷四，1322-685）

【按】上古本「過虞山」，淵本同，津本作「夏六月」。「虞山」，即錢謙益。其身處明清之際，先叛明降清，後反清復明，爲乾隆所不齒，斥其「反側僉邪，更不足比於人類」〔註 13〕，「……均以不能死節，靦顏苟活，乃託名勝國，妄肆狂狺，其人實不足齒，其書豈可復存？」〔註 14〕因此，乾隆多次下令將所有有關錢謙益的詩文、各省郡邑志書中所載其生平事實及所著書目詳悉查明，「自應逐加芟削，以杜謬妄」〔註 15〕。故此詩題當爲避錢謙益名諱而改。

上古本：《荷花三首》（卷四，五 b，144）

淵本：《荷花三首》（卷四，六 b）

津本：《荷花二首》（卷四，1322-685）

〔註 13〕中國第一歷史檔案館編，《纂修四庫全書檔案》，上海古籍出版社，1997 年，第 558 頁。

〔註 14〕《纂修四庫全書檔案》，第 551 頁。

〔註 15〕《纂修四庫全書檔案》，第 1151 頁。

【按】上古本「三首」，淵本同，津本作「二首」。題下有詩三首，當爲謄錄者筆誤。

上古本：《聞牧齋先生訃二首》（卷四，六 b，146）

淵本：《聞某訃二首》（卷四，七 b）

津本：《聞某訃二首》（卷四，1322-685）

【按】上古本「牧齋先生」，四庫本作「某」，即指錢謙益。此處避錢謙益名，原因見《過虞山同陳南浦諸子集劒浦池亭即席同賦》一詩校記。

《寄葛瑞五》

上古本：憶君方得句，花下獨听然。（卷四，十二 b，158）

淵本：憶君方得句，花下獨听然。（卷四，十四 a）

津本：憶君方得句，花下獨忻然。（卷四，1322-689）

【按】上古本「听然」，淵本同，津本作「忻然」。「听然」，笑貌。「忻然」，喜悅貌，愉快貌。《史記・司馬相如列傳》云：「無是公听然而笑曰：『楚則失矣，齊亦未爲得也。』」漢孔鮒《孔叢子・記問》：「夫子忻然笑曰：『然乎吾無憂矣，世不廢業，其克昌乎？』」「听」、「忻」形近，津本改動，或爲筆誤。

《挽李如石明府》

上古本：南星隕夜闌，巷哭淚難乾。秫豈饒彭澤，風猶避灌壇。千秋吳俎豆，一載漢衣冠。（卷四，十三 b，160）

淵本：南星隕夜闌，巷哭淚難乾。秫豈饒彭澤，風猶避灌壇。千秋吳俎豆，一載漢衣冠。（卷四，十五 b）

津本：南星隕夜闌，巷哭淚難乾。秫豈饒彭澤，風猶避灌壇。千秋留俎豆，一載見鷹鸞。（卷四，1322-689）

【按】上古本「吳」、「漢衣冠」，淵本同，津本作「留」、「見鷹鸞」。「吳俎豆」與下句「漢衣冠」相對。四庫館臣或認爲此句有懷念漢族統治之意而改。

上古本：《送松之遊新安》（卷四，十四 a，161）

淵本：《送徐松之遊新安》（卷四，十五 b）

津本：《送松之遊新安》（卷四，1322-689）

【按】上古本「送松之遊新安」，淵本同，津本作「送松之遊新安」。前後詩如《挽姜如農給諫》、《挽李如石明府》、《題計甫草村居次汪鈍翁韻二首》中均帶有姓氏，故淵本此處補上「徐」字，或為使前後格式相同。

《贈徐石兄二首》

上古本：儒術尊漳浦謂閩漳何玄子先生，通經有別詮。（卷四，十四b，162）

淵本：儒術尊漳浦謂閩漳何玄子先生，通經有別詮。（卷四，十六a）

津本：儒術尊漳浦謂閩漳河玄子先生，通經有別詮。（卷四，1322-690）

【按】上古本「何玄子」，淵本同，津本作「河玄子」。「何玄子」，即何楷。清李清馥《閩中理學淵源考》卷八十三云：「何楷，字玄子，漳浦鎮海衛人。」「河」與「何」形近，當為謄錄者筆誤。

上古本：《和愚菴先生牡丹詩》沈永禋（卷四，十五a，163）

淵本：《沈永禋和詩》（卷四，十六b）

津本：《和愚菴先生牡丹詩》沈永禋（卷四，1322-690）

【按】上古本《牡丹花下作》所附沈永禋《和愚菴先生牡丹詩》，津本同，淵本題目有所省，作「《沈永禋和詩》」。

《冬夜二首寄魏交讓》

上古本：鼠嬉偷掠枕，烏宿尚啼窗。玉漏更才半，冰輪影待雙。生涯前計誤，禪觀近心降。已覺聲名假，長依離垢幢。（卷四，十六b，166）

淵本：鼠嬉偷掠枕，烏宿尚啼窗。玉漏更才半，冰輪影待雙。生涯前計誤，禪觀近心降。已覺聲名假，長依離垢幢。（卷四，十八b）

津本：鼠嬉偷掠枕，烏宿尚啼窗。玉漏更才半，冰輪影待雙。生涯前計誤，禪觀近心降。已覺身名假，長依離垢幢。（卷四，1322-691）

【按】上古本「聲名」，淵本同，津本作「身名」。「聲名」、「身名」，皆有名聲、名譽之意。但朱鶴齡原詩即用「聲名」，此處不宜輕改。「聲」、「身」音近，或為謄錄者筆誤所致。

上古本：《投贈錢宗伯牧齋先生二十五韻》（卷四，又一a，169）

淵本：無

津本：無

【按】上古本「《投贈錢宗伯牧齋先生二十五韻》」，四庫本闕。此詩為朱鶴齡投贈之作，詩中極力推崇錢謙益文壇盟主的地位，表達了對錢氏的欽慕之意。內容多述錢謙益生平事蹟成就，無法進行部分刪改，四庫館臣遂將整首詩刪去。

盧川在《錢謙益入清後詩「詩其人」辯》〔註 16〕中認爲此詩中「特別值得注意的是敘述改朝換代一段」。他認爲詩中概述了永曆政權殊死搏鬥之際，錢謙益「投枯背菀，反正前明」，在反清鬥爭中發揮了重要的作用。這也暗示朱鶴齡對錢謙益參與反清復明行動的心知肚明。

上古本：《秋日述懷二十四韻》（卷四，又一 b，170）

淵本：《秋日述懷二十四韻》（卷四，十九 a）

津本：無

【按】上古本、淵本皆有，津本無。此詩以秋景起興，渲染蒼涼廣闊之氛圍。又借「小冠閒自拭，壯齒恨難追。養拙安垂橐，嬉遊憶佩觽」，感慨時光易逝，暗含遲暮之悲。「百年俄遘運，三極遂全移。目慘江山異，神恇羽檄馳」，「歌風嘗彼黍，啓繇得明夷」則表達江山易主，亡國之痛。是故四庫館臣刪除此詩。

上古本：《挽吳茂申先生二十四韻》（卷四，又二 b，172）

淵本：《挽吳茂申先生二十四韻》（卷四，二十 a）

津本：無

【按】上古本、淵本皆有，津本無。吳茂申，即吳有涯，字茂申。其曾爲復社成員，亦參與過反清復明大業。清潘檉章《松陵文獻》卷七載：「浙東兵潰，削髮爲僧，歸隱鄧尉山。久之，返故里。」〔註 17〕四庫館臣因而刪除此詩。

上古本：《詠雪獅子十韻》（卷四，又三 a，173）

淵本：《詠雪獅子十韻》（卷四，二十一 a）

津本：無

【按】上古本、淵本皆有，津本無。此詩從外貌、神態等方面描寫雪獅子之貌，顯示時人對這種西域之物之新奇。四庫館臣刪去此詩原因不詳。

上古本：《韓蘄王墓碑》（卷四，又三 b，174）

淵本：《韓蘄王墓碑》（卷四，二十一 a）

〔註 16〕盧川，孫之梅，《錢謙益入清後詩「詩其人」辯》，《齊魯學刊》，2010 年 03 期。

〔註 17〕清潘檉章撰，《松陵文獻》，《續修四庫全書》第 541 冊，第 455 頁。

津本：無

【按】上古本、淵本皆有，津本無。「韓蘄王」即韓世忠（1089～1151），字良臣，南宋民族英雄，堅持抗金，戰功赫赫。此詩讚頌其抗金之功績，易讓人聯想起清初反清復明之行動，故四庫館臣刪掉此詩。

《韓蘄王墓碑》

上古本：鞏樹悲難歇，江流恨未蠲。一坏埋虎氣，三尺躍龍泉。（卷四，又四 a，175）

淵本：鞏樹悲難歇，江流恨未蠲。一抔埋虎氣，三尺躍龍泉。（卷四，二十一 b）

津本：無

【按】上古本作「一坏」，淵本作「一抔」。「一坏」、「一抔」意思可通，均指土丘。此處改動，或爲館臣書寫習慣。

上古本：《思陵長公主輓詩》（卷四，又四 a，175）

淵本：《思陵長公主輓詩》（卷四，二十一 b）

津本：無

【按】上古本、淵本皆有，津本無。「思陵長公主」，即崇禎帝次女，原封號坤興公主，降清後改封長平公主。朱鶴齡此詩敘述了長公主短暫而坎坷的一生，令人哀歎。四庫館臣或恐引發前朝之思而刪。

《寄朱致一》

上古本：苦憶朱公叔，蕭條隱獨眞。雲霞供淨几，竹柏潤綸巾。白社尊遺老，青山屬外臣。華平花未放「華平花」見選賦，結綠席空珍。（卷四，又四 b，176）

淵本：苦憶朱公叔，蕭條隱獨眞。雲霞供淨几，竹柏潤綸巾。白社尊遺老，青山屬外臣。華平花未放「華平花」見選賦，結綠席空珍。（卷四，二十二 b）

津本：苦憶朱公叔，蕭條隱獨眞。雲霞供淨几，竹柏潤綸巾。白社尊遺老，青山娛病身。瑤林花未放，結綠席空珍。（卷四，1322-691）

【按】上古本「屬外臣」，淵本同，津本作「娛病身」。「外臣」的指向很明顯，四庫館臣或認爲「青山屬外臣」暗含對江山易主之不滿，因而津本改作「娛病身」。

上古本：草宿山陽侶，玄恭沒已一年。書傳旅食人。寧人遠寄《日知錄》。（卷

四，又五 a，177）

淵本：草宿山陽侶，玄恭沒已一年。書傳旅食人。寧人遠寄《日知錄》。（卷四，二十二 b）

津本：草宿山陽侶，元恭沒已一年。書傳旅食人。（卷四，1322-691）

【按】上古本「寧人遠寄《日知錄》」，淵本同，津本闕。《日知錄》爲顧炎武所著，雖被抽毀刪改，但仍收入《四庫全書》之中。津本恐非漏抄，或爲當時思想控制更爲嚴格。

《同里小祇園法會詩二十韻同吳慎思諸子作》

上古本：楊鐵崖、倪迂林皆有寓居同里詩。（卷四，又五 b，178）

淵本：楊鐵崖、倪雲林皆有寓居同里詩。（卷四，二十三 b）

津本：楊鐵崖、倪迂林皆有寓居同里詩。（卷四，1322-692）

【按】上古本「倪迂林」，津本同，淵本作「倪雲林」，均指倪瓚。倪瓚，元代畫家、詩人，字雲林，性迂善畫，故世人亦稱之爲「倪迂」。明汪砢玉撰《珊瑚網》卷三十四「名畫題跋十」有《倪元鎮著色山水》，又有《倪迂谿陰山色圖》、《倪迂林亭山色》，此均指倪瓚畫，是前人稱倪瓚爲「倪迂」之證。淵本所改爲是。

上古本：不夜長明炬，中天沆瀣漿。（卷四，又六 a，179）

淵本：不夜長明炬，中天沆瀣漿。（卷四，二十四 a）

津本：不夜光明炬，中天沆瀣漿。（卷四，1322-692）

【按】上古本「長明」，淵本同，津本作「光明」。「長明炬」指晝夜不息的火把。「光明炬」則失卻原詩長久不息之意。此處改動，未知所據。

《過周安期山中故居》

上古本：身逃谷口名仍在，賦就甘泉世已非。（卷五，一 b，194）

淵本：身逃谷口名仍在，賦就甘泉世已非。（卷五，二 a）

津本：身逃谷口名仍在，賦就甘泉事已非。（卷五，1322-693）

【按】上古本「世」，淵本同，津本作「事」。此詩爲周永年死後，朱鶴齡拜訪其西山故居時的悼念之作。「周安期」，即周永年，字安期，吳江人。《（乾隆）震澤縣志》卷十九中載：「感憤時事，講求掌故，思以桑榆自奮。遭亂坎軻，卜居吳中西山，未幾卒。」此處化用鄭子眞隱居谷口的典故，實指明亡後周永年隱居西山之事。原詩意爲江山易主，世事已變。四庫館臣或恐引人聯想而改作「事」。

《寒月》

上古本：風庭摵葉飛聲急，霜樹驚鴉散影明。（卷五，二 a，195）

淵本：風庭摵葉飛聲急，霜樹驚鴉散影明。（卷五，二 b）

津本：風庭摵葉飛聲息，霜樹驚鴉散影明。（卷五，1322-693）

【按】上古本「急」，淵本同，津本作「息」。此句描述風過庭園，落木紛飛之聲急促之景。「息」字則變爲聲音停息之意，與情境不符。「急」、「息」兩字形近，此處或爲筆誤。

《贈侯大將軍》

上古本：黃石秘符留蕙帳，白猿雄術寄松林。知君氣槩凌耿賈，豈得懷鄉但越吟。（卷五，三 a，197）

淵本：黃石秘符留蕙帳，白猿雄術寄松林。知君氣槩凌耿賈，豈得懷鄉但越吟。（卷五，三 a）

津本：黃石高名留蕙帳，白猿雄術寄松林。知君氣槩凌霄漢，豈得懷鄉但越吟。（卷五，1322-695）

【按】上古本「秘符」、「耿賈」，淵本同，津本作「高名」、「霄漢」。「黃石」，指黃石公，亦指黃石公授與張良的兵書《黃石公三略》。《史記・留侯世家》記載：「出一編書，曰：『讀此則爲王者師矣。後十年興。十三年孺子見我濟北，穀城山下黃石即我矣。』遂去，無他言，不復見。旦日視其書，乃《太公兵法》也。」「耿賈」，東漢初名臣耿弇和賈復的並稱。此詩意在讚頌侯大將軍之雄才大略、氣概淩雲。文意皆通，不知津本改動之據。

《送包朗威》

上古本：易水孤津須暫駐，燕臺落景莫輕登。（卷五，六 b，204）

淵本：易水孤津須暫駐，燕臺落景莫輕登。（卷五，七 a）

津本：易水孤津須暫駐，燕臺勝景共誰登。（卷五，1322-696）

【按】上古本「燕臺落景莫輕登」，淵本同，津本作「燕臺勝景共誰登」。此詩是朱鶴齡送別友人之作。包朗威，即包振，字朗威，吳江人，著有《研石山房詩草》。「易水孤津須暫住，燕臺落景莫輕登」兩句，化用易水送別及燕臺招賢二典，表達惜別之情，惜才之意。津本改動，未知所據。

《過顧茂倫村居二首》

上古本：從封不發周南憤，結客空傳濟北書。（卷五，七 a，205）

淵本：從封不發周南憤，結客空傳濟北書。（卷五，七 b）

津本：從封早滯周南跡，結客空傳濟北書。（卷五，1322-696）

【按】上古本「從封不發周南憤」，淵本同，津本作「從封早知滯周南跡」。此詩爲朱鶴齡拜訪顧茂倫隱居之所，記載其村居生活而作。顧茂倫，即顧有孝，字茂倫，號雪灘釣叟，江蘇吳江人，明末諸生。《史記・太史公自序》：「是歲天子始建漢家之封，而太史公留滯周南，不得與從事，故發憤且卒。」後因以「周南」爲滯留某地而毫無建樹之典。高洪韜《朱鶴齡〈愚菴小集〉存詩校注》中說：「從封句：指滯留於某地沒有建樹，而無奮發進取之心。」〔註 18〕此句改動未知所據。

上古本：《假我堂文醼次和牧齋先生韻》（卷五，七 b，206）

淵本：《假我堂文醼》（卷五，八 b）

津本：《假我堂文醼》（卷五，1322-696）

【按】上古本「假我堂文醼次和牧齋先生韻」，四庫本作「假我堂文醼」。此詩僅用錢謙益詩韻，與錢謙益本人事蹟無關，因而四庫館臣僅將題目中「次和牧齋先生韻」刪去，其餘未改。

上古本：《呈牧齋先生》（卷五，八 b，208）

淵本：無

津本：《呈某先生》（卷五，1322-697）

【按】上古本「呈牧齋先生」，淵本無，津本作「呈某先生」。此詩爲朱鶴齡與錢謙益同遊時所作。因語涉錢謙益事，淵本隨刪，津本則只改題爲「《呈某先生》」。

上古本：《贈蒼雪法師六十》（卷五，九 a，209）

淵本：無

津本：《贈蒼雪法師六十》（卷五，1322-697）

【按】淵本刪去此詩。此詩是朱鶴齡爲蒼雪法師所作。蒼雪法師（1588～1656），字見曉，更字蒼雪，號南來，法名讀徹，雲南趙氏子。清順治十三年（1656）卒，年六十九。被王士禛譽爲「明代三百年第一詩僧」。明亡後，

〔註 18〕《朱鶴齡〈愚菴小集〉存詩校注》，第 168 頁。

曾積極投身反清復明大業。其亦與錢謙益有所交遊。虞思徵在其《整理弁言》中考證指出：「蒼雪法師生於一五八八年，當其六十之歲，即一六四七年也，歲在乙未。正與先生《杜工部詩集輯注》自言『乙未館先生家塾』相合，則知諸詩作於其館牧齋碧梧紅豆山莊之時。」〔註 19〕故四庫館臣將此詩刪去。

上古本：《九日遣興》（卷五，九 a，209）

淵本：無

津本：《九日遣興》（卷五，1322-697）

【按】淵本刪去此詩。據清葛萬里《牧齋先生年譜》順治十二年所記「遊震澤洞庭，逢重九，地主許更生邀同侯月鷺、翁于止、路安卿諸人登高莫釐峰頂」，清彭城退士《錢牧翁先生年譜》、金鶴翀《錢牧齋先生年譜》順治十二年所記「重九，先生游震澤洞庭，登莫釐峰頂」，故此詩當作於朱鶴齡館錢牧齋碧梧紅豆山莊之時。此詩亦與錢謙益有關，故刪去。

上古本：《送友人適梁谿》（卷五，九 b，210）

淵本：無

津本：《送友人適梁谿》（卷五，1322-697）

【按】淵本刪去此詩。「望亭西去夕烽稠，戰壘烏啼恨未休。草覆新阡行處淚，花殘廢苑幾人遊。山泉帶雨供朝汲，湖閣飛濤赴冥搜」，詩人借眼前荒涼景象感慨世事變幻、民生凋敝，此或揭露了當時社會的陰暗面，暗含對清廷統治的不滿，故四庫館臣刪去。

上古本：《陪牧齋先生登洞庭雨花臺即席限韻作》（卷五，九 b，210）

淵本：無

津本：《登洞庭雨花臺作》（卷五，1322-697）

【按】淵本刪，津本作「登洞庭雨花臺作」。原因見《九日遣興》一條校記。津本僅刪去錢謙益名諱，保留此詩。

上古本：《同馮定遠夜話》（卷五，十 a，211）

淵本：無

津本：《同馮定遠夜話》（卷五，1322-698）

〔註 19〕清朱鶴齡著，虞思徵編，《愚菴小集》，第 6 頁。

【按】淵本刪去此詩。馮定遠即馮班（1602～1671），字定遠，號鈍吟居士，江蘇常熟人。馮班是錢謙益的門人，也是虞山詩派主要詩人之一。明亡後，雖無明顯的反清之舉，但常於賓客聚會、稠人廣座之中慟哭不已，人以爲癡，抑鬱憤懣之情溢於言表。故四庫本刪去此詩。

上古本：《贈孫子長》（卷五，十 a，211）

淵本：無

津本：《贈孫子長》（卷五，1322-698）

【按】淵本刪去此詩。孫子長即孫永祚（1597～？），字子長，號雪屋，江蘇常熟人，明末諸生，復社成員，入清不仕。其《雪屋集》被列入四庫禁燬書目，故此詩自然被刪。

上古本：雷迸檡龍侵筆格，雨連桐乳落書筒。

淵本：無

津本：雷迸籜龍侵筆格，雨連桐乳落書筒。

【按】上古本「檡」，津本作「籜」。「檡龍」，不詞。「籜龍」，竹筍的異名。唐盧仝撰《玉川子詩集》卷二《寄男抱孫》詩曰：「籜龍正稱冤，莫殺入汝口。」宋蘇轍《喜雨》詩有：「時向林間數新竹，籜龍騰上欲迎秋。」（《欒城第三集》卷四）四庫館臣據此改正。

上古本：《送文初無殊諸公適越州兼呈祁氏昆仲》（卷五，十 b，212）

淵本：無

津本：《送文初無殊諸公適越州兼呈祁氏昆仲》（卷五，1322-698）

【按】淵本刪去此詩。祁氏昆仲指祁彪佳之子祁理孫、祁班孫。祁彪佳爲前朝勳臣，清兵破城時拒不受降，自沈而死。祁理孫、祁班孫兄弟拒不仕清，感懷明朝，故四庫館臣刪去此詩。

上古本：《和牧齋先生登莫釐峰同子長作》（卷五，十 b，212）

淵本：無

津本：《登莫釐峰》（卷五，1322-698）

【按】淵本刪，津本改作「莫釐峰」。原因見《九日遣興》一條校記。津本僅刪去錢謙益名諱，保留此詩。

上古本：《紅豆》（卷五，十一 a，213）

淵本：無

津本：《紅豆》（卷五，1322-698）

【按】淵本刪去此詩。清葛萬里《牧齋先生年譜》順治十一年所記「是年卜築芙蓉莊，亦名紅豆莊」。因錢謙益館舍名「紅豆山莊」，原名「碧梧山莊」。此因與錢謙益有關，故淵本刪去。

上古本：《碧梧》（卷五，十一 a，213）

淵本：無

津本：《碧梧》（卷五，1322-698）

【按】淵本刪去此詩。此見上條校記。

上古本：《牧齋先生過訪》（卷五，十二 a，215）

淵本：《友人過訪》（卷五，十一 b）

津本：《友人過訪》（卷五，1322-699）

【按】上古本「牧齋先生」，四庫本作「友人」。此處當爲避錢謙益名。

上古本：漫道徑荒鋤栗里，敢云玄草疏侯芭。（卷五，十二 a，215）

淵本：漫道徑荒鋤栗里，敢云玄草疏侯芭。（卷五，十一 b）

津本：漫道徑荒鋤栗里，敢云元草屬侯芭。（卷五，1322-699）

【按】上古本「疏」，淵本同，津本作「屬」。「栗里」，在今江西九江西南，晉代陶淵明曾居此處。「玄草」，指文稿、書稿。侯芭，《冊府元龜》卷六百《師道》載：「侯芭，鉅鹿人。嘗從楊雄居，受其《太玄》、《法言》。雄卒，芭爲起墳，喪之三年。」〔註 20〕此句描寫朱鶴齡村居生活，將自己比作侯芭，爲自謙之辭。此處改動，未知所據。

上古本：《梅村先生過訪》（卷五，十二 a，215）

淵本：《梅村先生過訪》（卷五，十一 b）

津本：《友人過訪》之二（卷五，1322-699）

【按】上古本「梅村先生過訪」，淵本同，津本作「友人過訪之二」。四庫館臣或爲承前首《友人過訪》，而將此詩改爲「友人過訪之二」。

上古本：時先生述吳社始末。（卷五，十二 a，215）

淵本：時先生述吳社始末。（卷五，十一 b）

〔註 20〕宋王欽若等編纂，周勛初等校訂，《冊府元龜》第七冊，鳳凰出版社，2006 年，第 6922 頁。

津本：無（卷五，1322-699）

【按】上古本「時先生述吳社始末」，淵本同，津本闕。「吳社」即復社，成員或堅持抗清，或隱居不仕，或入仕清廷，政治色彩偏於反清。順治九年（1652）被取締。四庫館臣因而刪去此句。

《遣興二首》

上古本：虞山作。（卷五，十三 a，217）

淵本：虞山作。（卷五，十二 a）

津本：無

【按】上古本「虞山作」，淵本同，津本闕。虞山，即錢謙益，當為避錢謙益名諱而刪。

上古本：清關棐几淨無塵，蕢葉茁花刺眼新。（卷五，十三 b，218）

淵本：清關棐几淨無塵，蕢葉茁花刺眼新。（卷五，十二 a）

津本：晴關棐几淨無塵，蕢葉茁花刺眼新。（卷五，1322-700）

【按】上古本「清關」，淵本同，津本作「晴關」。「清關」，猶清門，指高貴的門第，謂門無雜賓。唐杜甫《贈特進汝陽王二十韻》中曰：「清關塵不雜，中使日相乘。」（《杜工部集》卷九）「晴關」不詞。「清」、「晴」，形近音同，或為筆誤所致。

《送嚴顥亭都諫》

上古本：月卿人望一時稀，入對先還舊瑣闈。九五方須調玉燭，湖山豈得戀煙霏？（卷五，二十一 a，233）

淵本：月卿人望一時稀，入對先還舊瑣闈。九五方須調玉燭，湖山豈得戀煙霏？（卷五，二十 b）

津本：月卿人望一時稀，入對先還舊瑣闈。時序方須調玉燭，湖山豈得戀煙霏？（卷五，1322-704）

【按】上古本「九五」，淵本同，津本作「時序」。嚴顥亭，即嚴沆。嚴沆（1617～1678），字子餐，號顥亭，浙江餘杭人，清順治十二年進士。歷任吏科、戶科、刑科、禮科給事中，太僕寺少卿，僉都御史，宗人府府丞，左副都御史等職，後為戶部侍郎，總督倉場。嚴沆關心百姓疾苦，其所任職務主要任務即為向清廷建言。此詩末小字注「時頻年水旱」，因此朱鶴齡作此詩，應是希望嚴沆能向皇帝反映民生疾苦。

「九五」指帝王。「九五方須調玉燭，湖山豈得戀煙霏」似在詰問如果天下太平，百姓哪裏會懷念過去。四庫館臣或認爲此意不敬，因而改之。

上古本：《讀梅村永和宮詞有感作》

淵本：《讀梅村永和宮詞有感作》

津本：《讀永和宮詞》

【按】上古本「讀梅村永和宮詞有感作」，淵本同，津本作「讀永和宮詞」。四庫館臣或爲避「梅村」之名而改。

上古本：■思陵烈崩，李賊槁葬之於貴妃塋旁。（卷五，二十一b，234）

淵本：思陵烈崩，李賊自成槁葬之於貴妃塋旁。（卷五，二十一a）

津本：思陵莊烈崩，李賊槁葬之於貴妃塋旁。（卷五，1322-704）

【按】上古本「■思陵烈崩」，淵本同，津本作「思陵莊烈崩」。「思陵」、「烈」、「莊烈」皆指崇禎帝。「思陵」是其廟號，「莊烈」是其謚號，「烈」爲謚號之簡稱。津本此處改動未知所據。上古本「李賊」，津本同，淵本作「李賊自成」。此處無特殊意義，僅將李自成的名字補全，以作說明。

《虎丘散步》

上古本：山光樹影裊樓臺，誰問胡僧舊劫灰。（卷五，二十二b，236）

淵本：山光樹影裊樓臺，誰問當時舊劫灰。（卷五，二十二a）

津本：山光樹影裊樓臺，誰問梵僧舊劫灰。（卷五，1322-705）

【按】上古本「胡僧」，淵本作「當時」，津本作「梵僧」。此處當是四庫館臣爲避「胡」字而改。

《詠史》

上古本：匹馬居庸符白雀，雙丸淮右整朱旗。（卷五，二十三b，238）

淵本：匹馬居庸符白雀，雙丸淮右整朱旗。（卷五，二十三b）

津本：匹馬居庸符白雀，雙丸淮右整黃旗。（卷五，1322-705）

【按】上古本「朱旗」，淵本同，津本作「黃旗」。「雙丸」指日月，語出元朱德潤《題陳直卿一碧萬頃》「日月雙丸吐，江山萬古愁」（《存復齋續集》）。「日」、「月」二字合爲「明」。「淮右」，即淮西，且朱元璋常自稱「淮右布衣」。如《明太祖文集》卷一《免北平、燕南、河東、山西、北京、河南、潼關、唐鄧、秦隴等處稅糧詔》曰：「朕本淮右布衣，因天下亂，率眾渡江，保民圖治，今十有五年矣。」「朱旗」指紅色的旗子，亦可指明朝的旗幟。四庫館臣或認爲此句描寫了朱元璋起兵推翻元朝的歷史，因而做了改動。

《寄王太常煙客先生》

上古本：先生盛推余文爲虞山後一人故云。（卷五，二十四 a，239）

淵本：先生盛推余文爲弇州後一人故云。（卷五，二十三 b）

津本：無（卷五，1322-705）

【按】上古本「虞山」，淵本作「弇州」，津本闕句。「弇州」爲明王世貞別號「弇州山人」之省稱，著有《弇州山人四部稿》等。此處當是爲避錢謙益名而改爲「弇州」。

《歲暮雜詩六首》

上古本：差山高士稱同學，沈麟士隱吳差山，注釋五經至八十不倦。江上漁翁許並船。（卷五，二十六 a，243）

淵本：羌山高士稱同學，沈麟士隱吳羌山，注釋五經至八十不倦。江上漁翁許並船。（卷五，二十六 a）

津本：差山高士稱同學，沈麟士隱吳差山，注釋五經至八十不倦。江上漁翁許並船。（卷五，1322-707）

【按】上古本「差山」、「吳差山」，津本同，淵本作「羌山」、「吳羌山」。清王太岳考證《御定子史精華》卷八「山教授成市」注云：「《南史・沈鱗傳》隱居餘不吳羌山。刊本『羌』訛『差』，據浙江通志改。」〔註 21〕王太岳考證恐不完全是。此爲德清縣山名。文獻「羌山」、「差山」互用，如宋談鑰撰《(嘉泰）吳興志》卷四「吳羌山在縣東南一里」，宋王欽若撰《冊府元龜》卷五百九十八《教授》云「沈驎士，字雲禎。隱居餘不吳差山，講經教授，從學者數十百人，各營屋宇，依止其側」〔註 22〕。

清吳騫《拜經樓詩集》續編卷二《贈沈子》：「沈子慕織簾之風，以差山自號。按：吳羌山在德清縣，漢高士吳羌隱此得名。凡山經地志皆作『羌』，惟《南齊書・沈麟士傳》作『差』，而《南史》因之，并譌『餘不』爲『餘干』，竊疑羌、差筆跡相近，又五季擾亂，羌夷雜糅，或因時諱而易羌爲差，亦未可定。若鄭氏《石柱記箋》疑以吳夫差得名，益臆撰無據矣。」是後人羌山、

〔註 21〕清王太岳等纂輯，《欽定四庫全書考證》（三）子部卷六十七，《景印文淵閣四庫全書》第 1499 冊，第 511 頁。

〔註 22〕《冊府元龜（校訂本）》第七冊，第 6899 頁。

差山已混用。朱鶴齡爲吳江人，吳江距德清不遠，所記未必有誤。其《愚菴小集》卷五《遣興二首》有句「獨抱遺經酬歲月，吳差山下織簾人」，亦作「差山」，是其證。《四庫全書》因前人云「差」爲「羌」字之訛，因改作「羌」，未必是。如《遣興二首》「吳差山下」即未改作「羌山」。

《詠史十首》

《楊貴妃》

上古本：九馬不西眞妻去母妻母用昭君事，御牀依舊擁嬋娟。（卷六，五 a，261）

淵本：九馬不西眞妻去母妻母用昭君事，御牀依舊擁嬋娟。（卷六，五 b）

津本：落葉滿階南內靜，廣寒無復拜嬋娟。（卷六，1322-710）

【按】上古本「九馬不西眞妻去母妻母用昭君事，御牀依舊擁嬋娟」，淵本同，津本作「落葉滿階南內靜，廣寒無復拜嬋娟」。此句改動，未知所據。

上古本：《贈安石周翁八十四首》（卷六，五 b，262）

淵本：《贈安石周翁八十四首》（卷六，六 a）

津本：《贈安石周翁八十四韻》（卷六，1322-710）

【按】上古本「首」，淵本同，津本作「韻」。此處改動未知所據。

上古本：磻溪釣叟不知年，容與支笻似散仙。（卷六，五 b，262）

淵本：磻溪釣叟不知年，容與支笻似散仙。（卷六，六 a）

津本：皤溪釣叟不知年，容與支笻似散仙。（卷六，1322-710）

【按】上古本「磻溪」，淵本同，津本作「皤溪」。「磻溪」，亦作「磻谿」、「磻磎」。水名，在今陝西省寶雞市東南，傳說爲周呂尚未遇文王時垂釣處，亦借指呂尚。漢韓嬰《韓詩外傳》卷八：「太公望少爲人婿，老而見去，屠牛朝歌，賃於棘津，釣於磻溪。」「皤溪」，與「磻溪」相通。《明太祖文集》卷二《論山東承宣布政使吳印詔》云：「周文王起皤溪之釣，遂興周八百。」「磻溪」比「皤溪」更爲常用，不宜輕改。

《中秋龍舟曲三首》

上古本：火樹銀缸映月鋪，琉璢片片閃重湖。（卷六，七 a，265）

淵本：火樹銀缸映月鋪，琉璢片片閃重湖。（卷六，八 a）

津本：火樹銀釭映月鋪，琉璆片片閃重湖。（卷六，1322-711）

【按】上古本「銀缸」，淵本同，津本作「銀釭」。「銀缸」、「銀釭」互通，指銀白色的燈盞、燭臺。

上古本「琉璢」，淵本同，津本作「琉璨」。「琉璢」亦作「璢琉」，同「琉璃」。「琉璨」，同「琉璃」。《史記・大宛列傳》云：「萬震《南州志》云：『大家屋舍，以珊瑚爲柱，琉璃爲墻壁，水精爲礎舄。」故此處改動並無必要。

《哭甫草三首同鈍翁作》

上古本：才命由來兩折磨，怪君末疾是沈痾。曹涂李志憎偏壽，憒憒天公可奈何。（卷六，十 b，272）

淵本：才命由來兩折磨，怪君末疾是沈痾。曹涂李志憎偏壽，憒憒天公可奈何。（卷六，十一 b）

津本：才命由來兩折磨，怪君末疾是沈痾。曹蜍李志憎偏壽，憒憒天公可奈何。（卷六，1322-713）

【按】上古本「曹涂」，淵本同，津本作「曹蜍」。「曹涂」、「曹蜍」，指曹茂之。曹茂之，東晉詩人，字永世，小字蜍，彭城（今徐州）人。「蜍」即蟾蜍，象徵長壽，與「永世」之意相通。四庫館臣或爲「曹蜍」較「曹涂」更爲常用而改。

《姑蘇楊柳枝詞四首和鈍翁》

上古本：人情比日秋雲薄，誰折長條綰別離。一作「十里紅亭嫋嫋春，任他輕拂陌頭塵。如今世路輕離別，誰倩長條綰去人。」（卷六，十一 a，273）

淵本：人情比似秋雲薄，誰折長條綰別離。一作「十里紅亭嫋嫋春，任他輕拂陌頭塵。如今世路輕離別，誰倩長條綰去人。」（卷六，十二 b）

津本：人情比日秋雲薄，誰折長條綰別離。一作「十里紅亭嫋嫋春，任他輕拂陌頭塵。如今世路輕離別，誰倩長條綰去人。」（卷六，1322-713）

【按】上古本「比日」，津本同，淵本作「比似」。「比日」，近日、近來。宋王安石《與王宣徽書》之一曰：「得聞比日動止康豫，深慰鄙情也。」（《臨川文集》卷七十八）此句意爲感慨近來人情淡薄。淵本作「比似」，好似，如同。元沈禧《踏莎行》詞：「無限離愁，誰知就裏。滔滔比似西江水。無情日夜向東流，一緘好寄相思淚。」意爲人情淡薄，如同秋雲一般。此詩小字部分爲另一版本，作「如今世路輕離別」，意爲著重感慨現今世情冷淡，似與「人情比日秋雲薄」意義更爲接近，因而用「比日」似更爲合適。淵本此處改動未知所據。

《禹貢長箋序》

上古本：使後之人讀之而喟然曰：「以彼其躬平洚洞如此，利盡九州如此，猶且恐恐然、嗛嗛然，甘監門臣虜之養而不恤者，何爲也？」（卷七，五a，287）

淵本：使後之人讀之而喟然曰：「以彼其躬平洚洞如此，利盡九州如此，猶且恐恐然、嗛嗛然，甘監門臣虜之養而不恤者，何爲也？」（卷七，五b）

津本：使後之人讀之而喟然曰：「以彼其躬平洚洞如此，利盡九州如此，猶且恐恐然、嗛嗛然，甘監門臣廝之養而不恤者，何爲也？」（卷七，1322-717）

【按】上古本「虜」，淵本同，津本作「廝」。「虜」爲對北方外族的蔑稱，在清代屬於忌諱文字，四庫館臣對此多有刪改。

上古本：及至禹而海錯橘柚有貢，金銀有貢，珠璣玉石有貢，不幾爲漢唐之誅酎金、遞荔支者觴濫乎？（卷七，五b，288）

淵本：及至禹而海錯橘柚有貢，金銀有貢，珠璣玉石有貢，不幾爲漢唐之誅酎金、遞荔支者觴濫乎？（卷七，六a）

津本：及至禹而海錯橘柚有貢，金銀有貢，珠璣玉石有貢，不幾爲漢唐之誅酌金、遞荔支者濫觴乎？（卷七，1322-717）

【按】上古本「酎」，淵本同，津本作「酌」。「酎金」，指漢代諸侯獻給朝廷供祭祀之用的貢金。「誅酎金」則指漢武帝藉諸侯所獻貢金成色不好而以「酎金」之罪削爵之事。《史記．平準書》曰：「至酎，少府省金，而列侯坐酎金失侯者百餘人。」裴駰集解引如淳曰：「《漢儀注》：『王子爲侯，侯歲以戶口酎黃金於漢廟，皇帝臨受獻金以助祭。大祀日飲酎，飲酎受金。金少不如斤兩，色惡，王削縣，侯免國。』」「酌金」不詞。「酎」、「酌」，音近形近，當爲筆誤所致。

上古本「觴濫」，淵本同，津本作「濫觴」。「濫觴」，比喻事物的起源、發端。唐徐堅《初學記》卷十六引唐虞世南《琵琶賦》曰：「強秦創其濫觴，盛漢盡其深致。」「觴濫」，同「濫觴」。宋秦觀《次韻邢敦夫秋懷十首》之三：「筆勢如長淮，初源可觴濫。」（《淮海集》卷二）此處或爲謄錄者誤抄。

《校定水經注箋序》

上古本：《隋書・經籍志》有兩水經，一本二卷郭璞注，一本四十卷酈善長注。（卷七，八 b，294）

淵本：《隋書・經籍志》有兩水經，一本三卷郭璞注，一本四十卷酈善長注。（卷七，九 b）

津本：《隋書・經籍志》有兩水經，一本二卷郭璞注，一本四十卷酈善長注。（卷七，1322-719）

【按】上古本「二卷」，津本同，淵本作「三卷」。查《隋書・經籍志》原書作「水經三卷郭璞注」，故此處上古本與津本皆誤。

上古本：江自尋陽以北、吳松以東，又能使道元無遺憾，惜乎此書之不見於今也。（卷七，十 a，297）

淵本：江自尋陽以北、吳松以東，又能使道元無遺憾，惜乎此書之不見於今也。（卷七，十一 a）

津本：江自尋陽以北、吳淞以東，又能使道元無遺憾，惜乎此書之不見於今也。（卷七，1322-720）

【按】上古本「吳松」，淵本同，津本作「吳淞」。「吳松」、「吳淞」，皆指吳淞江，亦稱松江。此處源自歐陽玄《補正水經序》：「若江自尋陽以北、吳松以東，則又能使道元之無遺恨者也。」故此處當遵原文「吳松」，不宜輕改。

上古本：《箋注李義山詩集序》（卷七，十三 a，303）

淵本：無

津本：《箋注李義山詩集序》（卷七，1322-721）

【按】淵本刪。虞思徵在《整理弁言》中解釋道：「卷七《箋注李義山詩集序》開篇即云：『申酉之歲，余箋杜詩於牧齋先生紅豆莊』云云，知此篇亦語涉『牧齋』而刪。」

上古本：申酉之歲，余箋杜詩于牧齋先生紅豆莊。既卒業，先生謂余曰：「玉谿生詩沈博絕麗，王介甫稱爲善學老杜，惜從前未有爲之注者。（卷七，十三 a，303）

淵本：無

津本：申酉之歲，余讀義山詩，久欲爲之序而未果。適有友人謂余曰：「玉

谿生詩沈博絕麗，王介甫稱爲善學老杜，惜從前未有爲之注者。（卷七，1322-721）

【按】津本改。此處語涉錢謙益，故四庫館臣改之。原因見《過虞山同陳南浦諸子集劒浦池亭即席同賦》一詩校記。此處文字雖有改動，但字數不變，這也是館臣的基本方法。

上古本：贊皇入相，薦自晉公，功流社稷。史家之論，每曲牛而直。（卷七，十三 a，303）

淵本：無

津本：贊皇入相，薦自晉公，助流社稷。史家之論，每曲牛而直。（卷七，1322-721）

【按】上古本「功」，津本作「助」。清周亮工《因樹屋書影》卷十、王鳴盛《蛾術編》卷七十七說集三引朱鶴齡此序，均作「功流社稷」。「助流社稷」不詞。「功」、「助」形近，當爲津本謄錄者筆誤。

上古本：于劉蕡之斥，則抱痛巫咸，于乙卯之變，則銜冤晉石。（卷七，十三 a，303）

淵本：無

津本：於劉賁之斥，則抱痛巫咸，於乙卯之變，則銜冤晉石。（卷七，1322-721）

【按】上古本「劉蕡」，津本作「劉賁」。清周亮工《因樹屋書影》卷十、王鳴盛《蛾術編》卷七十七引朱鶴齡此篇皆作「劉蕡」。「蕡」、「賁」形近，或爲謄錄者筆誤所致。

上古本：余故博考時事，推求至隱因，箋成而發之，以復于先生。（卷七，十三 a，303）

淵本：無

津本：余故博考時事，推求至隱因，箋成而發之，以復于友人。（卷七，1322-721）

【按】上古本「先生」，津本作「友人」。此處避錢謙益名，原因見《過虞山同陳南浦諸子集劒浦池亭即席同賦》一詩校記。

《戰國策鈔序》

上古本：不深覽言利之害，亦豈信稱先王陳仁義之效，可以行千萬世而

無弊也哉。（卷七，十六 a，309）

淵本：不深覽言利之害，亦豈信稱先王陳仁義之效，可以行千萬世而無弊也哉。（卷七，十五 b）

津本：不深覽言利之害，亦豈信稱先生陳仁義之效，可以行千萬世而無弊也哉。（卷七，1322-723）

【按】上古本「先王」，淵本同，津本作「先生」。孟子主張「法先王」，主張行仁政。《孟子・離婁》曰：「今有仁心仁聞而民不被其澤，不可法於後世者，不行先王之道也。」宋黃震《黃氏日抄》卷三《讀孟子》有：「梁惠王問利國，孟子言利之害而進以仁義之效。」「王」、「生」形近，津本作「先生」，當爲筆誤。

上古本：是書雖經南豐校勘，舛誤猶多。鮑彪復紊亂其章次，剡川姚宏會稡諸家，而是正之最稱善本，惜近世不可復睹。先朝張叔大陸子淵兩先生嘗爲之評解芟繁纂要劃。（卷七，十六 b，310）

淵本：是書雖經南豐校勘，舛誤猶多。鮑彪復紊亂其章次，剡川姚宏會稡諸家，而是正之最稱善本，惜近世不可復睹。先朝張叔大陸子淵兩先生嘗爲之評解芟繁纂要劃。（卷七，十六 b）

津本：是書雖經南豐校勘，舛誤猶多。鮑彪復紊亂其章次，剡川姚宏會稡諸家，而是正之最稱善本，惜近世不可復睹矣。昔張叔大陸子淵兩先生嘗爲之評解芟繁纂要劃。（卷七，1322-723）

【按】上古本「先朝」，淵本同，津本作「矣昔」。「先朝」即明朝。四庫館臣爲忌諱而改作「矣昔」，字數不變。

《新編李義山文集序》

上古本：子美詩云：「庾信文章老更成，凌雲健筆意縱橫。」（卷七，十七 b，312）

淵本：子美詩云：「庾信文章老更成，凌雲筆意勢縱橫。」（卷七，十六 b）

津本：子美詩云：「庾信文章老更成，凌雲健筆意縱橫。」（卷七，1322-724）

【按】上古本「健筆意縱橫」，津本同，淵本作「筆意勢縱橫」。杜甫《戲爲六絕句》云：「庾信文章老更成，凌雲健筆意縱橫。」（《杜工部集》卷十二）此既爲引用杜甫詩句，自應以杜詩原文爲準，淵本此處所錄不當。

《陽明要書序》

上古本：以致良知宗，大闡心學。（卷七，十九 a，315）

淵本：以致良知爲宗，大闡心學。（卷七，十八 b）

津本：以致良知宗，大闡心學。（卷七，1322-725）

【按】上古本「以致良知宗」，津本同，淵本作「以致良知爲宗」。上古本語意不全。《明書》、《明史》均謂陽明之學「以致良知爲宗」，是本應有「爲」字。

《左氏春秋集說序》附錄左氏春秋集說凡例

上古本：傳文不能全載，今節畧其事蹟於經文之下，然後引用注疏諸家之說。此倣黄氏日鈔體。（卷七，二十五 a，327）

淵本：傳文不能全載，今節畧其事蹟於經文之下，然後引用注疏諸家之說。此倣黄氏日鈔體。（卷七，二十五 a）

津本：傳文不能全載，今節畧其事蹟於經文之下，而其後引用注疏諸家之說。此放黄氏日鈔體。（卷七，1322-728）

【按】上古本「然」，淵本同，津本作「而其」。文意無別，此處改動不知所據。

又上古本「倣」，淵本同，津本作「放」。「倣」，同「仿」，句意爲仿照《黄氏日鈔》體例。「倣」、「放」形近，當爲筆誤。

《毛詩稽古編序》

上古本：余書猶參停今古之間，長發則專宗古義，宣幽決滯，劈肌中理，即考亭見之亦當爽然心開，欣然頤解。（卷七，二十六 b，330）

淵本：余書猶參停今古之間，長發則專宗古義，宣幽決滯，劈肌中理，即考亭見之亦當爽然心開，欣然頤解。（卷七，二十六 b）

津本：余書猶參停古今之間，長發則專宗古義，宣幽決滯，劈肌中理，即考亭見之亦當爽然心開，欣然頤解。（卷七，1322-729）

【按】上古本「今古」，淵本同，津本作「古今」。文意無別，文字有異，當爲謄錄者誤抄。

《周易廣義略序》

上古本：余甞讀左氏傳曰物生而後有象，象而後有滋，滋而後有數。（卷七，二十八 a，333）

淵本：余嘗讀左氏傳曰物生而後有象，象而後有滋，滋而後有數。（卷七，二十八 b）

津本：余嘗讀尤氏傳曰物生而後有象，象而後有滋，滋而後有數。（卷七，1322-730）

【按】上古本「左」，淵本同，津本作「尤」。「《左氏傳》」即《左傳》，「物生而後有象」，見《左傳》僖公四年。津本作「尤」，當是謄錄者筆誤所致。

上古本：漢魏以下，如鄭玄、荀爽、王肅、干寶、陸績、虞翻、崔憬、侯果，諸家都從卦變互卦取義，非不時契易旨而穿鑿傅會。（卷七，二十八 b，334）

淵本：漢魏以下，如鄭玄、荀爽、王肅、干寶、陸績、虞翻、崔憬、侯果，諸家都從卦變互卦取義，非不時契易旨而穿鑿傅會。（卷七，二十九 a）

津本：漢魏以下，如鄭玄、荀爽、王肅、干寶、陸績、虞翻、崔景、侯果，諸家都從卦變互卦取義，非不時契易旨而穿鑿傅會。（卷七，1322-730）

【按】上古本「憬」，淵本同，津本作「景」。「崔憬」、「崔景」，皆指唐代易學家崔憬。文獻中崔憬、崔景常互用。《玉海》卷第三十曰：「虞翻、崔憬用互體，京房、郎顗用五行。」清納蘭性德《合訂刪補大易集義粹言》卷七十八有：「崔景、陸震謂文王作爻辭。」即同一書中也常互用。宋俞琰《周易集說》卷三十七《說卦傳二》「帝出乎震」注云：「崔憬曰：帝者天之王氣也。」其書卷三十五《繫辭下傳四》「若夫雜物撰德，辨是與非，則非其中爻不備」注作「崔景曰」云云。是崔憬、崔景文意無別。朱鶴齡原文既作「崔憬」，津本不宜輕改。

上古本：烏敢自謂子易學有裨乎？（卷七，二十九 b，336）

淵本：烏敢自謂于易學有裨乎？（卷七，三十 b）

津本：烏敢自謂于易學有裨乎？（卷七，1322-731）

【按】上古本「子」，四庫本作「于」。「子」字在此無義，與句意不符，當是形近致誤。四庫本所改甚是。

《史弱翁詩集序》

上古本：而復丁屯蹇既窮，餓其身，促其年，以死，死而復奪其胤。（卷八，二 b，344）

淵本：而復丁屯蹇既窮，餓其身，促其年，以死，死而復奪其胤。（卷八，

二b）

津本：而復丁乇蹇既窮，餓其身，促其年，以死，死而復奪其嗣。（卷八，1322-732）

【按】上古本「胤」，淵本避諱去末筆作「胤」，津本改作「嗣」。此處當爲避雍正名諱。

《送董處士歸湖濱序》

上古本：古人猶有塵垢軒裳逃之寂寞之濱以爲快者，況乎乘危抵戲，苟且旦夕之光曜於蜩螗沸羹之中。（卷八，三a，345）

淵本：古人猶有塵垢軒裳逃之寂寞之濱以爲快者，況乎乘危抵巇，苟且旦夕之光曜於蜩螗沸羹之中。（卷八，三a）

津本：古人猶有塵垢軒裳逃之寂寞之濱以爲快者，況乎乘危抵戲，苟竊旦夕之光曜於蜩螗沸羹之中。（卷八，3122-732）

【按】上古本「竊」，淵本同，津本作「且」。聯繫文意，當爲「竊」，指偷取一點時間。「竊」、「且」音近，或爲筆誤所致。

上古本：次公以井稅至邑治，必訪余寤言，蛩然足音，致足樂也。（卷八，三a，345）

淵本：次公以井稅至邑治，必訪余寤言，跫然足音，致足樂也。（卷八，三b）

津本：次公以井稅至邑治，必訪余寤言，蛩然足音，致足樂也。（卷八，1322-732）

【按】上古本「蛩」，津本同，淵本作「跫」。「跫然足音」語出《莊子·雜篇·徐无鬼》「夫逃虛空者，藜藋柱乎鼪鼬之逕，踉位其空，聞人足音跫然而喜矣」，原指長期住在荒涼寂寞的地方，對別人的突然來訪感到欣悅，後常比喻難得的來客。但古籍中「跫然」、「蛩然」通用。如明趙撝謙《答顧希武書》云：「莊周云：逃空寂者，聞人足音蛩然而喜。」（《趙考古文集》卷一）意義同「跫然」。四庫館臣或以「跫然足音」更爲常見而改。

《送徐介白移居上沙序》

上古本：自昔人有大隱朝市小隱山林之説，而脂韋汩沒與俗浮湛者，反借之以藉口。（卷八，四a，347）

淵本：自昔人有大隱朝市小隱山林之説，而脂韋汩沒與俗浮湛者，反借

之以藉口。（卷八，四 b）

津本：自昔人有大隱朝市小隱山林之說，而脂韋汨沒與俗浮沈者，反借之以藉口。（卷八，1322-733）

【按】上古本「浮湛」，淵本同，津本作「浮沈」。「浮湛」指隨波逐流。《漢書・司馬遷傳》：「故且從俗浮湛，與時俯仰，以通其狂惑。」顏師古注：「湛讀曰沉。」「浮沈」，亦有隨波逐流之意，謂追隨世俗。《史記・袁盎晁錯列傳》：「袁盎病免居家，與閭里浮沈，相隨行，鬬雞走狗。」「湛」、「沈」形近義同，四庫館臣或因書寫習慣而改。

《贈洪廣文計偕序》

上古本：六書者，經籍之權輿也。（卷八，五 b，350）

淵本：六書者，經籍之權輿也。（卷八，六 b）

津本：六經者，經籍之權輿也。（卷八，1322-734）

【按】上古本「六書」，淵本同，津本作「六經」。下有「由是經解晦塞，沿訛失眞，士而欲考古正今，必自六書始矣」，故此處當爲「六書」。津本作「六經」，或爲筆誤，或因涉下文「經籍」而誤。

上古本：其有功古籍甚大，以較口陳手畫，教行於松江笠澤之間者，相去豈不徑庭也哉？（卷八，七 a，353）

淵本：其有功古籍甚大，以較口陳手畫，教行於松江笠澤之間者，相去豈不徑庭也哉？（卷八，八 a）

津本：其有功古籍甚大，以較日陳手畫，教行於松江笠澤之間者，相去豈不徑庭也哉？（卷八，1322-735）

【按】上古本「口」，淵本同，津本作「日」。宋徐夢莘《三朝北盟會編》卷一百八十三有：「王庶爲兵部侍郎，對便殿，口陳手畫秦蜀形勢利害奏，上喜之，即遷本部尙書。」「口陳手畫」，即口頭陳說，手中揮筆，說明辦事幹練敏捷。「日陳手畫」不詞，當爲筆誤。

《爛溪會詠序》

上古本：杜陵嵩徑，求羊聚塵外之蹤；甫里茶園，皮陸結散人之契。（卷八，十 a，359）

淵本：杜陵蒿徑，求羊聚塵外之蹤；甫里茶園，皮陸結散人之契。（卷八，十一 a）

津本：杜陵嵩徑，求羊聚塵外之蹤；甫里茶園，皮陸結散人之契。（卷八，1322-736）

【按】上古本「嵩徑」，津本同，淵本作「蒿徑」。「蒿徑」指長滿雜草的小路。宋范成大《元夜憶羣從》有：「愁裏仍蒿徑，閒中更蓽門。」（《石湖詩集》卷一）「嵩徑」，同「蒿徑」。四庫館臣或爲「蒿徑」更爲常見而改。

《壽黃母六十序》

上古本：維罍之恥，使孺人有幾微不平之意見于詞色，爲之子者則奈何？（卷八，十三 a，365）

淵本：維罍之恥，使孺人有幾微不平之意見于詞色，爲之子者則奈何？（卷八，十四 b）

津本：維罍之恥，使儒人有幾微不平之意見於詞色，爲之子者則奈何？（卷八，1322-738）

【按】上古本「孺人」，淵本同，津本作「儒人」。「孺人」，古代稱大夫的妻子，明清爲七品官的母親或妻子的封號，亦通用爲婦人的尊稱。《禮記·曲禮下》：「天子之妃曰后，諸侯曰夫人，大夫曰孺人，士曰婦人，庶人曰妻。」此處「孺人」指黃母。「儒人」則指儒士。《史記·酈生陸賈列傳》云：「使者出謝曰：『沛公敬謝先生，方以天下爲事，未暇見儒人也。』」此句意爲黃母臉上沒有任何不平之色。「孺」、「儒」音同形近，當爲筆誤。

《俞無殊詩集序》

上古本：而或學短才弱，枯毫燥吻，又無以寫其中感概悲愁之致，而極人情之所難言，若是者，豈非能詩而不能窮之故耶？（卷八，十五 b，370）

淵本：而或學短才弱，枯毫燥吻，又無以寫其中感概悲愁之致，而極人情之所難言，若是者，豈非能詩而不能窮之故耶？（卷八，十七 b）

津本：而或學短才弱，枯毫燥吻，又無以寫其中感慨悲愁之致，而極人情之所難言，若是者，豈非能詩而不能窮之故耶？（卷八，1322-739）

【按】上古本「感概」，淵本同，津本作「感慨」。「感概」指感觸，感歎。宋王安石《舟夜即事》有：「感概無窮事，遲回欲曉天。」（《臨川文集》卷十五）「感慨」，亦有感觸、感歎之意。《古今小說》卷八《吳保安棄家贖友》有：「所以陶淵明欲息交，稽叔夜欲絕交，劉孝標又做下《廣絕交論》，都是感慨世情，故爲忿激之譚耳。」「概」、「慨」音近形近，此處改動並無必要。

《送計甫草北遊序》

上古本：誦北征之賦，魂實黯然；詠西候之章，悲難敘矣。（卷八，十七a，373）

淵本：誦北征之賦，魂實黯然；詠西候之章，悲難敘矣。（卷八，十九a）

津本：誦北征之賦，魂實黯然；詠西侯之章，悲難敘矣。（卷八，1322-740）

【按】上古本「西候」，淵本同，津本作「西侯」。「西候」指西邊的亭站，舊指送別之處。隋尹式《送晉熙公別》曰：「西候追孫楚，南津送陸機。」唐杜甫《秋日荊南送石首薛明府辭滿告別奉寄薛尚書頌德敘懷裴然之作三十韻》有：「南征為客久，西候別君初。」仇兆鰲注：「候，亭也。」（《杜詩詳注》卷二十一）此為送別文，用「西候」典故正切合文意，作「西侯」則不詞，當為謄錄者筆誤所致。

《繡林集序》

上古本：起視中庭，則高林含悽，隕蘀滿徑，如戰敗之軍，旗鼓棄去，裹創疾馳，吏士皆鳥獸散耳。（卷八，二十a，379）

淵本：起視中庭，則高林含悽，隕蘀滿徑，如戰敗之軍，旗鼓棄去，裹創疾馳，吏士皆鳥獸散耳。（卷八，二十二b）

津本：起視中庭，則高林含悽，隕籜滿徑，如戰敗之軍，旗鼓棄去，裹創疾馳，吏士皆鳥獸散耳。（卷八，1322-742）

【按】上古本「蘀」，淵本同，津本作「籜」。「隕蘀」，謂草木凋落。《詩・豳風・七月》：「八月其穫，十月隕蘀。」傳：「隕，墜。蘀，落也。」疏：「十月木葉皆隕落也。」「隕籜」，掉下的筍殼。明劉基《涇縣東宋二編修長歌》：「滿路青泥雜隕籜，局縮畏觸蛭與蛇。」（《誠意伯文集》卷四）《明史・熊明遇傳》：「魁壘之人，漸如隕籜。」（《明史》卷二百五十七）據文意，此處用上古本「隕蘀」似更為妥帖，四庫館臣不宜輕改。

《南州草堂集序》

上古本：其詩之工，抑且與露桃靧面，風柳矜腰相映發于西子湖心、馬塍花畔，而電發之遊于是乎不窮。（卷八，二十一b，382）

淵本：其詩之工，抑且與露桃靧面，風柳矜腰相映發于西子湖心、馬塍花畔，而電發之遊于是乎不窮。（卷八，二十四a）

津本：其詩之工，抑且與露桃醲面，風流矜腰相映發于西子湖心、馬塍花畔，而電發之遊于是乎不窮。（卷八，1322-743）

【按】上古本「風柳」，淵本同，津本作「風柳」。此篇是朱鶴齡爲徐釚《南州草堂集》所作之序。查驗其書，可知此處當爲「風柳矜腰」。「柳」、「流」音近，或爲筆誤。

上古本：今則務矜博于千言，好窘人以仄韻。（卷八，二十二 a，383）

淵本：今則務矜博于千言，好窘人以仄韻。（卷八，二十四 b）

津本：今則務矜博于千言，好窘人以灰韻。（卷八，1322-743）

【按】上古本「仄」，淵本同，津本作「灰」。查徐釚清康熙三十四年刻本《南州草堂集》朱鶴齡前序，可知此處當爲「仄」。「仄」、「灰」形近，當爲筆誤所致。

上古本：西冷六橋，特電發杖屨間物耳。（卷八，二十二 a，383）

淵本：西泠六橋，特電發杖屨間物耳。（卷八，二十五 a）

津本：西泠六橋，特電發杖屨間物耳。（卷八，1322-743）

【按】上古本「西冷」，四庫本作「西泠」。西泠，橋名，亦稱「西陵橋」、「西林橋」。在杭州孤山西北盡頭處，是由孤山入北山的必經之路。宋周密《武林舊事・湖山勝概》載：「西陵橋，又名西林橋，又名西泠橋，又名西村。」（《增補武林舊事》卷六）元陳旅《題扇面》詩有：「一段寒香吹不盡，西泠殘月角聲中。」（明曹學佺編《石倉歷代詩選》卷二百四十三）電發，爲徐釚表字。查徐釚清康熙三十四年刻本《南州草堂集》朱鶴齡前序，亦正作「西泠」兩字。

《華及堂詩稾序》

上古本：然俊情麗語，絡繹奔赴，鮮有及晉賢者，得非深有契于仲弘之論詩，而心慕手追以幾及之者耶？（卷八，二十三 a，385）

淵本：然俊情麗語，絡繹奔赴，鮮有及晉賢者，得非深有契于仲弘之論詩，而心摹手追以幾及之者耶？（卷八，二十六 a）

津本：然俊情麗語，絡繹奔赴，鮮有及晉賢者，得非深有契于仲宏之論詩，而心摹手追以幾及之者耶？（卷八，1322-744）

【按】上古本「心慕手追」，四庫本作「心摹手追」。「心慕手追」，指心裏羨慕，竭力模仿追隨。宋曹勛《跋夏御帶所書千文》云：「太尉夏公以戚里肺腑之貴躬翰墨冷淡之學，敦詩說禮，博綜羣書，心慕手追，備盡八法。」（《松隱集》卷三十三）「心摹手追」則指用心揣摩，追隨傚仿。清袁枚《隨園詩話》卷十三云：「癸未四月，京口程君夢湘仝遊焦山，一路論詩，渠最心折於吾鄉樊榭先生，心摹手追，幾可抗手。」「心慕手追」與「心摹手追」意義差別不大。朱鶴齡原序作「慕」，四庫本不宜輕改。

《汪季青詩稾序》

上古本：維時賓從如雲，酬應紛沓。（卷八，二十八 b，396）

淵本：維時賓從如雲，酬應紛沓。（卷八，三十二 a）

津本：維時賓從如雲，酬應如沓。（卷八，1322-747）

【按】上古本「紛沓」，淵本同，津本作「如沓」。前一句已有「如雲」，後一句若再用「如沓」，則顯重複。津本此處改動，未知所據。仍應遵循朱鶴齡原詩，作「紛沓」爲好。

《宗定九全集序》

上古本：任東鄰之撲棗，看西舍之通池。以言丘樊則眞丘樊也。（卷八，三十一 b，402）

淵本：任東鄰之撲棗，看西舍之通池。以言丘樊則眞丘樊也。（卷八，三十五 b）

津本：在東鄰之撲棗，看西舍之通池。以言邱樊則眞邱樊也。（卷八，1322-748）

【按】上古本「任」，淵本同，津本作「在」。唐杜甫《又呈吳郎》曰：「堂前撲棗任西鄰，無食無兒一婦人。」（《杜工部集》卷十六）「任東鄰之撲棗」當是化用此句。「任」、「在」形近，當爲謄錄者筆誤。

《愚谷詩稾序》

上古本：其所爲隱逸之詩，類以吳宮花草、晉代衣冠託之悲悼，而余弗謂善，蓋其音響是而性情非也。（卷八，三十二 b，404）

淵本：其所爲隱逸之詩，類以吳宮花草、晉代衣冠託之悲悼，而余弗謂善，蓋其音響是而性情非也。（卷八，三十六 b）

津本：其所爲隱逸之詩，類以吳宮花草、晉代衣冠託之悲悼，而余弗爲善，蓋其音響是而性情非也。（卷八，1322-749）

【按】上古本「謂」，淵本同，津本作「爲」。此處應表達「我不認爲這是好的」之意，故「謂」字更爲恰當。「謂」、「爲」音近，或爲謄錄者筆誤所致。

《寒山集序》

上古本：此《樂記》所謂「急微噍殺」之音，子產所謂「中聲以降，五降之後不容彈矣」者也。（卷八，三十四 a，407）

淵本：此《樂記》所謂「急微噍殺」之音，子產所謂「中聲以降，五降之後不容彈矣」者也。（卷八，三十八 b）

津本：此《樂記》所謂「志微噍殺」之音，子產所謂「中聲以降，五降之後不容彈矣」者也。（卷八，1322-750）

【按】上古本「急」，淵本同，津本作「志」。此引《樂記》之文，查清重刊宋刻《十三經注疏》本《禮記》卷三十八《樂記》，其文作：「是故志微噍殺之音作而民思憂。」四庫館臣據此而改作「志微」亦有依據。然歷代亦有不少學者認爲「志微噍殺」當作「急微噍殺」。元陳澔《禮記集說・樂記》云：「『志』疑當作『急』。急，促。微，細。噍，枯。殺，減也。其哀心感者，其聲噍以殺，故作樂而有急微噍殺之音，則其民心之哀思憂愁可知矣。」朱鶴齡原文作「急微」，不宜輕改。

上古本：先王之不能廢羽聲而成八音也，猶雍人不能舍醯醢鹽梅而濟五味也。（卷八，三十四 b，408）

淵本：先王之不能廢羽聲而成八音也，猶饔人不能舍醯醢鹽梅而濟五味也。（卷八，三十九 a）

津本：先王之不能廢羽聲而成八音也，猶饔人不能舍醯醢鹽梅而濟五味也。（卷八，1322-750）

【按】上古本「雍人」，四庫本作「饔人」。「雍人」，同「饔人」，官職名，掌切割烹調之事。此處改動並無必要。

《竹笑軒詩集序》

上古本：又游泳出沒於孟東野、賈閬仙、司空表聖、陸魯望、皮襲美諸家，皆咀其膏液，脫其渣滓。（卷八，三十六 a，411）

淵本：又游泳出沒於孟東野、賈閬仙、司空表聖、陸魯望、皮襲美諸家，皆咀其膏液，脫其渣滓。（卷八，四十 b）

津本：又游泳出沒於孟東野、賈浪仙、司空表聖、陸魯望、皮襲美諸家，

皆咀其膏液，脱其渣滓。（卷八，1322-751）

【按】上古本「閬」，淵本同，津本作「浪」。「賈閬仙」、「賈浪仙」，皆指唐代詩人賈島。張耒《訏郊島詩》：「唐之晚年，詩人類多窮士，如孟東野、賈閬仙之徒，皆以刻琢窮苦之言爲工。」宋胡仔《漁隱叢話前集》卷十九「孟東野賈浪仙」下曰：「張文潛云：『唐之晚年，詩人類多窮士，如孟東野、賈浪仙之徒，皆以刻琢窮苦之言爲工。』」津本此處所改，或出於書寫習慣。

《俞無殊山居記》

上古本：一旦適蒼奔，登高丘，覽夫雲峯之逶迤，泉流之淡澍，林木之翳蔚，無不忽然以喜，心曠神開者。（卷九，三 a，419）

淵本：一旦適蒼莽，登高丘，覽夫雲峯之逶迤，泉流之淡澍，林木之翳蔚，無不忽然以喜心曠神開者。（卷九，三 b）

津本：一旦適蒼莽，登高丘，覽夫雲峯之逶迤，泉流之淡澍，林木之翳蔚，無不忽然以喜，心曠神開者。（卷九，1322-753）

【按】上古本「蒼奔」，四庫本作「蒼莽」。「蒼奔」不詞。「蒼莽」，指茂密的樹林。「奔」、「莽」字形相近，朱鶴齡原詩或爲筆誤，四庫館臣遂改正之。

上古本：余解衣狂叫，頓若釋炎歊而即清冷。（卷九，四 a，421）

淵本：余解衣狂叫，頓若釋炎歊而即清冷。（卷九，四 b）

津本：余解衣狂叫，頓若釋炎歊而即清泠。（卷九，1322-753）

【按】上古本「冷」，淵本同，津本作「泠」。「清冷」、「清泠」意義相近，皆有清涼之意，與「炎歊」相對。「泠」與「冷」字形相近，或爲謄錄者筆誤。

上古本：無殊方與樵童牧豎遊于無何有之鄉，頽乎其若休，氾乎其若浮，不知身之處于山林也。（卷九，四 a，421）

淵本：無殊方與樵童牧豎遊于無何有之鄉，頽乎其若休，氾乎其若浮，不知身之處于山林也。（卷九，四 b）

津本：無殊方與樵童牧豎遊于無何有之鄉，頽乎其若沐，氾乎其若浮，不知身之處于山林也。（卷九，1322-753）

【按】上古本「休」，淵本同，津本「沐」。此句化用《莊子・外篇・刻意》「其生若浮，其死若休」，故當爲「休」。「休」、「沐」字形相近，當爲謄錄者筆誤。

《靈巖寺新鑄銅鐘記》

上古本：是以鐘簴高懸，則靈祇列侍，將以震浩劫之幽沈，警羣生之大寐，非徒宣律呂、戒晨昏而已也。（卷九，九a，431）

淵本：是以鐘簴高懸，則靈祇列侍，將以震浩劫之幽沈，驚羣生之大寐，非徒宣律呂、戒晨昏而已也。（卷九，十a）

津本：是以鐘簴高懸，則靈祇列侍，將以震浩劫之幽沈，警羣生之大寐，非徒宣律呂、戒晨昏而已也。（卷九，1322-756）

【按】上古本「警」，津本同，淵本作「驚」。「警」、「驚」音近形近，或爲謄錄者筆誤所致。

上古本：蓋經營於■■孟夏之七日，諸旦而竣事焉。（卷九，九b，432）

淵本：蓋經營於闕□孟夏之七日，諸旦而竣事焉。（卷九，十b）

津本：蓋經營於孟夏之七日，諸旦而竣事焉。（卷九，1322-756）

【按】上古本「於」下闕兩字，淵本同，津本未作標註直接下文。據蘇州靈巖寺資料介紹，寺中懸掛銅鐘爲清康熙六年丁未鑄造，故此處所闕或爲「丁未」兩字。津本因未仔細查考，隨意省略闕字，可見謄錄態度散漫。

上古本：乃稽首而作讚曰：「識情流轉刀輪馳，法音破空能制之。六時悚息開昏疑，名山鎔範始大師。混融輪廓神功奇，不窕不㮟高下宜。威力遠揚流聖慈，一切龍象咸躨跜。聞聲悟法億萬期，永拔苦海依禪枝。」（卷九，十a，433）

淵本：乃稽首而作讚曰：「識情流轉刀輪馳，法音破空能制之。六時悚息開昏疑，名山鎔範始大師。混融輪廓神功奇，不窕不㮟高下宜。威力遠揚流聖慈，一切龍象咸躨跜。聞聲悟法億萬期，永拔苦海依禪枝。」（卷九，十一a）

津本：乃稽首而作讚，讚曰：「識情流轉刀輪馳，法音破空能制之。六時悚息開昏疑，名山鎔範始大師。混融輪廓神功奇，不窕不㮟高下宜。威力遠揚流聖慈，一切龍象咸躨跜。聞聲悟法億萬期，永拔苦海依禪枝。」（卷九，1322-757）

【按】上古本「作讚曰」，淵本同，津本作「作讚，讚曰」。朱鶴齡原文即作「作讚曰」，津本多一「讚」字，當爲衍文，或爲謄錄時誤抄。

《新修文昌閣記》

上古本：歲在■■，邑子董君基等以比年文事弗興，乃倡議修飭之，崇其象設，支其軒楹，丹雘有加，舊觀頓復，因來請余記其事。（卷九，十 b，434）

淵本：歲在闕□，邑子董君基等以比年文事弗興，乃倡議修飭之，崇其象設，支其軒楹，丹雘有加，舊觀頓復，因來請余記其事。（卷九，十二 a）

津本：歲在闕□，子董君基等以比年文事弗興，乃倡議修飭之，崇其象設，支其軒楹，丹雘有加，舊觀頓復，因來請余記其事。（卷九，1322-757）

【按】上古本闕兩字，淵本同，津本闕兩字，少「邑」字。所闕兩字當爲新修文昌閣之時間，現已不可考證。「董君基」應爲松陵人，故稱其「邑子」。津本漏抄「邑」字，遂使文義不明。

《假我堂文讌記》

上古本：丁酉冬日，牧齋先生僑寓其中。（卷九，十二 a，437）

淵本：丁酉冬日，梅村先生僑寓其中。（卷九，十三 b）

津本：丁酉冬日，健菴先生僑寓其中。（卷九，1322-758）

【按】上古本「牧齋先生」，淵本作「梅村先生」（吳偉業），津本作「健菴先生」（徐乾學）。當是避錢謙益名而改。《四庫全書》中爲避免出現錢謙益之名而改用他人名字之處甚多，這裡又提供了一個例證。

上古本：草殺綠蕪悲故國，花殘紅燭感靈胥。（卷九，十二 b，438）

淵本：草殺綠蕪悲故國，花殘紅燭感靈胥。（卷九，十四 b）

津本：草襯綠茵思響屧，花殘紅燭感靈胥。（卷九，1322-758）

【按】上古本「草殺綠蕪悲故國」，淵本同，津本作「草襯綠茵思響屧」。此詩句爲錢謙益所作，「殺」、「蕪」都有悲涼之感，「悲故國」有懷念前朝之意，故四庫館臣改之。

《蓴鄉草堂記》

上古本：穫田下潩，兒無懶隋之訶；拜客荷衣，孫有詩書之寄。（卷九，十五 b，444）

淵本：穫田下潩，兒無懶惰之訶；拜客荷衣，孫有詩書之寄。（卷九，十七 b）

津本：穫田下潩，兒無懶隋之訶；拜客荷衣，孫有詩書之寄。（卷九，1322-760）

【按】上古本「隋」，津本同，淵本作「惰」。「隋」有懈怠之意，通「惰」。《晏子春秋・問下》：「盡力守職不怠，奉官從上不敢隋。」吳則虞《集釋》引孫星衍曰：「『隋』同『惰』。」《廣韻》作「徒果切」，與「惰」音同。「懶隋」可連用，如清顧永年撰《梅東草堂詩集》卷五《和同年宋櫟翁太史旅舍次韻》詩云：「衰年成懶隋，斯世合癡迷」，姚文然《虛直軒日記摘抄下》云：「予自病廢以來，懶隋頹放」（《姚端恪公外集》卷十七）均其例。淵本或因「隋」、「惰」字形相近，或因文獻中「懶隋」少見，謄錄時改之。實質無需改動。

上古本：杜子爲其文孫，而能衣德言、纘祖烈，是豈僅以隱士稱者哉？（卷九，十六 a，445）

淵本：杜子爲其文孫，而能衣德言、纘祖烈，是豈僅以隱士稱者哉？（卷九，十八 a）

津本：杜子爲其文孫，而能衣德言、讚祖烈，是豈僅以隱士稱者哉？（卷九 1322-760）

【按】上古本「纘」，淵本同，津本作「讚」。「祖烈」，祖宗的功業。「纘」，繼承。「讚」，同「贊」，輔佐，幫助。句意應爲繼承祖宗的功業，故「纘」爲是。「纘」、「讚」形近，或爲筆誤。

《憺園牡丹文讌記》

上古本：其宴賞此花者亦不知凡幾，獨東坡通判杭州同太守陳公宴吉祥寺，花千本，品百數，酒酣樂作，金槃綵籃，獻坐客五十三人，東坡爲作記傳之。（卷九，十七 a，447）

淵本：其宴賞此花者亦不知凡幾，獨東坡通判杭州同太守陳公宴吉祥寺，花千本，品百數，酒酣樂作，金槃綵籃，獻坐客五十三人，東坡爲作記傳之。（卷九，十九 a）

津本：其宴賞此花者亦不知凡幾，獨東坡通判杭州同太守陳公宴吉祥寺，花千本，品百數，酒酣樂作，金槃綵藍，獻坐客五十三人，東坡爲作記傳之。（卷九，1322-761）

【按】上古本「籃」，淵本同，津本作「藍」。宋蘇軾《牡丹記敘》云：「酒酣樂作，州人大集，金槃綵籃以獻于坐者，五十有三人。」「藍」，通「籃」。此處改動，並無必要。

《申子純孝行記》

上古本：母顧病，殀。子純啞啞悲啼，人以爲嬰兒故，然及臨殯號泣不休，始知其爲孺子慕也。（卷九，二十a，453）

淵本：母顧病，歿。子純啞啞悲啼，人以爲嬰兒故，然及臨殯號泣不休，始知其爲孺子慕也。（卷九，二十二b）

津本：母顧病，殀。子純啞啞悲啼，人以爲嬰兒故，然及臨殯號泣不休，始知其爲孺子慕也。（卷九，1322-762）

【按】上古本「殀」，津本同，淵本作「歿」。「殀」通常指短命而死，四庫館臣或以其所用不當，故改作「歿」。

《孫義士鳴災記》

上古本：維時耆老縉紳咸聚族謀曰：「今田禾方淹，復遘此奇災，是無秋成也。」（卷九，二十二a，457）

淵本：維時耆老縉紳咸聚族謀曰：「今田禾方淹，復遘此奇災，是無秋成也。」（卷九，二十五a）

津本：維時耆老縉紳咸集族謀曰：「今田禾方淹，復遘此奇災，是無秋成也。」（卷九，1322-763）

【按】上古本「聚」，淵本同，津本作「集」。「聚」、「集」，意義相同。朱鶴齡原詩即作「聚」，不宜輕改。

上古本：甫歸里，復爲偕行者所累，收繫郡獄半載。時圜上疫作，已斃數人。（卷九，二十二b，458）

淵本：甫歸里，復爲偕行者所累，收繫郡獄半載。時圜土疫作，已斃數人。（卷九，二十五b）

津本：甫歸里，復爲偕行者所累，收繫郡獄半載。時圜土疫作，已斃數人。（卷九，1322-764）

【按】上古本「圜上」，四庫本作「圜土」。「圜土」，指牢獄，與前文「郡獄」相合。《周禮・地官・比長》：「若無授無節，則唯圜土內之。」鄭玄注：「圜土者，獄城也。」宋文天祥《五月十七夜大雨歌》：「矧居圜上中，得水猶得漿。」（《文山集》卷二十）此記郡獄事，自應作「圜土」。上古本作「圜上」，爲誤刻，四庫本改正之。

上古本：茂倫語余云：「象先近且屏鰕䱉、焚香炷，日諄諄以上眞寶籙勸誘人，類學道者所爲，豈徒義俠云爾乎？誠如是，吾殆無以相之矣。」（卷九，二十三 a，459）

淵本：茂倫語余云：「象先近且屏鰕䱉、焚香炷，日諄諄以上眞寶籙勸誘人，類學道者所爲，豈徒義俠云爾乎？誠如是，吾殆無以相之矣。」（卷九，二十五 b）

津本：茂倫語余曰：「象先近且屏鰕䱉、焚香炷，日諄諄以上眞寶籙勸誘人，類學道者所爲豈徒義俠云爾乎？誠如是，吾殆無以相之矣。」（卷九，1322-764）

【按】上古本「云」，淵本同，津本作「曰」。「云」、「曰」皆爲引述說話內容之詞，意義無別。此處改動，未知所據。

上古本：《與李太史■■論杜注書》（卷十，一 a，463）

淵本：《與李太史論杜注書》（卷十，一 a）

津本：《論李太史論杜注書》（卷十，1322-765）

【按】上古本「李太史」後多兩墨釘，津本作「論李太史論杜注書」。「論李太史」中「論」字當爲筆誤。

上古本：《史記》楚考王徙都壽春，命曰郢。（卷十，二 b，466）

淵本：《史記》楚考王徙都壽春，命曰郢。（卷十，三 a）

津本：《史記》楚孝王徙都壽春，命曰郢。（卷十，1322-766）

【按】上古本「楚考王」，淵本同，津本作「楚孝王」。《史記・貨殖列傳》云：「郢之後徙壽春，亦一都會也。」正義曰：「楚考烈王二十二年，自陳徙都壽春，號之曰郢，故言『郢之徙壽春』也。」「楚孝王」即漢宣帝劉詢第三子劉囂。「考」、「孝」形近，當爲筆誤。

上古本：況又絫牘不休，有專注《秋興八首》至衍成卷帙者，此何異唐人解「曰若稽古」四字乃作數萬餘言，雖罄剡溪之藤書之，豈能竟乎？（卷十，三 b，468）

淵本：況又絫牘不休，有專注《秋興八首》至衍成卷帙者，此何異昔人解「曰若稽古」四字乃作數萬餘言，雖罄剡溪之藤書之，豈能竟乎？（卷十，四 a）

津本：況又紊牘不休，有專注《秋興八首》至衍成卷帙者，此何異昔人解「曰若稽古」四字乃作數萬餘言，雖罄剡溪之藤書之，豈能竟乎？（卷十，1322-766）

【按】上古本「唐人」，四庫本作「昔人」。此謂前人注經繁瑣，故有解「曰若稽古」四字乃作數萬餘言之說。漢桓譚《新論・正經》有：「秦延君能說《堯典》，篇目兩字之說，至十餘萬言，但說『曰若稽古』，三萬言。」秦延君，名恭，西漢學者，故非如朱鶴齡所說自唐人始。但朱氏原文如此，雖有誤，四庫本亦不當徑改原文。

《與楊令若論大學補傳書》

上古本：昌黎《原道》乃闢佛之最粗者，考亭《釋氏論》斥其以心覓心，恐尚屬影響。（卷十，七 a，475）

淵本：昌黎《原道》乃闢佛之最粗者，考亭《釋氏論》斥其以心覓心，恐尚屬影響。（卷十，八 a）

津本：昌黎《原道》乃闢佛之最精者，考亭《釋氏論》斥其以心覓心，恐尚屬影響。（卷十，1322-768）

【按】上古本「粗」，淵本同，津本作「精」。據文意，此意在貶斥《原道》，非贊言，故當作「粗」。或為謄錄者筆誤所致。

上古本：魯齋此論，世多未見，今並錄之。（卷十，七 b，476）

淵本：魯齋此論，世多未見，今並錄之。（卷十，八 b）

津本：魯齋此論，世多未見，故並錄之。（卷十，1322-768）

【按】上古本「今」，淵本同，津本作「故」。文意皆通，此處改動不知所據。

《復沈留侯論修志書》

上古本：吾邑糧額甲于海內，大姧巨猾叢蠹其中，影射那移，閃若神鬼。（卷十，八 b，478）

淵本：吾邑糧額甲于海內，大姧巨猾叢蠹其中，影射那移，閃若神鬼。（卷十，九 b）

津本：吾邑糧額甲於海內，大奸巨猾叢蠹其中，影射那移，閃若鬼神。（卷十，1322-769）

【按】上古本「神鬼」，淵本同，津本作「鬼神」。「鬼神」，同「神鬼」。

（乾隆）《吳江縣志》收錄此篇，亦作「神鬼」。津本所改，未知所據，恐爲筆誤。

上古本：太湖向由長橋逕吳淞江入海，今長橋至龎山湖壅咽不利，乃邐迤而南，多從徹浦橋諸處東入白蜆江矣。（卷十，九 a，479）

淵本：太湖向由長橋逕吳淞江入海，今長橋至龎山湖壅咽不利，乃邐迤而南，多從徹浦橋諸處東入白蜆江矣。（卷十，十 a）

津本：太湖向由長橋逕吳淞江入海，今長橋至龎山湖壅咽不利，乃迤邐而南，多從澈浦橋諸處東入白硯江矣。（卷十，1322-769）

【按】上古本「邐迤」，淵本同，津本作「迤邐」。「迤邐」，同「邐迤」。此處改動文意無別，或爲筆誤。

又上古本「徹」，淵本同，津本作「澈」。「徹浦橋」爲蘇州橋名。清馮桂芬《（同治）蘇州府志》卷三十四云：「徹浦橋，元至正五年那海建。明嘉靖三十一年圮，改爲木橋。崇禎二年重建。國朝順治初燬，康熙間改作平橋，同治十一年工程局重建。以上並在觀瀾浦至徹浦石塘。」津本所改，當是筆誤。

又上古本「白蜆江」，淵本同，津本作「白硯江」。「白蜆江」，河名。明李賢《明一統志》卷八有：「白蜆江，在吳江縣東南。」「蜆」、「硯」形近，當爲筆誤。

上古本：龔介眉曰：「絕類劉子玄《論史事書》。」（卷十，十 a，481）

淵本：龔介眉曰：「絕類劉子玄《論史事書》。」（卷十，十一 b）

津本：無

【按】上古本、淵本皆有此句，津本無。龔介眉，即龔百藥，「毗陵四家」之一。《光緒武進陽湖縣志》卷二十三有：「龔百藥，介眉，瑯琊武進人，順治丙戌舉人，有《湘笙閣詞》。」此句無關違礙，津本無，或爲漏抄。

上古本：《與吳梅村祭酒書》（卷十，十 a，481）

淵本：無

津本：無

【按】四庫本未收此篇。此是爲錢謙益打抱不平之語，故四庫館臣刪去此詩。宋徵輿（「雲間三孝廉」之一）在《林屋文稿》卷十五《書錢牧齋列朝詩選後》中「極口詬詈」，假借梅村口實，誹謗錢謙益抄襲他人著作。朱鶴齡爲錢謙益抱不平，稱讚他「高才博學，囊括古今，則夐乎卓絕一時矣」，認爲宋徵輿「鵲巢鳩踞，厚誣宗匠，不足當知者之一粲。」因此，他寫信給吳偉業，請「出一語以自明以間執讒慝之口」，希望借吳偉業之口，澄清此事。不過就目前所見吳偉業的文稿中，並未發現他對朱鶴齡此信的回函。或是由於吳偉業當時正處多事之秋，又與錢、宋二人關係均密，故不肯多議此事。

《寄王玠右書》

上古本：二紀以來，風流徂謝。陸機入洛，非忘吳國之牙門；阮籍憂時，亦詣都亭而奏記。庾子山開府之後，淚已盡於鄉關；盧藏用隨駕之餘，身終辭乎少室。（卷十，十二 a，485）

淵本：二紀以來，風流徂謝。陸機入洛，非忘吳國之牙門；阮籍憂時，亦詣都亭而奏記。庾子山開府之後，淚已盡於鄉關；盧藏用隨駕之餘，身終辭乎少室。（卷十，十一 b）

津本：二紀以來，風流徂謝。（卷十，1322-770）

【按】津本闕「二紀以來，風流徂謝」以下數句。所記陸機、阮籍、庾信、盧藏用之事，都與故土之思、隱逸不仕有關，津本或因此而刪。

上古本：僕嬾似稽生，渴同園令。（卷十，十二 b，486）

淵本：僕嬾似稽生，渴同園令。（卷十，十二 a）

津本：僕嬾似嵇生，渴同園令。（卷十，1322-770）

【按】上古本「稽」，淵本同，津本作「嵇」。「稽生」、「嵇生」，皆指嵇康。《晉書・嵇康》：「嵇康，字叔夜，譙國銍人也。」清王嗣槐《與吳薗茨郡守飲愛山臺》云：「稽康性疏懶，所慮機趣槁。」（《桂山堂文選》卷十一）《四庫全書》本《晉書・謝萬傳》云：「敘漁父、屈原、季主、賈誼、楚老、龔勝、孫登、稽康四隱四顯爲《八賢論》。」《宋書・顏延之傳》云：「詠稽康曰：鸞翮有時鎩，龍性誰能馴。」是作「稽康」之證。四庫館臣或以「嵇康」更爲常見而改。

《寄徐太史健菴論經學書》

上古本：信生于辨，辨生于疑，疑生子不一說。（卷十，十三 b，488）

淵本：信生于辨，辨生于疑，疑生于不一說。（卷十，十三 a）

津本：信生于辨，辨生于疑，疑生於不一說。（卷十，1322-771）

【按】上古本「子」，淵本作「于」，津本作「於」。「于」、「於」同。「疑生子不一說」句意不通，當爲形近致誤，四庫館臣因而改之。

上古本：不佞齡竂啓寡聞，竊嘗披覽諸籍，讀《左傳》、《易》卦諸繇辭，皆取于象。李伯紀云：「舍象以求《易》，猶舍日月星辰而觀天。」（卷十，十五 b，490）

淵本：不佞齡竂啓寡聞，竊嘗披覽諸籍，讀《左傳》、《易》卦諸繫辭，皆取于象。李伯紀云：「含象以求《易》，猶舍日月星辰而觀天。」（卷十，十四 a）

津本：不佞齡竂啓寡聞，竊嘗披覽諸籍，讀《左傳》、《易》卦諸繇辭，皆取于象。李伯紀云：「舍象以求《易》，猶舍日月星辰而觀天。」（卷十，1322-771）

【按】上古本「繇辭」，津本同，淵本作「繫辭」。「繇辭」，亦作「繇詞」，指卦兆的占詞。劉勰《文心雕龍・原道》云：「文王患憂，繇辭炳曜。」「繫辭」，一般指《周易》中解釋卦爻辭意義及卦象爻位的文字。從「皆取于象」一語可知作者此處所論兼及《左傳》，不僅論《周易》，故以「繇詞」言之。淵本不當輕改原文。

又上古本「舍」，津本同，淵本作「含」。此用觀察天象不可捨棄日月星辰作譬，說明研究《周易》也不可捨棄象數。由後一句用「舍」字，可知上一句也當用「舍」字。宋李綱《釋象序》云：「舍象以求《易》，是猶舍日月星辰而觀天也，可乎哉。」（《梁谿集》卷一百三十四）可以爲證。淵本「含」字當爲謄錄錯誤。

上古本：又昔年忝辱交遊之末，故敢郵寄所梓上塵乙覽。（卷十，十六 b，492）

淵本：又昔年忝辱交遊之末，故敢郵寄所梓上塵台覽。（卷十，十六 a）

津本：又昔年忝辱交遊之末，故敢郵寄所梓上塵乙覽。（卷十，1322-772）

【按】上古本「乙覽」，津本同，淵本作「台覽」。「乙覽」指皇帝閱覽文書。唐蘇鶚《杜陽雜編》卷中有：「文宗皇帝……謂左右曰：『若不甲夜視事，乙夜觀書，何以爲人君耶？』」宋洪皓《松漠紀聞》卷二有：「今先定到官號、品次、職守，上進御府，以塵乙覽，恭俟聖斷。」朱鶴齡此處謂將自己所刻之書呈送徐乾學指教。四庫館臣或以爲「乙覽」乃皇帝閱覽之敬詞，此處使用不當，因而改爲「台覽」。

《與吳漢槎書》

上古本：後因老友顧寧人以本原之學相勖，始湛思覃力于注疏、諸經解以及儒先理學諸書。（卷十，十九 a，497）

淵本：後因老友顧寧人以本原之學相勖，始湛思覃力于注疏、諸經解以及先儒理學諸書。（卷十，十八 b）

津本：後因老友顧寧人以本原之學相勖，始湛思覃力于注疏、諸經解以及儒先理學諸書。（卷十，1322-773）

【按】上古本「儒先」，津本同，淵本作「先儒」。「儒先」猶「先儒」。明李贄《續焚書》卷四《題孔子像於芝佛院》有：「父師非眞知大聖與異端也，以所聞於儒先之教者熟也。」此處無需改動。

《揚雄論》

上古本：所云清靜寂寞皆求以成名，而非眞有得于內者也。（卷十一，四 a，509）

淵本：所云清靜寂寞皆求以成名，而非眞有得于內者也。（卷十一，四 b）

津本：所云清靜寂寞皆借以求名，而非眞有得于內者也。（卷十一，1322-776）

【按】上古本「求以成名」，淵本同，津本作「借以求名」。此句諷刺揚雄爲僞儒，實爲求名利。文意皆通，津本所改不知其所依據。

上古本：周公、孔子一叚，尤爲妙論解頤。（卷十一，五 a，511）

淵本：周公、孔子一叚，尤爲妙論解頤。（卷十一，六 a）

津本：周公、孔子一段，尤爲妙論解頤。（卷十一，777）

【按】上古本「叚」，淵本同，津本作「段」。「叚」，同「假」。「叚」、「段」形近。按句意，當爲「段」，四庫館臣因而改之。

《陶潛論》

上古本：夫志藏于中，必有拊膺塡臆、隱忍不能自白者，以其風節攸存，故曰可則。（卷十一，五 b，512）

淵本：夫志藏于中，必有拊膺塡臆、隱忍不能自白者，以其風節攸存，故曰可則。（卷十一，六 a）

津本：夫志藏于中，必有附膺塡臆、隱忍不能自白者，以其風節攸存，故曰可則。（卷十一，1322-777）

【按】上古本「拊」，淵本同，津本作「附」。「拊膺」，捶胸，表示哀痛或悲憤。《列子・湯問》云：「飛衛高蹈拊膺曰：『汝得之矣。』」清錢謙益《明故光祿大夫太子太保禮部尚書兼文淵閣大學士贈少保謚文穆成公神道碑》云：「蓋吾觀宋事至靖康諸賢之進退，輒為之塡胸拊膺，且憤且悸。」（《牧齋有學集》卷三十四）「附膺」不詞，當為謄錄者筆誤。

上古本：且吾觀易姓之代，其主類猜忍自雄，而左右之者又多甄豐、華歆輩，于此而孑孑然自明其高，是深中其所忌也。（卷十一，五 b，512）

淵本：且吾觀易姓之代，其主類猜忍自雄，而左右之者又多甄豐、華歆輩，于此而孑孑然自明其高，是深中其所忌也。（卷十一，六 b）

津本：且吾觀易姓之代，其主類猜忍自雄，而左右之者又多甄豐、華歆輩，于此而孑孑然自明其高，是深中其所忌者。（卷十一，1322-777）

【按】上古本「也」，淵本同，津本作「者」。「也」、「者」文意皆通，但不宜輕改原文，恐為筆誤。

上古本：彼夫劉裕之猜忌，傅亮、謝晦諸人之賣國，不難以司馬天子為机上肉，其肯容晉室遺臣傲然削新朝之帝號，而優游以羲皇上人終老耶？（卷十一，六 b，514）

淵本：彼夫劉裕之猜忌，傅亮、謝晦諸人之賣國，不難以司馬天子為机上肉，其肯容晉室遺臣傲然削新朝之帝號，而優游以羲皇上人終老耶？（卷十一，七 b）

津本：彼夫劉裕之猜忌，傅亮、謝晦諸人之賣國，不難以司馬天子為几上肉，其肯容晉室遺臣傲然削新朝之帝號，而優游以羲皇上人終老耶？（卷十一，1322-777）

【按】上古本「机上肉」，淵本同，津本作「几」。「机上肉」，砧板上的肉，比喻任人宰割者。宋陳仁子《周勃論》云：「當時銷諸呂奸雄之心者，若非劉章之策，使之有所顧，則平勃亦机上肉矣。」（《牧萊脞語》卷十）「几上肉」，同「机上肉」。唐白居易《和微之詩二十三首・和李勢女》有：「由來几上肉，不足揮干將。」（《白氏長慶集》卷第二十二）李白《笑歌行》，《樂府詩集》卷九十作「猛虎不看機上肉」，《全唐詩》作「猛虎不看几上肉」〔註 23〕。「机」、「几」皆為矮小的桌子之意。四庫館臣或為「几」更為常用而改。

〔註 23〕《全唐詩》（上），第 392 頁。

上古本：況淵明之祖烈、之清名，又諸人之所深惡而思欲媒孽其短者耶？（卷十一，七 a，515）

淵本：況淵明之祖烈、淵明之清名，又諸人所深惡而思欲媒孽其短者耶？（卷十一，七 b）

津本：況淵明之祖烈、之清名，又諸人之所深惡而思欲媒孽其短者耶？（卷十一，1322-777）

【按】上古本「淵明之祖烈、之清名」，津本同，淵本作「淵明之祖烈、淵明之清名」。祖烈，謂祖宗的功業。《漢書・敘傳下》：「丕顯祖烈，尚於有成。」顏師古注：「烈，業也。」此指陶淵明曾祖父陶侃的功業。陶侃官至大司馬，都督八州軍事，荊、江二州刺史、封長沙郡公。在任勤於政事，《晉書・陶侃傳》云：「終日斂膝危坐，閫外多事，千緒萬端，罔有遺漏。遠近書疏，莫不手答，筆翰如流，未嘗壅滯。」「清名」當指陶淵明不肯出仕、保持清節之事。文章本意是說陶淵明的「祖烈」、「清名」都遭到諸人之忌惡。上古本恐「淵明之祖烈、之清名」遭人誤解，故於「清名」前加「淵明」二字。實際原文意思也很明白，無需添加。

又上古本「諸人之所深惡」，津本同，淵本作「諸人所深惡」。朱鶴齡原文有「之」字，此處恐爲漏抄。

上古本：任天下以羸疾弃我，曠達容我，絕不以養高釣名疑我。（卷十一，七 a，515）

淵本：任天下以羸疾弃我，曠達容我，絕不以養高釣名疑我。（卷十一，八 a）

津本：任天下以羸疾弁我，曠達容我，絕不以養高釣名疑我。（卷十一，1322-778）

【按】上古本「弃」，淵本同，津本作「弁」。若作「弁」字，句意不通。「弃」、「弁」字形相近，當爲筆誤。

上古本：其規稽康曰：「火生而有光，而不用其光，得薪所以保其耀。人生而有才，而不用其才，識眞所以保其才。」（卷十一，七 b，516）

淵本：其規稽康曰：「火生而有光，而不用其光，得薪所以保其耀。人生而有才，而不用其才，識眞所以保其才。」（卷十一，八 a）

津本：其規嵇康曰：「火生而有光，而不用其光，得薪所以保其耀。人生而有才，而不用其才，識眞所以保其才。」（卷十一，1322-778）

【按】上古本「稽康」，淵本同，津本作「嵇康」。「嵇康」、「稽康」，通用。說見上。

《唐肅宗論》

上古本：靈武距成都不下萬里，山谷崎嶇，奏請道絕，軍機進止，立斷斯須。（卷十一，八a，517）

淵本：靈武距成都不下萬里，山谷崎嶇，奏請道絕，軍機進止，立斷斯須。（卷十一，九a）

津本：靈武距成都不一萬里，山谷崎嶇，奏請道絕，軍機進止，立斷斯須。（卷十一，1322-778）

【按】上古本「下」，淵本同，津本作「一」。靈武，通常認爲即今寧夏回族自治區靈武市。安史之亂，唐玄宗逃往成都，隨後太子李亨在靈武即位，是爲唐肅宗。靈武距成都當不止萬里之遙，故津本「一」字應爲謄錄者筆誤。

上古本：撫軍監國之號非所施于此日，又況所控御者西北諸胡，所制置者李郭僕固諸大帥，所驅策者關内思歸之將士。（卷十一，八a，517）

淵本：撫軍監國之號非所施于此日，又況所控御者西北諸胡，所制置者李郭僕固諸大帥，所驅策者關内思歸之將士。（卷十一，九a）

津本：撫軍監國之號非所施于此日，又況所控御者西北諸部，所制置者李郭僕固諸大帥，所驅策者關内思歸之將士。（卷十一，1322-778）

【按】上古本「胡」，淵本同，津本作「部」。「胡」爲對少數民族之蔑稱，四庫館臣因而改之。

上古本：肅宗于此使能克修寢門之問不改家人之禮。兩宮無阻，情愛交通，奚至上元初有移仗之事哉？（卷十一，九a，519）

淵本：肅宗于此時使克修寢門之問不改家人之禮。兩宮無阻，情愛交通，奚至上元初有移仗之事哉？（卷十一，十a）

津本：肅宗於此使能克修寢門之問不改家人之禮。兩宮無阻，情愛交通，奚至上元初有移仗之事哉？（卷十一，1322-779）

【按】上古本「肅宗于此使能」，津本同，淵本作「肅宗于此時使」。句意皆通，淵本改動不知其所依據。朱鶴齡原詩即作「肅宗于此使能」，四庫館臣不宜輕改。

上古本：劉晏貽琯書謂「諸王出深宮，一旦望桓、文功，不可得」，永王璘之反，其明鑒也。（卷十一，九 b，520）

淵本：劉晏貽琯書謂「諸王出深宮，一旦望桓、文功，不可得」，永王璘之反，其明鑒也。（卷十一，十一 a）

津本：劉晏貽琯書謂「諸王出深宮，一旦望桓、文功，不可得」，永王璘之反，共明鑒也。（卷十一，1322-779）

【按】上古本「其」，淵本同，津本作「共」。「共」字句意不通。「其」、「共」字形相近，當爲筆誤。

《李綱論》

上古本：靖康初，斡離不入寇，李綱力主固守京師，欽宗從之。（卷十一，十 b，522）

淵本：靖康初，斡里雅布入寇，李綱力主固守京師，欽宗從之。（卷十一，十一 b）

津本：靖康初，斡里雅布入侵，李綱力主固守京師，欽宗從之。（卷十一，1322-779）

【按】按上古本「寇」，淵本同，津本作「侵」。「寇」暗含對少數民族之貶義，四庫館臣改作「侵」，當是避這類蔑稱。

上古本：至冬復入寇。何㮚又力主綱議，且引蘇軾所論周之失計，未有如東遷之甚者。（卷十一，十 b，522）

淵本：至冬復入寇。何㮚又力主綱議，且引蘇軾所論周之失計，未有如東遷之甚者。（卷十一，十二 a）

津本：至冬復入侵。何㮚又力主綱義，且引蘇軾所論周之失計，未有如東遷之甚者。（卷十一，1322-780）

【按】上古本「寇」，淵本同，津本作「侵」。「寇」改「侵」，說見上條。

上古本「議」，淵本同，津本作「義」。「力主綱議」，竭力主張按李綱「固守京師的提議來辦。且下文仍有「綱議」出現，指代李綱的提議，非「義」。「議」、「義」音同形近，當爲筆誤。

上古本：然使帝早從其言而不爲何㮚所惑，急召李綱委以留守之任，命康王爲元帥，統河北諸道之兵，犄角進擊則宋事猶可爲也，豈至有青城之辱哉？（卷十一，十一 b，524）

淵本：然使帝早從其言而不爲何㮚所惑，急召李綱委以留守之任，命康王爲元帥，統河北諸道之兵，掎角進擊則宋事猶可爲也，豈至有青城之辱哉？（卷十一，十二b）

津本：然使帝早從其言而不爲何㮚所惑，急召李綱委以留守之任，命康王爲元帥，統河北諸道之兵，掎角進擊則宋事猶可爲也，豈至有青城之辱哉？（卷十一，1322-780）

【按】上古本「犄角」，四庫本作「掎角」。「犄角」、「掎角」皆有分兵夾擊敵人之意。四庫館臣或認爲「掎角」更爲常用而改。

上古本：迨乎二酋合寇，危同絫卵。守禦之備無一足恃者，而欲以不戰之衛士、六甲之郭京抗數十萬方張之虜，其將能乎？（卷十一，十一b，524）

淵本：迨乎兩軍合攻，危同絫卵。守禦之備無一足恃者，而欲以不戰之衛士、六甲之郭京抗數十萬方張之敵，其將能乎？（卷十一，十三a）

津本：迨乎二將合師，危同絫卵。守禦之備無一足恃者而欲以不戰之衛士六甲之郭京抗數十萬方張之敵其將能乎？（卷十一，1322-780）

【按】上古本「二酋合寇」，淵本作「兩軍合攻」，津本作「二將合師」。「二酋合寇」，指靖康初斡里雅布、尼瑪哈二將率領金兵南侵之事。四庫館臣爲避用「酋」、「寇」等忌諱詞，改作「兩軍合攻」、「二將合師」。

又上古本「方張之虜」，淵本、津本作「方張之敵」。改動原因同上。

上古本：西戎交侵，檇王奸命，平王不遷將覆亡之不暇，奚止于衰而已乎？（卷十一，十二a，525）

淵本：西戎交侵，攜王奸命，平王不遷將覆亡之不暇，奚止于衰而已乎？（卷十一，十三b）

津本：西戎交侵，檇王奸命，平王不遷將覆亡之不暇，奚止于衰而已乎？（卷十一，十二a，525）

【按】上古本「檇王」，津本同，淵本作「攜王」。「攜」，地名。「攜王」，即周幽王之弟余臣。「攜王奸命」事記載謬誤頗多。清丁晏《左傳杜解集正》卷八解釋較爲詳盡：「按《竹書紀年》幽王八年王立褒姒之子曰伯服，十一年犬戎入宗周弒王，下即云犬戎殺王子伯服，是攜王非伯服，舊說誤也。《紀年》又云：『是年申侯、魯侯、許男、鄭子立宜臼於申，虢公翰立王子余臣於攜。』沈約注：是爲攜王，二王並立。是攜王爲王子余臣。至平王二十一年，《紀年》始云晉文公殺王子余臣於攜，是矣。攜爲周地。杜《春秋地名》

曰：攜地闕，即其證。平王立二十餘年，而余臣始爲晉所殺，則其時亦當如東王、西王之並峙，故云奸命也。杜既承舊說而誤，而《正義》又云余臣本非適，故稱攜王，是又不知攜爲地名而誤以爲謚號矣，皆非也。」故淵本所改爲是。

《無黨論》

上古本：復讐不折鏌干，忮心不怨飄瓦，惟其虛也。（卷十一，十四 a，529）

淵本：復讐不折鏌干，忮心不怨飄瓦，惟其虛也。（卷十一，十五 b）

津本：復讐不折鏌鋣，忮心不怨飄瓦，惟其虛也。（卷十一，1322-781）

【按】上古本「鏌干」，淵本同，津本「鏌鋣」。此句化用《莊子・外篇・達生》「復讐者不折鏌干，雖有忮心者不怨飄瓦，是以天下平均」。「鏌干」，良劍鏌鋣、干將的並稱。郭象注曰：「鏌音莫。本亦作莫干。李云：『鏌耶、干將，皆古之利劒名。』《吳越春秋》云：『吳王闔閭使干將造劒，劒有二狀，一曰干將，二曰鏌鋣。鏌鋣，干將妻名也。』」津本所改非是。

上古本：虛則是非之見勿橫據于胸中而一哀乎理之至當，公則德怨之私勿偏持于當局而一協乎理之共安。（卷十一，十四 a，529）

淵本：虛則是非之見勿橫據于胸中而一衷乎理之至當，公則德怨之私勿偏持于當局而一協乎理之共安。（卷十一，十五 b）

津本：虛則是非之見勿橫據于胸中而一衷乎理之至當，公則德怨之私勿偏持于當局而一協乎理之共安。（卷十一，1322-781）

【按】上古本「哀」，四庫本作「衷」。「哀」、「衷」字形相近，易混淆。「衷」在此處有折中、裁斷之意，此句意爲是非之見等不必存放於心中，需根據「理」來加以判斷。作「哀」字與句意不合。四庫館臣據此改作「衷」。

上古本：小人之中，魁傑不過數人，其庸流觀望者，吾以泰之包荒處之，其陰附翕張者，吾以夬之惕號處之，而文取其魁傑者，任使之以策勵其材，利祿之以順適其意。（卷十一，十四 a，529）

淵本：小人之中，魁傑不過數人，其庸流觀望者，吾以泰之包荒處之，其陰附翕張者，吾以夬之惕號處之，而又取其魁傑者，任使之以策勵其材，利祿之以順適其意。（卷十一，十六 a）

津本：小人之中，魁傑不過數人，其庸流觀望者，吾以泰之包荒處之，

其陰附翕張者，吾以夬之惕號處之，而又取其魁傑者，任使之以策勵其材，利祿之以順適其意。（卷十一，1322-782）

【按】上古本「文」，四庫本「又」。「文」與句意不符，四庫館臣據其意改作「又」。

上古本：及范氏出，柳朔謂其子：「爾從王，勉之！我將死，此王生授我矣。」（卷十一，十四 b，530）

淵本：及范氏出，柳朔謂其子：「爾從王，勉之！我將死，此王生授我矣。」（卷十一，十六 b）

津本：及范氏出，柳朔謂其子：「爾從王，勉之！我將死，此王生授我矣。」（卷十一，1322-782）

【按】上古本「爾從王」，四庫本同。此見《左傳・哀公五年》，其文中實爲「爾從主」，故此處三版皆誤。

《邶鄘衛三國辨》

上古本：《梓材》曰「王啓監厥亂爲民」，康叔封地參錯于三監之間，故當時亦謂之監。（卷十二，二 a，537）

淵本：《梓材》曰「王啓監厥亂爲民」，康叔封地參錯于三監之間，故當時亦謂之監。（卷十二，二 a）

津本：《梓材》曰「王其監厥亂爲民」，康叔封地參錯於三監之前，故當時亦謂之監。（卷十二，1322-783）

【按】上古本「啓」，淵本同，津本作「其」。「王啓監，厥亂爲民」，語出《尚書・梓材》。孔穎達疏云：「王者開置監官。」即設置監察官員。作「其」則無義。「啓」、「其」音近，或爲致誤。

又上古本「間」，淵本同，津本作「前」。漢孔安國《尚書正義》卷十三《康誥》云：「成王既伐管叔、蔡叔。滅三監。以殷餘民封康叔。以三監之民國，康叔爲衛侯，周公懲其數叛，故使賢母弟主之。」可知，康叔封地在三監之間，津本作「前」或爲筆誤。

《周頌大武分章辨》

上古本：其三曰：《賚》爲第三篇。「鋪時繹思，我徂維求定。」（卷十二，三 b，540）

淵本：其三曰：《賚》爲第三篇。「鋪時繹思，我徂維求定。」（卷十二，三

b）

津本：其三曰：《賚》爲第三篇。「敷時繹思，我徂維求定。」（卷十二，1322-783）

【按】上古本「鋪」，淵本同，津本作「敷」。「鋪時繹思」，語出《左傳·宣公十二年》「其三曰：『鋪時繹思，我徂惟求定。』」「鋪」、「敷」，皆有鋪開、布置之意，通。清陳壽祺《韓詩遺說考》卷四云：「鋪、敷，古以聲同，通用。」此處不宜輕改。

《禹貢三江辨》

上古本：錢塘、浦陽，其源俱不通太湖。（卷十二，四 b，542）

淵本：錢塘、浦陽，其源俱不通太湖。（卷十二，五 a）

津本：錢唐、浦陽，其源俱不通太湖。（卷十二，1322-784）

【按】上古本「塘」，淵本同，津本作「唐」。「錢塘」、「錢唐」，通用。明劉基《大明清類天文分野之書》卷三云：「錢塘縣……唐，武德四年省鹽官縣入焉，後改唐爲塘字，始於此。」此處改動並無必要。

上古本：及黃東發、金吉甫諸家皆主吳都注。（卷十二，五 a，543）

淵本：及黃東發、金吉甫諸家皆主吳都賦注。（卷十二，五 b）

津本：及黃東發、金吉甫諸家皆主吳都賦注。（卷十二，1322-784）

【按】上古本「吳都注」，四庫本作「吳都賦注」。據前文「庾仲初吳都賦注」及後「吳都賦注曰」，當是上古本漏「賦」字，四庫謄錄時遂補上。

《震澤太湖辨》

上古本：然則《禹貢》之不及五湖，何歟？（卷十二，八 b，550）

淵本：然則《禹貢》之不及五湖，何歟？（卷十二，九 b）

津本：然而《禹貢》之不及五湖，何歟？（卷十二，1322-786）

【按】上古本「則」，淵本同，津本作「而」。「然則」、「然而」文意皆通，此處改動未知所據，恐爲筆誤。

上古本：自底定之後，澤水可陂沮洳，十百里民仰其利，故《爾雅》謂之藪，《職方》謂之澤藪，而五湖則別之曰浸。（卷十二，九 a，551）

淵本：自底定之後，澤水可陂沮洳，十百里民仰其利，故《爾雅》謂之藪，《職方》謂之澤藪，而五湖則別之曰浸。（卷十二，十 a）

津本：自底定之後，澤水可陂沮洳，千百里民仰其利，故《爾雅》謂之

藪，《職方》謂之澤藪，而五湖則別之曰浸。（卷十二，1322-787）

【按】上古本「十」，淵本「十」，津本作「千」。清胡渭《禹貢錐指》卷六、秦蕙田《五禮通考》卷二百二、吳卓信《漢書地理志補注》卷三十八皆曰：「自底定之後始可陂障沮洳，數十百里民仰其利，故《爾雅》謂之藪，《職方》謂之澤藪，而五湖則別之曰浸。」「十」、「千」字形相近，當是謄錄者筆誤。

上古本：《爾雅》、《周禮》所載澤藪，如冀州之陽紆、并州之昭餘祁、幽州之貕養、兗州之大野、荊州之雲夢、青州之望諸、晉之大陵、鄭之圃田、周之焦穫，今皆變爲原隰，不能定其所在。蓋川浸通流終古不改，藪澤豬水最易淤淤。歷數千年而湮沒不可考無足怪者，奚獨于具區而不然耶？（卷十二，九 b，552）

淵本：《爾雅》、《周禮》所載澤藪，如冀州之陽紆、并州之昭餘祁、幽州之貕養、兗州之大野、荊州之雲夢、青州之望諸、晉之大陸，鄭之圃田，周之焦穫，今皆變爲原隰，不能定其所在。蓋川浸通流終古不改，藪澤稀水最易淤淤。歷數千年而湮沒不可考無足怪者，奚獨于具區而不然耶？（卷十二，十 b）

津本：《爾雅》、《周禮》所載澤藪，如冀州之陽紆、并州之昭餘祁、幽州之貕養、兗州之大野、荊州之雲夢、青州之望諸、晉之大陵，鄭之圃田，周之焦穫，今皆變爲原隰，不能定其所在。蓋川浸通流終古不改，藪澤豬水最易淤淤。歷數千年而湮沒不可考無足怪者，奚獨于具區而不然耶？（卷十二，1322-787）

【按】上古本「大陵」，津本同，淵本作「大陸」。「陽紆」、「昭餘祁」、「貕養」、「大野」、「雲夢」、「望諸」、「圃田」、「大陵」、「焦穫」皆古澤藪名。「大陸」，同「大陵」。清高士奇《春秋地名考略》卷五有：「晉平陵邑，趙曰大陵，亦曰大陸。」

又上古本「豬水」，津本同，淵本作「稀水」。「豬水」猶「瀦水」。宋傅寅《禹貢說斷》卷二有：「孔氏曰：大野，澤名。水所停曰豬。」

考朱鶴齡《尚書埤傳》卷五曰：「《爾雅》、《周禮》所載諸州澤藪，如陽紆、貕養、大陵、甫田、焦穫等，今皆變爲原陸，不能定其所在。蓋川浸通流，今古不改，藪澤稀水，最易淤淤。歷數千年而陻沒不可考無足怪者，奚獨具區爲然耶？」故淵本改動並無必要。

《春王正月辨》

上古本：無文末評語

淵本：苕文曰：「證據確鑿，使康侯仲默，見而服膺。」甫草曰：「縱橫貫穿，可與劉原父輩抗行。」（卷十二，二十 b）

津本：無文末評語

【按】上古本、津本無文末評語，淵本有。「苕文」即汪琬（1624～1691），字苕文，號鈍庵，長洲（今江蘇蘇州）人。「甫草」即計東（1625～1676），字甫草，號改亭，江蘇吳江人。未知淵本文末評語之根據。

上古本：《舜崩蒼梧辨》（卷十二，十八 b，570）

淵本：無

津本：《舜崩蒼梧辨》（卷十二，1322-792）

【按】淵本刪，津本闕「十有七年則禪」後兩頁。欒翔《朱鶴齡〈愚菴小集〉研究》認爲：「卷十二《舜崩蒼梧辨》被刪。朱文開篇即云：『世傳舜南巡狩，崩于蒼梧之野』，而錢謙益館名爲『碧梧紅豆山莊』，蓋四庫館臣疑『蒼梧』與『碧梧』有關，故刪之。」〔註 24〕

《周人禘嚳辨》

上古本：（卷十二，二十一 b，576）

淵本：（卷十二，二十八 a）

津本：（卷十二，1322-794）

【按】位置不同，上古本、津本在《舜崩蒼梧辨》篇後，淵本則調到《春秋譏世卿辨》之前。

上古本：康成臆揣爲禘祫相因之論，又妄引《春秋》、《魯禮》及緯書，以文致其説，其謬可勝辨哉？（卷十二，二十二 b，578）

淵本：康成臆揣爲禘祫相因之論，又妄引《春秋》、《魯禮》及緯書，以文致其説，其謬可勝辨哉？（卷十二，二十九 b）

津本：康成意揣爲禘祫相因之論，又妄引《春秋》、《魯禮》及緯書，以文致其説，其謬可勝辨哉？（卷十二，1322-794）

【按】上古本「臆」，淵本同，津本作「意」。「臆揣」，臆測。明徐光啓《新法算書》卷六有：「臣等識短才庸，不能臆揣。」「意揣」，同「臆揣」。

〔註 24〕《朱鶴齡〈愚菴小集〉研究》，第 17 頁。

宋朱元昇《大衍五十數本河圖洛書》云：「是殆意揣臆度爲之說，非圖書實然之數也。」（《三易備遺》卷一）此處改動並無必要，且「臆揣」更爲常見。

《讀周本紀》

上古本：《本紀》云：「犬戎殺幽王驪山下，虜褒姒，盡取周賂而去。諸侯乃即申侯，共立故太子宜臼，是爲平王。」（卷十三，一 a，599）

淵本：《本紀》云：「犬戎殺幽王驪山下，虜褒姒，盡取周賂而去。諸侯乃即申侯，共立故太子宜臼，是爲平王。」（卷十三，一 b）

津本：《本紀》云：「犬戎殺幽王驪山下，携褒姒，盡取周賂而去。諸侯乃即申侯，共立故太子宜臼，是爲平王。」（卷十三，1322-799）

【按】上古本「虜」，淵本同，津本作「携」。「虜」意含貶義，四庫館臣因而改之。「虜褒姒」與「携褒姒」意思完全不同，四庫館臣爲避用「違礙」文字，改字往往不顧原文意思。

上古本：又《左傳》云幽王「用愆厥位，檇王姦命，諸侯替之而建王嗣，用遷郟鄏」。檇王不言何人，曰姦命，必不當立而立者。（卷十三，一 b，600）

淵本：又《左傳》云幽王「用愆厥位，攜王姦命，諸侯替之而建王嗣，用遷郟鄏」。攜王不言何人，曰姦命，必不當立而立者。（卷十三，一 b）

津本：又《左傳》云幽王「用愆厥位，檇王奸命，諸侯替之而建王嗣，用遷郟鄏」。檇王不言何人，曰奸命，必不當立而立者。（卷十三，1322-799）

【按】上古本「檇王」，津本同，淵本作「攜王」。此可參考《李綱論》「西戎交侵，檇王姦命」一條按語。

上古本：且幽王以褒姒亡國，褒姒既爲犬戎虜去，必無復立其子之理。（卷十三，一 b，600）

淵本：且幽王以褒姒亡國，褒姒既爲犬戎虜去，必無復立其子之理。（卷十三，二 a）

津本：且幽王以褒姒亡國，褒姒既爲犬戎□去，必無復立其子之理。（卷十三，1322-800）

【按】上古本「虜」，淵本同，津本闕一字。「虜」意含貶義，四庫館臣因而避用之。

上古本：考《竹書紀年》：「幽王見弒，申侯、魯侯、許男、鄭子立太子宜臼于申，虢公翰立王子余臣于檇，檇地未詳所在。是謂檇王。」《竹書》之言

雖非可深信，而欈王則不妄。當是幽王既隕，欈王僭位，諸侯乃共舉兵黜之而迎立太子宜臼。（卷十三，一b，600）

淵本：考《竹書紀年》，幽王見弒，申侯、魯侯、許男、鄭子立太子宜臼于申，虢公翰立王子余臣于攜。攜地未詳所在。是謂攜王。《竹書》之言雖非可深信，而攜王則不妄。當是幽王既隕，攜王僭位，諸侯乃共舉兵黜之而迎立太子宜臼。（卷十三，二a）

津本：考《竹書紀年》：「幽王見弒，申侯、魯侯、許男、鄭子立太子宜臼于申，虢公翰立王子余臣于欈，欈地未詳所在。是謂欈王。」《竹書》之言雖非可深信，而欈王則不妄。當是幽王既隕，欈王僭位，諸侯乃共舉兵黜之而迎立太子宜臼。（卷十三，1322-800）

【按】上古本「欈王」，津本同，淵本作「攜王」。此可參考《李綱論》「西戎交侵，欈王奸命」一條按語。

上古本：《竹書》又云欈王爲晉文侯所殺。觀《文侯之命》，有「用會紹乃辟」、「多修扞于艱」等語。以此驗之，正合其時。衛武公、鄭武公、秦襄公同奬王室而平王于文侯獨加殊禮，有秬鬯弓矢之賜，殆以殺欈王之故歟？（卷十三，二a，601）

淵本：《竹書》又云攜王爲晉文侯所殺。觀《文侯之命》，有「用會紹乃辟」、「多修扞于艱」等語。以此驗之，正合其時。衛武公、鄭武公、秦襄公同奬王室而平王于文侯獨加殊禮，有秬鬯弓矢之賜，殆以殺攜王之故歟？（卷十三，二b）

津本：《竹書》又云欈王爲晉文侯所殺。觀《文侯之命》，有「用會紹乃辟」、「多修扞于艱」等語。以此驗之，正合其時。衛武公、鄭武公、秦襄公同奬王室而平王于文侯獨加殊禮，有秬鬯弓矢之賜，殆以殺欈王之故歟？（卷十三，1322-800）

【按】上古本「欈王」，津本同，淵本作「攜王」。此可參考《李綱論》「西戎交侵，欈王奸命」一條按語。

《讀五代史》

上古本：卒之妻子爲虜，求死不得。（卷十三，十a，617）

淵本：卒之妻子爲虜，求死不得。（卷十三，十一a）

津本：卒之妻子爲囚，求死不得。（卷十三，1322-804）

【按】上古本「虜」，淵本同，津本作「囚」。「虜」爲漢族對少數民族之蔑稱。四庫館臣爲避清廷忌諱而改之。

《書北盟會編後》

上古本：所載靖康俘虜炎興屈辱之狀，令人痛心指髮。（卷十三，十七 b，632）

淵本：所載靖康俘虜炎興屈辱之狀，令人痛心指髮。（卷十三，十九 b）

津本：所載靖康俘囚炎興屈辱之狀，所載最爲詳細。（卷十三，1322-808）

【按】上古本「虜」，淵本同，津本作「囚」。改動原因已見上。

又上古本「令人痛心指髮」，淵本同，津本作「所載最爲詳細」。此句直抒對靖康之難中被虜宋人受金人侮辱之痛惜，四庫館臣恐其暗含對滿清之恨，且清人對「髮」字多敏感，故館臣改之。

上古本：中引呂本中《痛定錄》曰：「靖康二年正月十四日，上在青城齋宮召何㮚、孫覿、汪藻等賦詩遣興，上命用時韻。覿詩云：『噬臍有愧平燕日，嘗膽無忘在莒時。』藻詩云：『虜帳夢回驚日處，都城思切望雲時。』有以此達之金帥，帥見『在莒』之句，又斥爲虜帳，因摘此爲名，邀留車駕。」（卷十三，十七 b，632）

淵本：中引呂本中《痛定錄》曰：「靖康二年正月十四日，上在青城齋宮召何㮚、孫覿、汪藻等賦詩遣興，上命用時韻。覿詩云：『噬臍有愧平燕日，嘗膽無忘在莒時。』藻詩云：『窮塞夢回驚日處，都城思切望雲時。』有以此達之金帥，帥見『在莒』之句，又斥爲窮塞，因摘此爲名，邀留車駕。」（卷十三，二十 a）

津本：中引呂本中《痛定錄》曰：「靖康二年正月十四日，上在青城齋宮召何㮚、孫覿、汪藻等賦詩遣興，上命用時韻。覿詩云：『噬臍有愧平燕日，嘗膽無忘在莒時。』藻詩云：『穹帳夢回驚日處，都城思切望雲時。』有以此達之金帥，帥見『在莒』之句，又意多怨望，因摘此爲名，邀留車駕。（卷十三，1322-809）

【按】上古本「虜帳」，淵本作「窮塞」，津本作「穹帳」。上古本「斥爲虜帳」，淵本作「斥爲窮塞」，津本作「意多怨望」。「虜帳」貶義最強，「窮塞」稍弱，「穹帳」則無貶義，四庫館臣因此而改。

上古本：建炎四年正月，車駕避寇，幸溫州，駐江心寺。（卷十三，十八 b，634）

淵本：建炎四年正月，車駕避寇，幸溫州，駐江心寺。（卷十三，二十一a）

津本：建炎四年正月，車駕避敵，幸溫州，駐江心寺。（卷十三，1322-809）

【按】上古本「寇」，淵本同，津本作「敵」。「寇」爲漢族對少數民族之蔑稱。四庫館臣爲避清廷忌諱而改之。

《書笠澤叢書後》

上古本：嘉泰■年三山王公益祥來令，因前令趙君廣言此書多闕誤，且示以蜀本，屬校刊之。（卷十三，二十b，638）

淵本：嘉泰某年三山王公益祥來令，因前令趙君廣言此書多闕誤，且示以蜀本，屬校刊之。（卷十三，二十三a）

津本：嘉泰闕年三山王公益祥來令，因前令趙君廣言此書多闕誤，且示以蜀本，屬校刊之。（卷十三，1322-810）

【按】上古本「■」，淵本作「某」，津本作「闕」。上古本某些木釘有所缺之處，四庫本中以不同方式處理。

上古本：此本予鈔得於海虞錢氏，益祥跋語在焉，最爲完古，惜字句不免漫漶耳。（卷十三，二十b，638）

淵本：此本予鈔得於海虞錢氏，益祥跋語在焉，最爲完古，惜字句不免漫漶耳。（卷十三，二十三b）

津本：此本予鈔得於友人齋中，益祥跋語在焉，最爲完古，惜字句不免漫漶耳。（1322-810）

【按】上古本「海虞錢氏」，淵本同，津本作「友人齋中」。四庫館臣爲避錢謙益之名而改。

《書渭南集後》

上古本：廷秀曰：「官可棄，記不可作。」（卷十三，二十二b，642）

淵本：廷秀曰：「官可棄，記不可作。」（卷十三，二十五b）

津本：廷秀曰：「官可罷，記不可作。」（卷十三，1322-811）

【按】上古本「棄」，淵本同，津本作「罷」。《宋史・楊萬里傳》載：「萬里曰：『官可棄，記不可作也。』」津本「罷」非是，不知其所依據。

《書朱子大全集後》

上古本：建炎元年以和議奉使至金，及得命而返，金使有詔論江南之名。

何澹菴劾之醜詆爲姦邪，謂可與秦檜同斬。（卷十三，二十三 a，643）

淵本：建炎元年以和議奉使至金，及得命而返，金使有詔論江南之名。胡澹菴劾之醜詆爲姦邪，謂可與秦檜同斬。（卷十三，二十六 a）

津本：建炎元年以和議奉使至金，及得命而返，金使有詔論江南之名。胡澹菴劾之醜詆爲姦邪，謂可與秦檜同斬。（卷十三，1322-812）

【按】上古本「何澹菴」，四庫本作「胡澹菴」。「胡澹菴」即胡銓，字邦衡，號澹菴，吉州廬陵人。南宋政治家、文學家，愛國名臣，廬陵「五忠一節」之一，非「何澹菴」。四庫館臣因而改之。

上古本：天台朱右又云：「永康陳亮與仲友不相能。朱子提舉常平，行部過其家，乘間爲飛語中仲友。通判高文虎復以舊怨傾之，朱子遂爲所惑。」（卷十三，二十四 a，645）

淵本：朱右又云：「永康陳亮與仲友不相能。朱子提舉常平，行部過其家，乘間爲飛語中仲友。通判高文虎復以舊怨傾之，朱子遂爲所惑。」（卷十三，二十七 a）

津本：天台朱右又云：「永康陳亮與仲友不相能。朱子提舉常平，行部過其家，乘間爲飛語中仲友。通判高文虎復以舊怨傾之，朱子遂爲所惑。」（卷十三，1322-812）

【按】上古本「天台朱右」，津本同，淵本作「朱右」。淵本脱「天台」二字，或爲謄錄者漏抄。

上古本：噫！賢人君子之是非，天下後世所倚以取信也。然猶有不盡然者，今人乃欲據史策陳語以定古今人之賢不肖，不亦難乎？（卷十三，二十四 a，645）

淵本：噫！賢人君子之是非，天下後世所以取信也。然有不盡然者，今人乃欲據史策以定古今人賢不肖，不亦難乎？（卷十三，二十七 a）

津本：噫！賢人君子之是非，天下後世所倚以取信也。然猶有不盡然者，今人乃欲據史策陳語以定古今人之賢不肖，不亦難乎？（卷十三，1322-812）

【按】上古本、津本同，淵本少「倚」、「猶」、「陳語」、「之」等字。當爲謄錄態度散漫所致。

上古本：《書元裕之集後》（卷十三，二十四 a，645）

淵本：無

津本：《書元裕之集後》（卷十三，1322-812）

【按】淵本刪。淵本刪去《書元裕之集後》一篇，然《愚菴小集》書前提要云：「所作《元裕之集後》一篇，稱『裕之舉金進士，歷官左司員外郎。及金亡不仕，隱居秀容，詩文無一語指斥者。裕之於元，既足踐其土，口茹其毛，即無反詈之理。非獨免咎，亦誼當然。乃今之訕辭詆語，曾不少避，若欲掩其失身之事以誑國人者，非徒誖也，其愚亦甚』云云。其言蓋隱指謙益輩而發，尤可謂能知大義者矣。」是館臣謄錄此書時有此篇。館臣或以言辭過於激烈而刪之。乾隆五十二年九月二十四日《軍機大臣奏遵旨將紀昀奏抽毀刪削〈愚菴小集〉等夾簽進呈片》云：「遵旨將本日紀昀所奏應毀之《愚菴小集》內朱鶴齡《書元好問集後》一條，又《十六家詞》內鄒祗謨《漢（滿）江紅》一首，一併夾簽進呈。」〔註 25〕是館臣抽毀此篇之證據。

上古本：裕之舉金興定中進士，歷官左司員外郎，陷汴京圍城中，痛憤作詩，指斥蒙古，不啻杜子美之於祿山思明。

淵本：無

津本：裕之舉金興定中進士，歷官左司員外郎，陷汴京圍城中，痛憤作詩，抒其忠義，不啻杜子美之於祿山思明。

【按】上古本「指斥蒙古」，津本作「抒其忠義」。「蒙古」與滿清皆為異族，四庫館臣為避清廷統治者忌諱而改。

《書夏瑤公幸存錄後》

上古本：自古敗亡之烈，其速如翻掌，易如建瓴，未有若思陵之季者也。（卷十三，二十七 a，651）

淵本：自古敗亡之烈，其速如翻掌，易如建瓴，未有甚於思陵之季者也。（卷十三，二十九 b）

津本：自古敗亡之烈，其速如翻掌，易如建瓴，從未有若思陵之季者也。（卷十三，1322-814）

【按】上古本「未有若思陵之季」，淵本作「未有甚於思陵之季」，津本作「從未有若思陵之季」。四庫館臣或為強調明朝敗亡之慘烈而改，藉此讚頌清軍之驍勇。

〔註 25〕中國第一歷史檔案館編，《纂修四庫全書檔案》，上海古籍出版社，1997 年，第 2062 頁。

《獲虎說》

上古本：己亥年十月四都南復有虎傷人，居民陳霞兄弟以箭砲殺之于徐氏竹園。（卷十四，二 b，658）

淵本：己亥年十月四都南復有虎傷人，居民陳震兄弟以箭砲殺之于徐氏竹園。（卷十四，二 b）

津本：己亥年十月四都南復有虎傷人，居民陳霞兄弟以箭砲殺之于徐氏竹園。（卷十四，1322-815）

【按】上古本作「陳霞」，津本同，淵本作「陳震」。《（乾隆）震澤縣志》載：「十六年……是年十月四都南有虎傷人，居民陳霞溪兄弟以箭砲殺之於徐家竹園。」《（同治）蘇州府志》卷一百四十八載：「己亥十月四都南復有虎傷人，居民陳霞溪兄弟以箭礮殺之於徐家竹園。」上古本與四庫本皆誤。

上古本：雖然人之畏虎者，徒以其文斑，其視眈，其爪牙拏攫。然盧山之虎，惠永能役之，弘農之虎，劉昆能驅之。獨此不斑文而猛噬，不眈視而哮闞，不爪牙拏攫而脯肝吮血者，睢睢盱盱于人類，雖黃公赤刀，亦莫可神其術焉。（卷十四，三 a，659）

淵本：雖然人之畏虎者，徒以其文斑，其視眈，其爪牙拏攫。然盧山之虎，惠永能役之，弘農之虎，劉昆能驅之。獨此不斑文而猛噬，不眈視而哮闞，不爪牙拏攫而餔肝吮血者，睢睢盱盱于人類，雖黃公赤刀，亦莫可神其術焉。（卷十四，三 b）

津本：雖然人之畏虎者，徒以其文斑，其視眈，其爪牙拏攫。然盧山之虎，惠永能役之，弘農之虎，劉昆能驅之。獨此不斑文而猛噬，不眈視而哮闞，不爪牙拏攫而脯肝吮血者，睢睢盱盱于人類，雖黃公赤刀，亦莫可神其術焉。（卷十四，1322-816）

【按】上古本「脯肝」，津本同，淵本作「餔肝」。「脯肝」、「餔肝」通用。明張時徹《贈憲使王印東靖寇敘》：「其脯肝飲血堙井夷竈亡論矣。」（《芝園定集》卷三十二）黃宗炎《小友》：「若夫少壯之年與弱冠童子之屬，其餔肝吮血不持寸血而得上覩下獲，無陷人殺人之機穽。」

《玉說》

上古本：王元倬曰：「通篇分二段看，前言玉之貴，後言人之貴玉。末二語總收，做法甚老，不見痕跡。」（卷十四，四 a，661）

淵本：王元倬曰：「通篇分二段看，前言玉之貴，後言人之貴玉。末二語總收，做法甚老，不見痕跡。」（卷十四，四 b）

津本：王元倬曰：「通篇分二叚看，前言玉之貴，後言人之貴玉。末二語總收，做法甚老，不見痕跡。」（卷十四，1322-816）

【按】上古本「叚」，津本同，淵本作「段」。據文意，當爲「段」。淵本改動爲是。

《題黃陶菴詩卷》

上古本：當甲申北變，聞金陵嗣統，謁選者麕集都下，先生獨不往。（卷十四，五 b，664）

淵本：當甲申北變，聞金陵嗣統，謁選者麕集都下，先生獨不往。（卷十四，六 b）

津本：當甲申北變，聞金陵之信，謁選者麕集都下，先生獨不往。（卷十四，1322-817）

【按】上古本「嗣統」，淵本同，津本作「之信」。甲申之變後，弘光帝在南京即位。「嗣統」，繼承皇位，暗含弘光政權爲正統之意。四庫館臣因而改之。

《題思子亭卷子》

上古本：迄今逾十年，凡宗黨姻戚談及孺子之早慧而賢，無不絫欷太息，奭乎有餘悲焉。（卷十四，七 a，667）

淵本：迄今逾十年，凡宗黨姻戚談及孺子之早慧而賢，無不絫欷太息，𧯛乎有餘悲焉。（卷十四，八 a）

津本：迄今逾十年，凡宗黨姻戚談及孺子之早慧而賢，無不絫欷太息，奭乎有餘悲焉。（卷十四，1322-818）

【按】上古本「奭」，津本同，淵本作「𧯛」。「𧯛」，意爲傷痛的樣子。「奭」，怒貌。據句意，淵本所改更爲恰當。

《邑志私考十三則》

上古本：昔才公以一百八顆之心珠躍出火聚，其堅密之行，不可壞也。（卷十四，十四 b，682）

淵本：昔才公以一百八顆之心珠躍出火聚，其堅密之行，不可壞也。（卷十四，十六 a）

津本：昔才公以一百八顆之心珠躍出火藂，其堅密之行，不可壞也。（卷十四，1322-822）

【按】上古本「火聚」，淵本同，津本作「火藂」。「火聚」，泛指聚集的猛火。上文有「其徒法才操行堅密，嘗危坐終日。掩光後闍維，得所持數珠，獨存于洞。然劫火之餘，遠近驚異。」下曰：「又《寺觀志》以留珠菴在卓墓村，宋建炎元年德一建。以此記考之，知得珠烈火中者，乃德一弟子法才。」此句意在讚頌法才之高德。「藂」雖也有聚集之義，但「火藂」不詞。「藂」、「聚」形近，或爲謄錄者筆誤。

上古本：又王禹偁詩云：「松江江寺對峰巒，檻外生池接野灘。幽鷺靜翹春草碧，病僧閒説夜濤寒。晨齋施筍惟溪叟，國忌行香只縣官。盡日門前炤流水，塵纓渾擬濯汍瀾。」（卷十四，十五 a，683）

淵本：又王禹偁詩云：「松江江寺對峰巒，檻外生池接野灘。幽鷺靜翹春草碧，病僧閒説夜濤寒。晨齋施筍惟溪叟，國忌行香只縣官。盡日門前炤流水，塵纓渾擬濯汍瀾。」（卷十四，十七 a）

津本：又王禹偁詩云：「松江江寺對峰巒，檻外生池接野灘。幽鷺靜翹春草碧，病僧閒説夜濤寒。晨齋施筍惟溪叟，國忌行香只縣官。盡日門前炤流水，塵纓渾擬濯汍瀾。」（卷十四，1322-823）

【按】上古本「汍瀾」，四庫本「汍瀾」。「汍瀾」，有流水波瀾之意。「盡日門前炤流水，塵纓渾擬濯汍瀾」，暗含超脫俗世之意。清鄒方鍔《寒食會飲半谷限寒字》云：「莫把浮雲閒品量，好教清思濯汍瀾。」（《大雅堂初稿詩集》卷六）與朱鶴齡用法相近。古人使用「汍瀾」較少，四庫本因而改作「汍瀾」。

上古本：其顧亭林自在松江府城東三十五里。（卷十四，十六 b，686）

淵本：其顧亭林自在松江府城東三十五里。（卷十四，十八 b）

津本：其顧林亭自在松江府城東三十五里。（卷十四，1322-823）

【按】上古本「顧亭林」，淵本同，津本作「顧林亭」。津本所改甚是。朱鶴齡《邑志私考十三則》考辨《吳江縣志》記載之誤。此篇考辨顧林亭之位置。王安石《顧林亭詩》云：「寥寥湖上亭，不見野王居。」（《臨川文集》卷十三）明人莫旦認爲這首詩寫的是吳江古蹟，纂弘治《吳江志》時遂將王安石此詩收入縣志中。朱鶴齡認爲莫旦有誤，云：「莫公收入《吳江志》，題作顧野王讀書堆，而以顧林亭爲人名，大謬。」朱鶴齡指出「顧亭林自在松江府城東三十五里」，又謂：「荊公詩自應入《松江府志》中，與吳江無涉。」《大清一統志》卷八十三松江府古蹟「顧野王宅」注亦作「顧林亭」云云。是此「顧」乃指顧野王，與顧炎武無關。然讓人迷惑的是，朱鶴齡上文明明寫作「顧林亭」，而下文卻作「顧亭林」。顧亭林，即顧炎武。此或因顧亭林影響大，刻本無意中刻錯，淵本也未能發現。津本發現了上下文的錯訛，並因此作了改正。

《書史仲彬事》

上古本：仲彬與補鍋匠衣葛翁、雪菴和尚等二十二人相約從亡，間關萬里，言甚鑿鑿。陳徵君繼儒、錢閣學龍錫、喬司馬拱璧諸公皆作序表章，獨海虞錢宗伯援吳文定墓表，駁之列爲十條，以爲其事皆屬子虛亡是，乃後人僞譔以覬恤也。（卷十四，十八 b，690）

淵本：仲彬與補鍋匠衣葛翁、雪菴和尚等二十二人相約從亡，間關萬里，言甚鑿鑿。陳徵君繼儒、錢閣學龍錫、喬司馬拱璧諸公皆作序表章，自爲可信，或乃援吳文定墓表，駁之列爲十條，以爲其事皆屬子虛亡是，乃後人僞譔以覬恤也。（卷十四，二十一 a）

津本：仲彬與補鍋匠衣葛翁、雪菴和尚等二十二人相約從亡，間關萬里，言甚鑿鑿。陳徵君繼儒、錢閣學龍錫、喬司馬拱璧諸公皆作序表章，獨怪予聞近有援吳文定墓表，駁之列爲十條，以爲其事皆屬子虛亡是，乃後人僞譔以覬恤也。（卷十四，1322-825）

【按】上古本「獨海虞錢宗伯」，淵本作「自爲可信，或乃」，津本作「獨怪予聞近有」。此處當爲四庫館臣爲避錢謙益名而改。

上古本：方金川失守之時，遺臣多亡命三吳，密謀舉義事。（卷十四，十九 a，691）

淵本：方金川失守之時，遺臣多亡命三吳，密謀舉義事。（卷十四，二十一 b）

津本：方金城失守之時，遺臣多亡命三吳，密謀舉義事。（卷十四，1322-825）

【按】上古本「川」，淵本同，津本作「城」。「金川」，即南京金川門。「金川失守」，指靖難之役最後一幕，燕王朱棣攻破南京金川門，殺入皇宮，後建文帝不知所蹤。清谷應泰《明史紀事本末》卷十七載：「建文四年夏六月乙丑，帝知金川門失守，長吁，東西走，欲自殺。」津本「城」字較他字略大且歪，似爲後改之字。此處改動不知所據。

上古本：即爾時法網嚴峻，然吾邑如楊任之匿黃子澄，吳貴三之庇袁杞山，率破千金、湛七族而不顧，安得謂仲彬之必非其人乎？（卷十四，十九b，692）

淵本：即爾時法網嚴峻，然吾邑如楊任之匿黃子澄，吳貴三之庇袁杞山，率破千金、湛七族而不顧，安得謂仲彬之必非其人乎？（卷十四，二十一b）

津本：即爾時法網嚴禁，然吾邑如楊任之匿黃子澄，吳貴三之庇袁杞山，率破千金、湛七族而不顧，安得謂仲彬之必非其人乎？（卷十四，1322-825）

【按】上古本「峻」，淵本同，津本作「禁」。「法網嚴峻」，指法令嚴苛。《資治通鑒》卷第二百五有：「是時官爵易得而法網嚴峻，故人競爲趨進而多陷刑戮。」無「法網嚴禁」之說。此處改動，不知其所依據。

《書盛公斯徵事》

上古本：其總督兩廣也，破歸善賊李文積及思恩土酋劉召，召赴火死。時田州土酋岑猛驕恣不法，公謂猛怙惡，非勦之不可。（卷十四，二十一 a，695）

淵本：其總督兩廣也，破歸善賊李文積及思恩土酋劉召，召赴火死。時田州土酋岑猛驕恣不法，公謂猛怙惡，非勦之不可。（卷十四，二十三b）

津本：其總督兩廣也，破歸善賊李文積及思恩土人劉召，召赴火死。時田州土官岑猛驕恣不法，公謂猛怙惡，非勦之不可。（卷十四，1322-826）

【按】上古本「土酋」，淵本同，津本作「土人」、「土官」。「酋」爲對少數民族首領之蔑稱，四庫館臣爲避清廷統治者忌諱而改。

上古本：盛公剛直天挺，豈容有索賂夷酋之事耶？（卷十四，二十一b，696）

淵本：盛公剛直天挺，豈容有索賂夷酋之事耶？（卷十四，二十四a）

津本：盛公剛直天挺，豈容有索賂邊人之事耶？（卷十四，1322-826）

【按】上古本「夷酋」，淵本同，津本作「邊人」。「夷酋」爲對異族首領之蔑稱，四庫館臣爲避清朝統治者忌諱而改。

《書王公可大事》

上古本：公遍巡洮、岷、河、湟，招番中馬十倍。時經畧尚書鄭洛擁七鎮十萬師，挾虜爲重。（卷十四，二十一 b，696）

淵本：公遍巡洮、岷、河、湟，招番中馬十倍。時經畧尚書鄭洛擁七鎮十萬師，挾虜爲重。（卷十四，二十四 b）

津本：公遍巡洮、岷、河、湟，招番中馬十倍。時經畧尚書鄭洛擁七鎮十萬師，挾敵爲重。（卷十四，1322-826）

【按】上古本「虜」，淵本同，津本作「敵」。四庫館臣爲避「虜」之類蔑稱而改。

《書閣學周公事》

上古本：錢虞山有言：「近代進藥之獄有二，以唐事斷之，可也。援春秋則迂矣。」（卷十四，二十二 b，698）

淵本：余聞之友曰：「近代進藥之獄有二，以唐事斷之，可也。援春秋則迂矣。」（卷十四，二十五 b）

津本：予又聞有言：「近代進藥之獄有二，以唐事斷之，可也。援春秋則迂矣。」（卷十四，1322-827）

【按】上古本「錢虞山有」淵本作「余聞之友」，津本作「予又聞有言」。此當爲四庫館臣避錢謙益名而改。

上古本：吁虞山公東林黨魁也。（卷十四，二十三 a，699）

淵本：余之友亦東林黨魁也。（卷十四，二十六 a）

津本：吁爲是言固東林人也。（卷十四，1322-827）

【按】上古本「吁虞山公東林黨魁」，淵本作「余之友亦東林黨魁」，津本作「吁爲是言固東林人」。應爲四庫館臣避錢謙益名而改。

《安丘李公傳》

上古本：治邑三載，政成民和，召入爲■■■■。（卷十五，二 a，711）

淵本：治邑三載，政成民和，召入爲闕□□□。（卷十五，二 b）

津本：治邑三載，政成民和，邑人爲文以記之。（卷十五，1322-830）

【按】上古本「召入爲」，後闕四字，淵本同，津本作「邑人爲文以記之」。顧有孝嘗與朱鶴齡交遊，共輯《樂府箋題》二十四卷。其所輯《明文英華》卷十中收錄朱鶴齡此篇，亦闕四字。安丘李公，即李遷梧，清張貞《亡室李孺人行略》有：「曾祖諱遷梧，由進士歷官西安、大同兩郡守，載《明史》事功傳。」（《杞田集》卷十二）又《陝西省志・政務志》〔註 26〕載其名於「西安知府」下。故所闕四字或爲「西安知府」，此爲一也。

又據前文，李遷梧「舉嘉靖己未進士，授吳江知縣」，即嘉靖三十八年進士。其在吳江知縣任上三年，至嘉靖四十一年。《四鎮三關志》卷八職官考「薊州戶部分司（成化元年設。初歲委郎中一員，嘉靖中始以三年一代。）」下有「李遷梧，山東人」。《薊縣志・官師志・明清裁汰職官銜名》「戶部分司（明代舊制，於運司下設分司以運同或運副判領之，清代尚存。此戶部分司乃直轄於戶部，掌財賦，其官之品秩亦不減於府道）」下亦有其名。《萬曆會計錄》卷十八云：「肆拾參年，郎中李遷梧呈稱加支閏月銀貳萬玖千伍拾兩柒錢，新召家丁標遊兵馬銀□千肆百兩零。本部覆準添發銀參萬陸千肆百伍拾壹兩零。」嘉靖四十三年，李遷梧或正爲戶部郎中，正距其離任吳江縣令二年，此爲二也。

所闕四字當爲「西安知府」、「戶部郎中」之一，相較而言，「戶部郎中」更爲恰當。

《（萬曆）安丘縣志》卷二十二載：「李公名遷梧，字茂實，爲人磊落剛方，不與世俗伍。嘉靖中以進士爲吳江令，有善政，百姓爲立碑頌德。後爲大同守，頗簡于上官，上官劾之。」津本或據此而改，距朱鶴齡原意頗遠。此處不宜輕改，當從闕。

《富順劉公傳》

上古本：凡督宿逋者，必上下吏胥交媾而愚守，與令各飽私腹。（卷十五，三 b，714）

淵本：凡督宿逋者，必上下吏胥交媾而愚守，與令各飽私腹。（卷十五，四 a）

津本：凡督宿運者，必上下吏胥交媾而愚守，與令各飽私腹。（卷十五，1322-831）

【按】上古本「宿逋」，淵本同，津本作「宿運」。「宿逋」，久欠的稅賦或債務。宋畢仲游《西臺集》卷十五《丞相儀國韓公行狀》云：「大霈更新而猶多禁錮，宿逋雖減而尚困追償。」清趙翼《連日筆墨應酬書此一笑》云：「言

〔註 26〕陝西省地方志編纂委員會編，《陝西省志・政務志》第 50 卷，陝西人民出版社，1997 年，第 155 頁。

情篇什貴雋永，豈比宿逋可催討。」（《甌北集》卷十）「宿運」不詞。「逋」、「運」形近，或爲筆誤。

上古本：奢酋發難，爲川東贊畫，被論鐫職，後復原官。（卷十五，六 a，719）

淵本：奢酋發難，爲川東贊畫，被論鐫職，後復原官。（卷十五，六 b）

津本：順義發難，爲川東贊畫，被論鐫職，後復原官。（卷十五，1322-832）

【按】上古本「奢酋」，淵本同，津本作「順義」。「奢酋」是對少數民族之貶稱，四庫館臣爲避清廷異族統治者忌諱而改。

《同安葉公傳》

上古本：姦民聚眾攻剽，脅富室傾囷給之，名曰打米，攝篆者不能禁。（卷十五，六 b，720）

淵本：姦民聚眾攻剽，脅富室傾囷給之，名曰打米，攝篆者不能禁。（卷十五，七 a）

津本：姦民聚眾攻剽，脅富室傾囷給之，民曰打米，攝篆者不能禁。（卷十五，1322-833）

【按】上古本「名」，淵本同，津本作「民」。「名」，命名。「名」、「民」音近，恐爲筆誤。

《杜靜臺先生傳》

上古本：論曰：先朝自嘉靖季年，講學之家多有陽宗伊洛，陰襲竺乾者。（卷十五，十一，729）

淵本：論曰：先朝自嘉靖季年，講學之家多有陽宗伊洛，陰襲竺乾者。（卷十五，十二 b）

津本：論曰：明朝自嘉靖季年，講學之家多有陽宗伊洛，陰襲竺乾者。（卷十五，1322-835）

【按】上古本「先朝」，淵本同，津本作「明朝」。「先朝」一詞帶有一定的情感色彩，四庫館臣改作「明朝」，使之變爲一種純客觀的敘述。

《瑞安令周公傳》

上古本：值倭夷蹂躪，轉略近地，士民爭竄伏墟莽。（卷十五，十一 b，730）

淵本：值倭夷蹂躪，轉略近地，士民爭竄伏墟莽。（卷十五，十三 a）

津本：值倭寇蹂躪，轉略近地，士民爭竄伏墟莽。（卷十五，1322-836）

【按】上古本「夷」，淵本同，津本作「寇」。「夷」爲對外族的蔑稱，故四庫館臣將其改作「寇」。

《贈尚寶少卿袁公傳》

上古本：據錢牧齋《東征二士錄》。（卷十五，十五b，738）

淵本：據《東征二士錄》。（卷十五，十七a）

津本：據《東征二士錄》。（卷十五，1322-838）

【按】上古本「錢牧齋」，四庫本刪。此應爲四庫館臣避錢謙益名而改。

上古本：公博學尚奇，凡河圖、洛書、象緯、律呂、水利、河渠、韜黔、賦役、屯田、馬政，以及太乙、奇門、六壬、岐黃、勾股、堪輿、星命之學，莫不洞悉原委。（卷十五，十五b，738）

淵本：公博學尚奇，凡河圖、洛書、象緯、律呂、水利、河渠、韜鈐、賦役、屯田、馬政，以及太乙、奇門、六壬、岐黃、勾股、堪輿、星命之學，莫不洞悉原委。（卷十五，十七b）

津本：公博學尚奇，凡河圖、洛書、象緯、律呂、水利、河渠、韜鈐、賦役、屯田、馬政，以及太乙、奇門、六壬、岐黃、勾股、堪輿、星命之學，莫不洞悉原委。（卷十五，1322-838）

【按】上古本「韜黔」，四庫本作「韜鈐」。「韜鈐」，是古代兵書《六韜》、《玉鈐篇》的並稱。後泛指兵書，借指用兵謀略。宋孫光憲《北夢瑣言》卷五《符載侯翮歸隱》（趙蕤附）有：「趙蕤者，梓州鹽亭縣人也，博學韜鈐，長於經世。」清王韜《弢園文錄外編》卷十二《擬上當事書》有：「且湘軍、淮軍夙稱勁旅，統兵大員皆身經百戰之名將，久嫻行陣，深諳韜鈐。」「韜黔」，與「韜鈐」通。清宋徵輿《林屋文稿》卷十四「問」曰：「問孫子曰戰勢不過奇正，奇正者陣伍之本也。」又曰：「也諸士嫻韜黔久矣，其著之於篇。」即作「韜鈐」。四庫館臣或因其使用較少而改。

上古本：倭酋清正者，故薩磨君之弟。（卷十五，十六a，739）

淵本：倭酋清正者，故薩磨君之弟。（卷十五，十八a）

津本：倭人清正者，故薩磨君之弟。（卷十五，1322-838）

【按】上古本「倭酋」，淵本同，津本作「倭人」。「酋」爲對外族的蔑稱。四庫館臣爲避清朝統治者忌諱，改作「倭人」。

上古本：公乃遣入清正營，說使釋所虜王子、陪臣，退兵，決封貢。（卷十五，十六 a，739）

淵本：公乃遣入清正營，說使釋所虜王子、陪臣，退兵，決封貢。（卷十五，十八 a）

津本：公乃遣入清正營，說使釋所囚王子、陪臣，退兵，決封貢。（卷十五，1322-838）

【按】上古本「虜」，淵本同，津本作「囚」。「虜」，意含貶義，故改作「囚」。

上古本：天之午常偏于丙二分有半，今日圭所測是也。地之午常偏于午二分有半，冬至候黃鍾之管，宜埋壬子之中，位一而已，豈可多截管乎？（卷十五，十七 a，741）

淵本：天之午常偏于丙二分有半，今日圭所測是也。地之午常偏于午二分有半，冬至候黃鍾之管，宜埋壬子之中，位一而已，豈可多截管乎？（卷十五，十九 b）

津本：天之午常偏于內二分有半，今日圭所測是也。地之午常偏於外二分有半，冬至候黃鍾之管，宜埋壬子之中，位一而已，豈可多截管乎？（卷十五，1322-839）

【按】上古本「丙」、「午」，淵本同，津本作「內」、「外」。清江永《河洛精蘊》卷八《羅針三盤說》有：「羅針指午曰正針，與正針差半位，指其丙午之間者曰縫針。」又其《律呂新論》卷下《錄袁黃候氣法》載：「故天之午常偏于丙上二分五釐，今日圭所測是也。地之午常偏午上二分五釐，冬至候黃鍾之管，宜埋壬子之中，一室只有一位，豈可多截管乎？」故當爲「丙」、「午」。「丙」、「內」形近，或爲謄錄者筆誤。「外」字則恐承前所誤，想當然耳。

上古本：公甞受曆于長洲陳壤，其法本回回曆，以監法會通之，更定律元，糾正五緯，最爲詳密，號《曆法新書》。（卷十五，十七 b，742）

淵本：公甞受歷于長洲陳壤，其法本回回歷，以監法會通之，更定律元，糾正五緯，最爲詳密，號《歷法新書》。（卷十五，十九 b）

津本：公常受歷于長洲陳壤，其法本回回歷，以監法會通之，更定律元，糾正五緯，最爲詳密，號《歷法新書》。（卷十五，1322-839）

【按】上古本「甞」，淵本同，津本作「常」。「甞」，同「嘗」，意爲曾經。「常」則指常常，時常。句意應爲曾經，「常」字恐爲筆誤。

《太僕卿吳公傳》

上古本：公立朝建議，挺挺不撓，時目爲吳鐵漢。（卷十五，十八 a，743）

淵本：公立朝建議，挺挺不撓，時目爲吳鐵漢。（卷十五，二十 a）

津本：公立朝建議，挺特不撓，時目爲吳鐵漢。（卷十五，1322-839）

【按】上古本「挺挺」，淵本同，津本作「挺特」。「挺挺」，正直貌。《左傳・襄公五年》有：「《詩》曰：『周道挺挺，我心扃扃。』」杜預注：「挺挺，正直也。」清俞正燮《韓文靖公事輯》云：「熙載元宗舊僚，驟見任用。在朝挺挺諒直，不附權要，以是見擠。」（《癸巳類稿》卷十五）「挺特」，意爲超群特出。漢班固《爲第五倫薦謝夷吾表》有：「出自東州，厥土塗泥，而英資挺特，奇偉秀出。」此處讚頌太僕卿吳默爲官剛正不阿，做人不屈不撓，因而「挺挺」較爲合適。津本所改，未知其所依據。

上古本：嘉靖中，大學士呂■阿分宜意，疏請考察京朝官，罷黜大臣之賢者葛守禮等十五人、科道李幼滋等三十八人，而留用吳鵬、許論、趙文華、董■、鄢懋卿、楊順輩，附勢作威，沒謚文安。（卷十五，十八 a，743）

淵本：嘉靖中，大學士呂闕阿分宜意，疏請考察京朝官，罷黜大臣之賢者葛守禮等十五人、科道李幼滋等三十八人，而留用吳鵬、許論、趙文華、董闕、鄢懋卿、楊順輩，附勢作威，沒謚文安。（卷十五，二十 a）

津本：嘉靖中，大學士呂楠阿分宜意，疏請考察京朝官，罷黜大臣之賢者葛守禮等十五人、科道李幼滋等三十八人，而畱用吳鵬、許論、趙文華、董威、鄢懋卿、楊順輩，附勢作威，沒謚文安。（卷十五，1322-839）

【按】上古本「呂■」，淵本作「呂闕」，津本作「呂楠」。虞思徵點校《愚菴小集》卷十五註：「按，嘉靖中呂姓且謚文安者，乃呂本也，字汝立。王世貞《弇州四部稿續稿》卷七十一有傳。」〔註 27〕《四庫全書總目提要》卷一百七十七載：「《期齋集》十四卷。明呂本撰。本字汝立，號南渠，又號期齋，餘姚人。初冒姓李，晚乃歸宗。嘉靖壬辰進士，官至武英殿大學士，謚文安。」此處闕漏稍加查檢便可補上，津本誤作「呂楠」，可見四庫館臣謄錄態度散漫。

又上古本「董■」，淵本作「董闕」，津本作「董威」。《萬曆野獲編》卷七載：「令考察大僚，分三等：其上等爲尚書吳鵬、許論等，侍郎嚴世蕃、趙文

〔註 27〕清朱鶴齡著，虞思徵編，《愚菴小集》，第 327 頁。

華、董份等；而二等則侍郎鄢懋卿、楊順等，俱注上考；尚書葛守禮等爲最下，俱罷去。」據此可知，此處當爲「董份」，而非「董威」。津本所補兩字皆誤，不知其所依據。

上古本：《莊母沈孺人傳》兩篇，目錄中無（卷十五，二十二 b，752）

淵本：僅有後一篇

津本：僅有後一篇（卷十五，1322-842）

【按】上古本兩篇，四庫本僅收一篇。上古本「出版說明」中解釋道：「卷十五《莊母沈孺人傳》則不但無目，且又重出一篇，內容基本相同而文字互異。其後一篇當爲改定稿。爲保存原狀起見，今將兩篇一併影印。」

上古本：及連居舅姑之戚，哀毀備至。（卷十五，二十三 a，753）

淵本：及連居舅姑之慼，哀毀備至。（卷十五，二十六 a）

津本：及連居舅姑之喪，哀毀備至。（卷十五，1322-842）

【按】上古本「戚」，淵本作「慼」，津本作「喪」。「戚」，疾。《釋名疏證》卷三有：「《周禮・考工記》云：『不微至無以爲戚速也。』鄭注云：『齊人有名疾爲戚者。』」此句意爲公婆得了重病。「慼」，同「戚」。下句「甫終喪而太學疾不起，孺人稱未亡人，年止二十二，雷勅方二歲耳」，故此句中舅姑尚未去世，不當用「喪」。津本作「喪」，或爲謄錄者筆誤所致。

上古本：人事夷險，莫不有命焉，主於冥冥，紛紜避趨，徒亂人意。（卷十五，二十四 a，757）

淵本：人事夷險，莫不有命焉，主於冥冥，紛紜避趨，徒亂人意。（卷十五）

津本：人事夷險，莫不有命焉，主於冥冥，紛紛避趨，徒亂人意。（卷十五，1322-842）

【按】上古本「紛紜」，淵本同，津本作「紛紛」。「紛紜」，雜亂貌。《一切經音義》卷第九十四：「紛紜，亂貌也。」「紛紛」，亂貌。《管子・樞言》：「紛紛乎若亂絲，遺遺乎若有從治。」宋王安石《桃源行》：「重華一去寧復得，天下紛紛經幾秦。」（《臨川文集》卷四）「紜」、「紛」字形相近，或爲筆誤。

《附錄傳家質言》

上古本：甲申春，館金陵唐儀曹署，聞■烈皇帝變報，乃泫然長號曰：「此

何時也？尚思以科第顯耶？」（附錄，一 a，759）

淵本：甲申春，館金陵唐儀曹署，聞莊烈皇帝變報，乃泫然長號曰：「此何時也？尚思以科第顯耶？」（附錄，一 a）

津本：甲申春，館金陵唐儀曹署，聞崇禎之變報，乃謂吾家人曰：「流賊猖獗，何暇以科第顯耶？」（附錄，1322-844）

【按】上古本「■烈皇帝變報」，淵本作「莊烈皇帝變報」，津本整句皆作改動。「甲申春」之事，即李自成攻陷北京，崇禎自盡於煤山之事。「莊烈皇帝」爲清廷爲崇禎所上謚號。此處改動，敘述更詳，但不知其所依據。

上古本：虞山公語人以作文之法曰：「敘事外敘事，議論外議論。人知以議論、敘事爲文而不知敘事更有敘事，議論更有議論。」（附錄，三 b，764）

淵本：昔吾友語人以作文之法曰：「敘事外敘事，議論外議論。人知以議論、敘事爲文而不知敘事更有敘事，議論更有議論。」（附錄，四 a）

津本：先輩嘗語人以作文之法曰：「敘事外敘事，議論外議論。人知以議論、敘事爲文而不知敘事更有敘事，議論更有議論。」（附錄，1322-844）

【按】上古本「虞山公」，淵本作「昔吾友」，津本作「先輩嘗」。四庫館臣爲避錢謙益名而改。

上古本：近時海內羣推虞山，虞山之文長於論史，陶練古今，氣昌詞贍。惜其行太通，學太雜，交太濫，應太冗。虞山亦嘗向余屢頌言之，然而知古文之深者，未有如虞山也。（附錄，四 a，765）

淵本：近時海內羣推芝麓，芝麓之文長於論史，陶練古今，氣昌詞贍。惜其行太通，學太雜，交太濫，應太冗。芝麓亦嘗向余屢頌言之，然而知古文之深者，未有如芝麓也。（附錄，四 b）

津本：余謂凡爲古文詞必長於論史，陶鍊古今，氣昌詞贍。然行不可太偏，學不可太雜，交不可太濫，應不可太冗。昔曾南豐言必蓄道德而能文章，此知古文之深者也。（附錄，1322-845）

【按】上古本作「虞山」，淵本作「芝麓」。四庫館臣爲避錢謙益名而改。「芝麓」，即龔鼎孳，號芝麓，與吳偉業、錢謙益並稱爲「江左三大家」。淵本用龔鼎孳來替代錢謙益。

又，津本此處改動頗多。「曾南豐」，即北宋政治家、散文家曾鞏。其提出只有「蓄道德而能文章」者，才能寫出「公與是」的墓誌銘。四庫館臣刪改此處，引用曾鞏文論，與原文意思相差頗多。不知津本有版本依據還是自己隨意改動。

上古本：以朱子掊擊《小序》太過，乃集諸家説疏通序義，爲《毛詩古義》■■卷。（附錄，五 a，767）

淵本：以朱子掊擊《小序》太過，乃集諸家説疏通序義，爲《毛詩古義》闕□卷。（附錄，五 b）

津本：以朱子掊擊《小序》太過，乃集諸家説疏通序義，爲《毛詩古義》若干卷。（附錄，1322-845）

【按】上古本闕二字，淵本同，津本作「若干」。據《（乾隆）江南通志·藝文志》:「《毛詩古義》二十卷吳江朱鶴齡」，故此處所缺二字當是「二十」。不知津本爲何補作「若干」二字。

上古本：當變革時，惟手錄杜詩過日。每興感靈武回轅之舉，故爲之箋解，遂至終帙。（附錄，六 a，769）

淵本：當變革時，惟手錄杜詩過日。每興感靈武回轅之舉，故爲之箋解，遂至終帙。（附錄，六 b）

津本：當索居時，惟手錄杜詩過日。每念其讀破萬卷之功，故爲之箋解，遂至終帙。（附錄，1322-845）

【按】上古本「變革」，淵本同，津本作「索居」。「變革」指明清交替之變革，交代時代背景。「靈武回轅」指唐肅宗打敗安史叛軍，班師回朝。杜甫希望唐肅宗早日平定安史之亂，收復失土。而明末清初，南明政權仍在奮力掙扎，朱鶴齡等遺民當然也希望他們像唐肅宗一樣收復山河。此處顯然犯了清王朝的忌諱，因此四庫館臣將其改動。

上古本：又見一越友選時賢詩，啞薄艷體，另爲一編，故借《西崑》以曉正之。（附錄，六 a，769）

淵本：又見一越友選時賢詩，啞薄艷體，另爲一編，故借《西崑》以曉正之。（附錄，六 b）

津本：又見一越友選時人詩，所取艷體，過於佻達，故借《西崑》以曉正之。（附錄，1322-845）

【按】上古本、淵本同，津本改動頗多。黃裳《關於柳如是》〔註 28〕中認爲此句意指魏耕等人所編《吳越詩選》選入錢謙益爲柳如是所作艷詩，另

〔註 28〕黃裳著，《黃裳散文》，浙江文藝出版社，1998 年，第 232 頁。

列一卷曰「艷體詩」。朱鶴齡此句解釋其作《西崑發微序》之目的。津本改易，不知是否另有版本依據，抑或是自己隨意的改動。但對錢氏的指責之意更爲強烈，恐爲迎合乾隆對錢謙益厭棄之心。

參考文獻

專著類

1. （清）朱鶴齡：《愚菴小集》，文淵閣《四庫全書》本，臺灣商務印書館，1986 年。
2. （清）朱鶴齡：《愚菴小集》，文津閣《四庫全書》本，商務印書館，2006 年。
3. （清）朱鶴齡：《愚菴小集》，上海古籍出版社，1979 年。
4. （清）朱鶴齡：《愚菴小集》，燕京大學圖書館，1940 年。
5. （清）朱鶴齡著，虞思徵編：《愚菴小集》，華東師範大學出版社，2010 年。
6. 不著撰人：《三輔黄圖》，《四庫全書》本，臺灣商務印書館，1986 年。
7. （宋）李昴英：《文溪集》，《四庫全書》本，臺灣商務印書館，1986 年。
8. （元）托克托等奉敕撰，（清）周長發等撰：《遼史》，《四庫全書》本，臺灣商務印書館，1986 年。
9. （明）歸有光撰，（清）歸莊編：《震川別集》，《四庫全書》本，臺灣商務印書館，1986 年。
10. （清）乾隆四十七年奉敕撰：《欽定遼金元三史國語解》，《四庫全書》本，臺灣商務印書館，1986 年。
11. （清）朱鶴齡：《尚書埤傳》，《四庫全書》本，臺灣商務印書館，1986 年。
12. （清）永瑢等：《四庫全書總目》，中華書局，1965 年。
13. （梁）沈約：《宋書》，中華書局，2012 年。
14. （唐）姚思廉：《梁書》，中華書局，2012 年。
15. （清）葉夢珠撰，來新夏點校：《閱世編》，中華書局，2007 年。

16. （清）趙翼著，王樹民校證：《廿二史札記校證》，中華書局，2013 年。
17. 楊伯峻注：《春秋左傳注》，中華書局，1981 年。
18. 趙爾巽等：《清史稿》，中華書局，2012 年。
19. 王利器：《顏氏家訓集解》，中華書局，2013 年。
20. （梁）蕭統編，唐李善注：《文選》，上海古籍出版社，1986 年。
21. （唐）劉禹錫：《劉夢得文集》，《宋蜀刻本唐人集叢刊》本，上海古籍出版社，1994 年。
22. （清）潘檉章：《松陵文獻》，《續修四庫全書》本，上海古籍出版社，2013 年。
23. （清）汪繼培輯校：《尸子》，《續修四庫全書》本，上海古籍出版社，2002 年。
24. （清）孫枝蔚：《溉堂集》，《續修四庫全書》本，上海古籍出版社，2002 年。
25. （清）宋徵與：《林屋文稿》，《清代詩文集彙編》，上海古籍出版社，2010 年。
26. 中國第一歷史檔案館編：《纂修四庫全書檔案》，上海古籍出版社，1997 年。
27. 陝西省地方志編纂委員會編：《陝西省志・政務志》，陝西人民出版社，1997 年。
28. （清）葛萬里編：《牧齋先生年譜》，一笏齋綠絲欄抄本，《北京圖書館藏珍本年譜叢刊》，北京圖書館出版社，1999 年。
29. （清）彭城退士編：《錢牧翁先生年譜》，清宣統三年鉛印本，《北京圖書館藏珍本年譜叢刊》，北京圖書館出版社，1999 年。
30. 金鶴翀編：《錢牧齋先生年譜》，民國二十一年鉛印本，《北京圖書館藏珍本年譜叢刊》，北京圖書館出版社，1999 年。
31. 啓功：《啓功全集》，北京師範大學出版社，2010 年。
32. 徐葆瑩修，仇錫廷纂：《(民國) 薊縣志》，民國三十三年鉛印本，《地方志人物傳記資料叢刊華北卷第五冊》，北京圖書館出版社，2002 年。
33. 黄裳：《黄裳散文》，浙江文藝出版社，1998 年。
34. 李靈年、楊忠主編：《清人別集總目》，安徽教育出版社，2008 年。

碩博論文

1. 欒翔：《朱鶴齡〈愚菴小集〉研究》，安徽大學，2011 年碩士論文。
2. 高洪韜：《朱鶴齡〈愚菴小集〉存詩校注》，廣西大學，2011 年碩士論文。
3. 王建濤：《朱鶴齡詩歌研究》，廣西師範大學，2012 年碩士論文。

4. 楊麗霞：《四庫本〈曝書亭集〉校議》，南京師範大學，2012 年碩士論文。
5. 陳恒舒：《四庫全書清人別集纂修研究》，北京大學，2013 年博士論文。

期刊論文

1. 劉遠遊：《〈四庫全書〉卷首提要的原文和撤換》，《復旦學報》（社會科學版），1991 年第 2 期。
2. 楊麗霞：《〈曝書亭集〉康熙本、四庫本異文掇拾》，《文教資料》，2008 年第 28 期。
3. 楊麗霞：《從〈曝書亭集〉看四庫館臣對「違禁」人物的處理》，《圖書館研究與工作》，2009 年第 3 期。
4. 周金標：《〈四庫提要・愚菴小集〉辨誤》，《中國典籍與文化》，2009 年第 4 期。
5. 周金標：《朱鶴齡〈愚菴小集〉考述》，《淮陰師範學院學報》（哲學社會科學版），2009 年第 4 期。
6. 周金標：《從〈愚菴小集〉看〈四庫全書〉對清初別集的著錄標準》，《圖書館工作與研究》，2009 年第 10 期。
7. 盧川，孫之梅：《錢謙益入清後詩「詩其人」辯》，《齊魯學刊》，2010 年第 3 期。

傅斯年圖書館藏《四庫館進呈書籍底簿》研究

姜雨婷

作者簡介：

姜雨婷，1987 年生，江蘇吳江人。2012 年畢業於南京師範大學中國古典文獻學專業，並獲文學碩士學位。曾在《圖書館雜誌》發表《傅斯年圖書館藏〈四庫館進呈書籍底簿〉考略》一文。現任職蘇州圖書館古籍部。參與編寫《江蘇地方文獻書目》、修訂《江蘇藝文志》等。

內容提要：

傅斯年圖書館藏《四庫館進呈書籍底簿》（簡稱《進呈底簿》）是我們研究四庫呈送書目的重要文獻。由於原書藏在臺灣，所以在四庫學研究中很少有人用到這個本子，以致很多學者都不知道此本的存在。《進呈底簿》與《各省進呈書目》記載內容存在差異，此書基本保留各省呈送書目比較眞實的面貌，雖然存在一些缺陷，但可以糾正《各省進呈書目》中的一些錯誤，補充其中的不足。這對研究四庫呈送書目具有很高的價値。《進呈底簿》是目前所知存世最早的四庫呈送書目，此文對此進行初步研究，以期四庫學者能夠注意到此書的價値。

目　次

一、傅斯年圖書館藏《四庫館進呈書籍底簿》概況

（一）《四庫館進呈書籍底簿》的基本情況

《四庫館進呈書籍底簿》爲乾隆抄本，十冊，藏於臺灣中央研究院歷史語言研究所傅斯年圖書館。該書僅有一部，爲海內孤本。原書因爲藏在臺灣，所以在四庫學研究中很少有人用到這個本子，以致很多學者都不知道此本的存在。據傅斯年圖書館介紹，原抄本封面既無冊次，內頁亦無頁碼。民國年間，張政烺先生到北平東方文化事業委員會接收，挑出當時南京沒有的藏書給中央研究院歷史語言研究所使用，《四庫館進呈書籍底簿》即在其中。該書十冊之順序，係根據當時入庫之登錄號而定。但登錄號是東方文化事業委員會藏書時就已編定，或爲挑書的張政烺先生所加上的，已很難考究。茲將傅斯年圖書館原冊次列舉如下：

第一冊兩淮商人馬裕、兩淮鹽政李質穎呈送書目；

第二冊總裁、編修、翰林、內閣、吏部等官員交出書目；

第三冊浙江第四次書目中汪啓淑、汪汝瑮、孫仰曾家呈送書目，第五次范懋柱呈送書目；

第四冊江蘇呈送書目；

第五冊浙江省第五次書目中曝書亭書目、鄭大節呈送書目，第四次吳玉墀、鮑士恭家呈送書目；

第六冊武英殿第一、二次書目；

第七冊奉天、直隸、廣東、安徽、河南、山西、福建等省呈送書目；

第八冊兩江第一次、第二次、第三次呈送書目；

第九冊浙江省一、二、三（曝書亭書十四種、小山堂書六種）、六、七、八、十一、十二次呈送書目；

第十冊陝西、湖南、江西、山東、湖北等省呈送書目。

此順序與《涵芬樓秘笈》本《各省進呈書目》〔註1〕差別很大。根據以上順序可以看出，這十冊是根據呈送者性質不同安排的。前五冊中除去第四冊均是私人性質的呈送書目，例如浙江的汪啓淑、汪汝瑮、孫仰曾、鄭大節、吳玉墀、鮑士恭等，又如總裁、編修、翰林等。而後五冊則是官家性質的呈送書目，包括機構和各省採進本，如武英殿、兩江、浙江、直隸、奉天等。

〔註1〕以下簡稱《進呈書目》。

但這種順序也是存在問題的，比如第四冊是江蘇呈送書目，卻被放在浙江第四、第五兩次私人呈送書目中間，這是不合適的。

《進呈底簿》有以下幾個特點：

1. 此書抄本，每頁八行，每行只寫一種書。雖同爲抄本，每冊的字體卻有所不同，有的甚至差異甚大，如第四冊江蘇的字體很寬，但第七冊字體比較瘦；同是浙江呈送書目，第五冊的字秀麗工整，而第九冊就變得潦草雜亂。據此，可知這十冊應分別由不同抄手抄寫而成。或者說，每省甚至每次呈送書目都一直是單獨傳抄，至四庫館後才被彙集到一起。

2. 關於避諱。對於「宏」字，第一冊、第五冊、第十冊「宏」字闕筆，如《宏秀集》《宏山集》。第四冊、第八冊「宏」字不闕筆，如《宏藝錄》《郭宏農集》。値得注意的是，第八冊避「玄」字諱，如《徐鉉文集》宋徐鉉著，「鉉」字缺筆；又如《唐元宗孝經注解》、房元齡、鄭元等「元」字均爲避「玄」字諱而改。第五冊既避「宏」字，又避「玄」字，如《大唐西域記》十二卷，唐釋元裝譯，「玄奘」之「玄」字因避諱而改成「元」字。在避諱方面似乎沒有統一的標準。

3. 《進呈底簿》各冊著錄的內容與《進呈書目》有不同。如《進呈底簿》將奉天、直隸省、廣東省、安徽省、河南省、山西省、福建省呈送書目著錄爲一冊。而《進呈書目》所據涵秋閣抄本則分別在第一冊、第四冊。又如《進呈底簿》將浙江省一、二、三（曝書亭書十四種、小山堂書六種）、六、七、八、十一、十二次呈送書目著錄爲一冊，將浙江第四次書目中的汪啓淑、汪汝瑮、孫仰曾、范懋柱家呈送書目著錄爲一冊，又將浙江第五次書目中的曝書亭書目、鄭大節、吳玉墀、鮑士恭家呈送書目著錄爲一冊。而《進呈書目》所據涵秋閣抄本則將此著錄爲一冊，並且將汪啓淑等及鄭大節等家的呈送書目，分別按照順序排在浙江第三次與第六次書目中。將《進呈底簿》與《進呈書目》所據涵秋閣抄本的順序比較一下，可以看到涵秋閣抄本更爲整齊，顯然已經作過了調整。所以說《進呈底簿》是比涵秋閣抄本更早的一部四庫呈送書目，也是目前所知存世最早的四庫呈送書目。

4. 《進呈底簿》各冊著錄圖書的順序與《進呈書目》有不同。這主要有兩種情況。一種不同主要體現在第一冊、第九冊中。如第一冊兩淮商人馬裕家呈送書目中，呈送圖書順序依次爲：《名臣言行錄》十卷後外續集共三十九卷、《唐詩紀事》八十一卷、《古文關鍵》二卷、《詩律武庫》十五卷《後集》

十五卷、《崇古文訣》三十五卷。而《進呈書目》的順序則爲：《唐詩紀事》八十一卷、《古文關鍵》二卷、《崇古文訣》三十五卷、《名臣言行錄》十卷後外續集共三十九卷、《詩律武庫》十五卷《後集》十五卷。這種情況在第一冊和第九冊中屢見不鮮。另一種不同主要在第四冊與第五冊。第四冊是江蘇呈送書目，第五冊是浙江第五次呈送書目，兩冊的書目均與《進呈書目》所載各書順序顛倒，《進呈底簿》的第一頁相當於《進呈書目》此次書目的最後一頁，以此類推。

5.《進呈底簿》基本保留各省呈送書目比較眞實的面貌。《進呈底簿》不像《進呈書目》《四庫全書總目》那樣，由於統一全書體例，使得原來的面貌已經有了改變。這種保留能夠展示一種進呈書目比較原始的狀態，也看到各省呈送書目的不同，以此可看出各省對待徵書的態度的差異。其中第一冊兩淮商人馬裕和兩淮鹽政李質穎呈送書目，均先書朝代，後寫書名、卷數，後爲作者，最後是本數。這與後面幾冊書都不同，也與《進呈書目》所載不同，在《進呈書目》中，都是按照書名作者的順序記錄的。然而，第一冊先朝代後書名的方式明確的顯示呈送的書目是按照朝代的順序排列的，在改變了順序的《進呈書目》中這一點就變得很不明顯了。

浙江呈送書目中，《進呈底簿》完整保留本部書的冊數，而在《進呈書目》中，只要冊數與本數相同的，則冊數均被刪去。如浙江第四次吳玉墀呈送書目「《瘞鶴銘考》一冊，國朝汪士鋐著，一本」。在《進呈書目》中「一冊」二字被刪去。若冊數與本數不同者，則存之，如《進呈書目》浙江第七次書目「《四書湖南講》十冊，明葛寅亮著，十六本」。各省中僅浙江呈送書目有冊數，從《進呈底簿》所保留的可以看出。

6.《涵芬樓秘笈》本《各省進呈書目》所據涵秋閣抄本無武英殿第一、二次書目。吳慰祖整理本《四庫採進書目》〔註2〕則根據原北京圖書館藏抄本迻錄，以作補遺。今從《進呈底簿》中可以看到，當年武英殿第一、二次書目就是與各省呈送書目編排在一起的，是整個呈送書目的一部分。

7.《進呈底簿》非全本。根據此本與《進呈書目》的比較，雲南、浙江第九、十次呈送書目、第十二次的六十二種以及浙江的一次續購書目未見記載。然而，第一冊馬裕家第四次呈送書目一百三十四種〔註3〕，不見《進呈書

〔註2〕以下簡稱《採進書目》。

〔註3〕實際一百三十三種。

目》著錄。又兩淮鹽政李質穎呈送書目計共二百四十種，實際《進呈書目》僅記載二百三十六種，缺四種，而《進呈底簿》全。在浙江省第四次汪啓淑家呈送書目中，《進呈書目》從《靜安八詠》條開始刪去後面的大部分注釋文字，如「《靜安八詠》元釋壽寧輯，一本」，而《進呈底簿》在「元釋壽寧輯」下還有「見前《天發神讖碑文》」八字。又如《歲寒集》二卷，下有小字「明孫瑀著《峨眉志略》《古今諷謠》」，《進呈書目》將「《峨眉志略》《古今諷謠》」均刪去，在校勘中可以發現很多這種類型的條目。雖然《進呈書目》並未將這些全部刪去，但已經是很不完整的，在這方面《進呈底簿》就顯得更加完整。

（二）《四庫館進呈書籍底簿》對研究四庫進呈圖書的價值

1.《進呈底簿》可以糾正《進呈書目》中的錯誤

（1）書名錯誤

例 1 浙江第三次呈送書目：《白樓樓文稿》十一卷、《續稿》十五卷、《吟稿》八卷，明茅坤著，二十本。

案：白樓樓文稿，《進呈底簿》作「白華樓文稿」。查《四庫全書總目》卷一百七十七，有《白華樓藏稿》十一卷、《續稿》十五卷、《吟稿》八卷、《玉芝山房稿》二十二卷、《耄年錄》七卷。《千頃堂書目》卷二十三亦載有茅坤《白華樓藏稿》十一卷。則此書名應作《白華樓藏稿》。

例 2 浙江第五次鄭大節呈送書目：《願齋易說》《易箋》共二卷，明吳鍾巒著，二本。

案：願齋易說，《進呈底簿》作「十願齋易說」。查《四庫全書總目》卷八載《十願齋易說》一卷、《霞舟易箋》一卷。提要云：「此本前有小引題曰『霞舟易箋』，又題曰『十願齋全集』，以《易說》爲卷一，《易箋》爲卷二，蓋編入文集之中，如李石《方舟集》例，今僅存此兩卷耳。」據此，則《進呈書目》書名誤漏「十」字。

（2）卷數錯誤

例 1 浙江第四次鮑士恭呈送書目：《閒居叢稿》十六卷，元蒲道源著，五本。

案：《進呈底簿》作「《順齋閒居叢稿》二十六卷，四本」。據查《四庫全書總目》卷一百六十七載《閒居叢稿》二十六卷，有提要云：「凡詩賦八卷，雜文樂府十八卷」，則應作「二十六」卷。《進呈書目》卷數有誤。「順齋」爲蒲道源之名號，《文淵閣書目》卷二與《千頃堂書目》卷二十九均作「蒲道源《順齋閒居叢稿》二十六卷」。

例 2 兩淮鹽政李質穎呈送書目：《毘陵人品記》一卷，二本。

案：一卷，《進呈底簿》作「十卷」。查《四庫全書總目》卷六十二載《毘陵人品記》十卷，明吳亮撰。提要云：「十卷之中歷代居六，而明乃居其四。」據此，《進呈書目》作「一卷」爲誤。

（3）作者錯誤

例 1 浙江第四次鮑士恭呈送書目：《寶晉英光集》八卷，宋朱芾著。

案：宋朱芾，《進呈底簿》作「宋米芾」。查《四庫全書總目》卷一百五十四載《寶晉英光集》八卷，宋米芾撰。提要云：「考寶晉乃芾齋名，英光乃芾堂名，合二名以名一書。」米芾乃宋代著名書畫家，故《進呈書目》作「朱芾」爲誤。此因「米」、「朱」二字形近而訛。

例 2 浙江第三次呈送書目：《山海經廣註》十八卷，國朝方桼如著，六本。

案：方桼如，《進呈底簿》作「吳任臣」。查《四庫全書總目》卷一百四十二載《山海經廣註》十八卷，國朝吳任臣撰。《經義考》卷二百七十六亦載吳任臣著有《山海經廣註》。故《進呈書目》誤。

（4）獻書者問題

《進呈書目》著錄獻書者有缺或有誤，可據《進呈底簿》予以糾正。

《進呈書目》著錄浙江第三次呈送書目中有十四種圖書未具體注明藏書來源。這十四種圖書是：《周易經傳集解》《五代史補》《南唐書》《四六談麈》《雲麓漫抄》《對床夜語》《竹齋詩集》《養蒙先生文集》《師山文集》《黃樓集》《浯溪集》《駢雅》《兩晉南北集珍》《倦圃蒔植記》。而在《進呈底簿》中，清楚注明「曝書亭書十四種」，即這十四種圖書均來自曝書亭。《進呈底簿》的著錄是否有根據呢？我們可取《四庫全書總目》及《浙江採集遺書總錄》予以驗證。這幾種圖書中，《周易經傳集解》《五代史補》《浯溪集》，《四庫全書總目》均著錄作「浙江朱彝尊家曝書亭藏本」。在《浙江採集遺書總錄》中，《五代史補》作「曝書亭寫本」，可見這些圖書確實與曝書亭有關。

再如同爲浙江第三次呈送書目中，《進呈書目》著錄有「卜山堂書六種」。這六種分別爲：《昭德新編》《蘆浦筆記》《文昌雜錄》《紫薇雜記》《文苑英華辨證》《西溪百詠》。據查，浙江無「卜山堂」藏書樓。《進呈底簿》作「小山堂六種」，是也。此亦可取《浙江採集遺書總錄》參照。《浙江採集遺書總錄》己集「儒家類」著錄《蘆浦筆記》十卷，題小山堂寫本，庚集「道家類」著錄《昭德新編》三卷，題小山堂藏寫本。可證。小山堂爲杭州趙昱藏書處。小山堂藏書在當時極受關注。當乾隆年間，清高宗初向各地主政長官下徵書詔，在杭州的浙江巡撫三寶就想到了小山堂等家的藏書。乾隆三十八年閏三月二十六日所上奏摺云：「臣伏查項氏天籟閣、朱氏曝書亭、趙氏小山堂、范氏天一閣，本係浙江藏書著名之家……必須尋原竟委，設法蹤求。」對小山堂藏書，三寶云：「至小山堂近在省城，當委杭州府知府彭永年督同縣學各官，親向趙氏子孫細問原委，……容俟加緊尋覓。」〔註4〕小山堂藏書多見於《浙江採集遺書總錄》，就是地方長官重視收集的結果。三寶所上奏摺又云：「訪知省城內尚有鮑士恭、吳玉墀、汪啓淑、孫仰曾、汪汝瑮五家，素號藏書，即小山堂書籍，亦間有收買。」可以互相參證。

（5）其他錯誤

比如上下兩種書誤作一種，《進呈書目》著錄「《筆史》二卷，明顧孟容，一本」。《進呈底簿》作「明楊思本《筆史》二卷一本，明顧孟容《冠譜》一卷一本」，查《四庫全書總目》卷一百十六載《冠譜》一卷，明顧孟容撰。卷一百四十四載《筆史》二卷，國朝楊思本撰。故此爲兩本書兩位作者，《進呈書目》誤爲上一條書名配上了下一條的作者，合二爲一。

2.《進呈底簿》可以補足《進呈書目》的缺漏

（1）著作的缺漏

《進呈底簿》收錄《至元嘉禾志》《朝鮮國志》《景定新定續志》《明遺事》正德《嘉興府補志》《易象大意存解》《春秋左氏傳事類始末》《春秋提綱》《三吳雜誌》《惠山古今考》《章道峰》《漕河奏議》《海運志》。以上十三種均未見《進呈書目》著錄。

又如《進呈底簿》有馬裕的第四次呈送書目一百三十三種，但未見《進呈書目》記載，由於《進呈書目》無此次記錄，導致以《進呈書目》爲底本的《採進書目》也未載此次呈書。

〔註4〕中國第一歷史檔案館編，《纂修四庫全書檔案》，上海古籍出版社，1997年，第88～90頁。

（2）書名、作者、卷數、本數的缺漏

書名例：福建省呈送第六次書目，《進呈書目》在《醒後集》前一條爲「□□□□」，《進呈底簿》作《俟知堂文集》，則此處可據《進呈底簿》補。

作者例：浙江省第三次書目《進呈書目》著録「《林和靖詩集》四卷、《省心録》一卷，二本」，未載作者，但在《進呈底簿》中有「宋林逋著」，據此可補足作者。

卷數例：山西省呈送書目中《徐節孝集》，《進呈書目》不載卷數，可據《進呈底簿》作「三十二卷」。

本數例：《進呈書目》中福建省呈送第三次書目的《榕村全集》《離騷經參同契陰符經注釋》《周禮纂訓》均未記載本數，在《進呈底簿》中分別爲三十八本、一本、六本，據此可補《進呈書目》之不足。

3.《進呈底簿》與《進呈書目》在各省呈送書目的數量上有差異

關於呈送書目的數量問題，將會在第二部分中專門分析。

（三）《四庫館進呈書籍底簿》存在的問題

《進呈底簿》也存在一些問題。這些問題主要體現在以下幾個方面：

1.《進呈底簿》非全本

我們今天能看到的《進呈底簿》已不完整。與《進呈書目》相比照，可知已經缺少浙江省第九次、第十次呈送書目、第十二次的部分書目，以及浙江的續購書目，也缺少雲南呈送的圖書四種。第二冊國子監學正汪交出書目計共二百七十種中，《進呈底簿》有一頁紙缺失，導致《長安志圖》前的十五種均不見。

2. 順序錯亂

可以看出，《進呈底簿》的順序與《進呈書目》大不相同，《進呈書目》的順序是經過整理的，而《進呈底簿》則全書次序混亂，偶有缺頁和錯頁，如第四冊江蘇部分次序完全顛倒；第七冊第二頁安徽，實際上是後面安徽省呈送書目計共五百二十三種中的一頁，第三頁福建也是如此；第九冊浙江省第一次呈送書目中第三頁則是屬於浙江省第十二次呈送書目的內容。但不知道是原來就是次序錯亂的，還是因爲在後人整理過程中人爲造成的錯亂。

3. 異體字較多

由於是抄本，故存在很多異體字，異體字的大量使用不僅給識別方面帶來了困難，還產生了許多錯誤。如「函」字，《進呈底簿》寫作「凾」。《進呈書目》浙江第四次吳玉墀呈送書目中有《周易亟書約注》十八卷、《亟書別集》十九卷，國朝胡煦著。據查《四庫全書總目》卷六作《周易函書約注》《函書別集》，故應依《進呈底簿》為準。「凾」與「函」為同一個字，但由於「凾」與「亟」字形相近，故在《進呈書目》中誤將「凾」字寫作「亟」字。

4. 缺字

兩淮鹽政李質穎呈送書目：《鐵圍山叢談》六卷，宋蔡絛，二本。《進呈底簿》作《鐵□山叢談》，《四庫全書總目》卷一百四十一載此書，作「鐵圍山叢談」。又《珊瑚木難》八卷，明朱存理，八本。《進呈底簿》作「朱□理」，《四庫全書總目》卷一百十三載此書，作「朱存理」。朱存理，字性甫，長洲人。

5. 體例不一致

雖然《進呈書目》全書也存在體例不一致的問題，但沒有《進呈底簿》嚴重。《進呈底簿》幾乎每個省的呈送書目書寫體例都存在差別。如第一冊兩淮商人馬裕和兩淮鹽政李質穎呈送書目，朝代作者在前，書名在後。而後面的九冊均是書名在前，作者在後。

二、各省呈送圖書數量考訂

《進呈底簿》與《進呈書目》均記載各省呈送書目，且每省每次呈送書目清單前都有數量總數，如「浙江省第四次汪啓淑家呈送書目計共五百二十四種」之類。雖然兩者記錄的是同一省同一次獻書，但有可能《進呈底簿》與《進呈書目》記載的數量不同；或根據統計可知，記載的數量總數與實際書目數量不符。中國第一歷史檔案館所編的《纂修四庫全書檔案》〔註 5〕輯入了乾隆朝纂修四庫全書時各地主政長官所上的奏摺，這些奏摺記錄各地總督、巡撫、學政等每次收輯圖書的過程，呈送圖書的時間、數量等情況。因此，可以根據《檔案》來研究《進呈底簿》與《進呈書目》記載的數量情況，對兩種書的數量情況作補充和考訂。在黃愛平教授所著《四庫全書纂修研究》一書中，有一份「各省進呈書籍總數統計表」，該表依據《採進書目》及有關四庫檔案寫成，但該書所列只有一個總的數量，沒有具體的細目，而且當時

〔註 5〕以下簡稱《檔案》。

尙不知有《進呈底簿》的存在。本文將依據《進呈底簿》《進呈書目》及《檔案》，逐次研究各省向四庫館呈送圖書的數量問題。

《檔案》是研究各省呈送書目的重要依據。首先，根據比較發現，《檔案》記載數量有時與《進呈底簿》相同，有時又與《進呈書目》相同。如兩江第一次書目《進呈底簿》作「一千零三十二種」，《進呈書目》作「一千零二十九種」，根據《檔案》記載「實共存應解書一千三十二種」，〔註6〕故《檔案》與《進呈底簿》數量相同，也可證《進呈書目》記載爲誤。

其次，《檔案》的記載是比較完整的，《進呈底簿》與《進呈書目》存在缺漏，如江西巡撫海成獻書，《進呈底簿》與《進呈書目》均載六次，實際《檔案》載有十一次，呈送圖書數量更是遠遠高於《進呈底簿》與《進呈書目》的數量。又如《進呈書目》記載的山東省第一次呈送書目實際爲第二次呈送書目，第二次呈送書目實際應爲第三次呈送書目，雖然《進呈底簿》記載的山東省送書不標出次數，僅作「山東省呈送書目」，但也僅載後兩次獻書，根據《檔案》可知，《進呈底簿》與《進呈書目》均缺山東省第一次呈送的21種。

根據比較，《進呈底簿》與《進呈書目》獻書數量存在差異的情況有以下三種：

第一，缺少某種圖書。

這種情況又可以分爲兩種：一是《進呈底簿》著錄，而《進呈書目》未載，如兩淮鹽政李質穎呈送圖書二百四十種中，《進呈書目》缺《大金弔伐錄》《至元嘉禾志》等圖書。二是《進呈書目》著錄，而《進呈底簿》未載，如浙江省第四次汪啓淑家呈送書目中，《進呈底簿》缺《曆學問答》。

第二，缺少某部分圖書。

如浙江省第十二次呈送書目中，《進呈底簿》《進呈書目》《檔案》記載均爲205種。實際統計可知《進呈底簿》不全，缺62種。而《進呈書目》全，爲205種。

第三，缺少整次呈送書目。

這種情況又可以分爲三種：一是《進呈底簿》著錄，而《進呈書目》無，如兩淮商人馬裕的第四次呈送書目一百三十三種，《進呈底簿》完整保留，《進呈書目》未記載。二是《進呈書目》著錄，而《進呈底簿》無，如浙江續購、

〔註6〕《檔案》，第172頁。

浙江第九、十次呈送書目以及雲南呈送書目。三是《檔案》有記載，而《進呈底簿》《進呈書目》均未記載未收錄，如江西巡撫海成呈送書目，《進呈底簿》與《進呈書目》均記載六次，而《檔案》記載有十一次，與前兩者數量也相差甚遠。

由於第二冊總裁、編修、翰林、內閣、吏部等人數眾多，獻書量少，故不在此次探討範圍內。以下根據每省不同獻書情況做各省呈送圖書數量表，以便分析。

（一）江蘇省呈送圖書數量分析

江蘇省是各省中呈送圖書數量最多的一個省。呈送者包括兩淮、兩江以及兩淮商人馬裕，馬裕呈送數量之多超過了浙江的私人藏書者，在私人呈送者中位居榜首，且受到乾隆皇帝的表揚。因爲數量龐大，也導致三種文獻記載存在不少差異，故列出江蘇省呈送圖書數量統計表，以便分析。

江蘇省呈送圖書數量統計表

進呈單位以及順序		《四庫進呈書籍底簿》		《各省進呈書目》		《纂修四庫全書檔案》
		標注數量	實際數量	標注數量	實際數量	數　量
1	兩淮商人馬裕第一次	229	229	229	229	211
	兩淮商人馬裕第二次	62	62	62	62	62
	兩淮商人馬裕第三次	394	394	394	397	370
	兩淮商人馬裕第四次	134	133			133
2	李質穎命江廣達購得					18
	李質穎命總商訪得					24
	兩淮鹽政李質穎	240	240	240	236	240
	兩淮鹽政李質穎	470	470	470	470	470
	兩淮鹽政李質穎	180	180	180	181	180
3	江蘇省第一次	1521	1519	1021	1519	1521
	江蘇省第二次	205	205	205	205	205
4	兩江第一次	1032	1031	1029	1029	1032

	兩江第二次	300	300	300	300	300
	兩江總督高晉第三次	33	33	33	33	33
	共計	4800	4796	4163	4661	4799

說明：上述表格中的「標注數量」是指在原書目上直接標注的每一次進呈圖書的數量，如：「兩淮鹽政李呈送書目計共四百七十種」之類。「實際數量」是筆者據實際著錄的圖書統計的數量。

現將上表中三種文獻記載數量不同的次數，逐一考辨如下：

1. 兩淮商人馬裕家呈送書目

兩淮商人馬裕是私人向朝廷呈送圖書最多的。但對其呈送圖書的次數，文獻記載並不一致。通常人們認爲馬裕共呈送圖書三次，但據《進呈底簿》和《檔案》的記載，實際是四次。

第一次送書：《進呈底簿》與《進呈書目》均載馬裕第一次書目爲229種。兩淮鹽政李質穎乾隆三十八年閏三月二十日所上奏摺云：「今奴才悉心採擇，又選出二百十一種，開敘目錄，向其家借取抄繕。」又云：「據江廣達等購覓得十八種，並督臣高晉選定之六十二種，總共二百九十一種。奴才查明卷帙各種包封，一並專差恭送，分別開繕書單，敬呈御覽。」〔註7〕可知，當時291種包括高晉選定62種，江廣達購得18種，以及李質穎選取211種。其中62種即爲馬裕第二次書目數量，而江廣達所購18種並非馬裕獻書〔註8〕，故馬裕第一次送書實際爲211種。

第二次送書：本次送書共62種，已見上條所述。

第三次送書：《進呈底簿》與《進呈書目》均載馬裕第三次書目爲394種。兩淮鹽政李質穎乾隆三十八年四月初六日所上奏摺云：「今奴才將馬裕書目覆加揀擇，又選出三百七十種，總商等亦訪覓得二十四種，總共三百九十四種。謹專差呈送。」〔註9〕可知，394種中包括李質穎所選370種，以及總商等訪得24種，此24種非馬裕獻書〔註10〕，故根據《檔案》此次送書實際爲370種。

〔註7〕《兩淮鹽政李質穎奏解送馬裕家書籍摺》，《檔案》，第86頁。

〔註8〕見下面兩淮鹽政李質穎送書條。

〔註9〕《兩淮鹽政李質穎奏續呈馬裕家藏及總商等訪得書籍摺》，《檔案》，第93頁。

〔註10〕見下面兩淮鹽政李質穎送書條。

雖然《進呈底簿》與《進呈書目》標注的數量都爲 394 種，實際統計《進呈底簿》爲 394 種，《進呈書目》爲 397 種。其中《周易贊義》重出，《石潭存稿》與《呆齋存稿》分開作 2 種，《文憲集》與《文通集》分開作 2 種。

第四次送書：此次送書《進呈書目》未記載，《進呈底簿》記載 134 種，《檔案》記載 133 種〔註 11〕，實際《進呈底簿》僅收 133 種，與《檔案》記載同。

2. 兩淮鹽政李質穎呈送書目

兩淮鹽政李質穎呈送圖書二百四十種：《進呈底簿》《進呈書目》《檔案》記載數量相同。但實際《進呈書目》數量統計爲 236 種，缺《大金弔伐錄》二卷二本，《至元嘉禾志》三十二卷三本，《朝鮮國志》一卷一本，元王楨《農桑通訣》六卷六本。

兩淮鹽政李質穎呈送書目計共四百七十種：《進呈底簿》《進呈書目》《檔案》記載數量相同。但《進呈底簿》《進呈書目》種類卻有異：

《進呈底簿》470 種：國朝人《名花譜》一卷、《茶花譜》一卷二本，漢劉向《列仙傳》二卷、唐沈汾《續仙傳》三卷一本，明朱孟震《河上楮談》三卷、《汾上續談》三卷二本，明鄧雲霄《冷邸小言》一卷、《弢集》二卷一本，明楊思本《筆史》二卷一本，明顧孟容《冠譜》一卷一本。多《景定新定續志》十卷□本，《元典章》六十卷新集附後二十四本，《明遺事》三卷二本，正德《嘉興府補志》十二卷二本。

《進呈書目》470 種：《名花譜》《茶花譜》分開作兩種，《列仙傳》《續仙傳》分開作兩種，《河上楮談》《汾上續談》分開作兩種，《冷邸小言》《解弢集》分開作兩種，《筆史》二卷明顧孟容一本將「明楊思本《筆史》二卷一本，明顧孟容《冠譜》一卷一本」誤並爲一種。多《易學》二卷明李方舟抄本一本，缺以上《進呈底簿》多的四本。

兩淮鹽政李質穎呈送書目計共一百八十種：《進呈底簿》《進呈書目》《檔案》記載數量相同。《進呈書目》實際數量爲 181 種，重出《難經脈訣附方》。

案：根據《檔案》記載，此三次並非兩淮鹽政實際呈送書目次數，也並非完整的書日數量。根據《兩淮鹽政李質穎奏辦理發還遺書緣由摺》記載，

〔註 11〕《兩淮鹽政李質穎奏進呈高晉等送到原書暨密訪馬裕家再無秘藏摺》，《檔案》，第 102 頁。

李質穎選派曉事總商八人，命他們向親友或者書商處選取或購買圖書，且「開單進呈五次，共送過九百三十二種」〔註 12〕，開單五次，即爲李質穎送書的次數，932 種爲李質穎送書數量。而《進呈底簿》與《進呈書目》僅記載三次，由此也可知爲何《進呈底簿》與《進呈書目》記載的兩淮鹽政送書均不標出次數，僅作「兩淮鹽政李質穎呈送書目」。

乾隆三十八年九月二十八日《兩淮鹽政李質穎奏專差送交續得書籍並繕書目呈覽摺》:「於商人馬裕家藏書內選取七百七十六種，並另覓書七百九十種，節次敬謹進呈，均經奏明在案。」〔註 13〕可知馬裕家送書共 776 種，另外的 790 種並不是馬裕家書，是江廣達和總商等人所搜集的圖書。又《兩淮鹽政李質穎奏進呈高晉等送到原書暨密訪馬裕家再無秘藏摺》云:「至馬裕家藏書總目，共一千三百八十五種，奴才前奏業已聲明，合計前後共送過七百七十六種，下剩六百九種，俱係通行共見之書，無可再加採選。」〔註 14〕而 776 種爲 211 種、62 種、370 種、133 種之和，所以江廣達的 18 種和總商的 24 種並非馬裕家書，應該是算作李質穎呈送的書目。

至於《兩淮鹽政李質穎奏辦理發還遺書緣由摺》中記載開單五次爲:

第一次:乾隆三十八年閏三月二十日所上江廣達購得 18 種。

第二次:乾隆三十八年四月初六日所上總商訪覓 24 種。

第三次:乾隆三十八年六月初八日所上 240 種。《兩淮鹽政李質穎奏專差賫送第四批書籍摺》:「謹就奴才鄙陋之見，擇其未嘗經目者二百四十種」，此二百四十種爲江廣達等覓得書籍。〔註 15〕

第四次:乾隆三十八年六月二十四日所上 470 種，《兩淮鹽政李質穎奏專差賫送第五批書籍摺》:「奴才復飭曉事商總等，因親及友，設法訪求。……擇其流傳尚少者，酌取四百七十種。」〔註 16〕

第五次:乾隆三十八年九月二十八日所上 180 種。《兩淮鹽政李質穎奏專差送交續得書籍並繕書目呈覽摺》:「奴才復令總商等因親及友，設法購求。……擇其未嘗經目、流傳尚少者，僅得一百八十種。」〔註 17〕以上五次

〔註 12〕《檔案》，第 235 頁。

〔註 13〕《檔案》，第 157 頁。

〔註 14〕《檔案》，第 102 頁。

〔註 15〕《檔案》，第 128 頁。

〔註 16〕《檔案》，第 134 頁。

〔註 17〕《檔案》，第 158 頁。

數量合計 932 種，與《兩淮鹽政李質穎奏辦理發還遺書緣由摺》記載數量相符。

在兩淮鹽政呈送的 180 種書目之前，乾隆三十八年七月十一日《兩淮鹽政李質穎奏續進獲舊板等書開單呈覽摺》：「今覓得舊板書十五種，倣舊板抄本書七種，敬謹裝潢，恭進呈覽。又覓得抄本書十六種。」〔註 18〕此數量加上第一次的 240 種、第二次的 470 種以及江廣達等購得 18 種，總商等訪得 24 種，共計 790 種，與上面提到的另覓數量相符。而 790 種加上 180 種才是兩淮鹽政呈送書目數量，共 970 種。而李質穎所說的 932 種不包括舊板書 15 種、倣舊板抄本書 7 種及抄本書 16 種。

3. 江蘇省呈送書目

第一次送書：《進呈底簿》作「一千五百二十一種」，《進呈書目》作「一千二十一種」，缺「五百」二字。實際統計《進呈底簿》與《進呈書目》均爲 1519 種。乾隆四十二年八月初十日所上《江蘇巡撫楊魁奏遵旨查辦解京書籍應燬應還情形摺》：「除江寧所進之書應聽督臣會奏外，臣查蘇州書局先後訪進遺書十一次，統計一千七百四十四種，均經前撫臣薩載開單，會摺奏蒙聖鑒。嗣因接准辦理四庫全書處知照，有扣除重複之書計一十八種，共實解京書一千七百二十六種。」〔註 19〕

現將《檔案》中記載江蘇巡撫十一次獻書與數量列舉如下：

第一次：22 種，乾隆三十七年十二月初二日兩江總督高晉與江蘇巡撫薩載所上《兩江總督高晉等奏購訪遺書情形並進呈書目摺》：「經臣等督率局員繹出要指可備採擇者，共二十二種，開具目錄，恭呈御覽。」〔註 20〕

第二次：125 種，乾隆三十八年閏三月二十日兩江總督高晉與江蘇巡撫薩載所上《兩江總督高晉等奏續得各家書籍並進呈書目摺》：「近日蘇城藏書之家，感頌皇仁，倍加踊躍，將所藏書目自行送局選擇，統計前後得書共一百二十五種。」〔註 21〕

第三次：129 種，乾隆三十八年四月十九日所上《江蘇巡撫薩載奏呈蘇州書局續購遺書目錄並仍令委員隨處諮訪佚書摺》：「除江寧購得之書，已由督

〔註 18〕《檔案》，第 138 頁。
〔註 19〕《檔案》，第 678 頁。
〔註 20〕《檔案》，第 29 頁。
〔註 21〕《檔案》，第 85 頁。

臣高晉繕摺會奏外，所有蘇州書局陸續購到書籍，臣飭令局員悉心查對，去其殘缺重複，計得完整之書一百二十九種。」〔註22〕

第四次：103 種、102 種，乾隆三十八年五月二十日所上《江蘇巡撫薩載奏再陳蘇州書局續購書目及蔣曾瑩獻書摺》：「業將先後購得書籍，開列目錄，三次奏進在案。……所有蘇州書局續又購到遺書共一百三種。……（蔣曾瑩家藏書）計共一百九十九種，內有九十七種臣先經購得，已於前三次清單內彙奏，係屬重複，已經發還。其餘一百二種，似係舊書，現在另繕目錄，一併恭進。」〔註23〕

第五次：120 種，乾隆三十八年六月二十四日所上《江蘇巡撫薩載奏再陳續購遺書並進呈書目摺》：「所有蘇、松、常、鎮、太五府州屬續購之書，並委員暨山塘書賈購得書籍，解交蘇州書局，臣飭令在局委員檢查卷帙，計共一百二十種。」〔註24〕

第六次：150 種，乾隆三十八年七月二十四日所上《江蘇巡撫薩載奏再續購書目一百五十種摺》：「竊臣遵旨督屬採訪遺書，業經五次開列目錄，恭摺奏進在案。……計又得書一百五十種。」〔註25〕

第七次：140 種，乾隆三十八年八月初十日所上《江蘇巡撫薩載奏再陳續購書目一百四十種摺》：「計又得書一百四十種。」〔註26〕

第八次：366 種，乾隆三十八年九月初四日所上《江蘇巡撫薩載奏周厚堉呈獻家藏書籍摺》：「除去重複及殘缺不全外，計共得書三百六十六種。」〔註27〕

第九次：132 種，乾隆三十八年九月十六日所上《江蘇巡撫薩載奏再陳續購書籍一百三十二種繕單呈覽摺》：「計又得書一百三十二種。」〔註28〕

第十次：150 種，乾隆三十八年十月初六日所上《江蘇巡撫薩載奏再陳續購書目並委員解領歷次所進書籍送館摺》：「茲復督飭各屬四處訪覓，陸續收繳，計又得書一百五十種，尙堪備選。」〔註29〕

〔註22〕《檔案》，第 104 頁。
〔註23〕《檔案》，第 119 頁。
〔註24〕《檔案》，第 135 頁。
〔註25〕《檔案》，第 142 頁。
〔註26〕《檔案》，第 143 頁。
〔註27〕《檔案》，第 148 頁。
〔註28〕《檔案》，第 154 頁。
〔註29〕《檔案》，第 163 頁。

第十一次：205 種，乾隆三十九年正月二十八日所上《江蘇巡撫薩載奏陳續購書目並委員解送摺》：「除江淮各屬所繳書籍一千三十餘種，由督臣檢閱奏進外，計蘇松各屬先後購得遺書共一千五百二十餘種，……自遵旨採訪以來，臣與督臣兩處雖已多方購覓，彙解過二千五百五十餘種，……臣仍令書局委員去其重複，擇其堪以備選者，計又得書共二百五種。」〔註 30〕

案：根據《檔案》與《進呈底簿》《進呈書目》的比較，可知《檔案》記載前十次即爲江蘇省第一次呈送書，第十一次爲江蘇省第二次呈送書。前九次送書數量之總和爲 1389 種，與《江蘇巡撫薩載奏再陳續購書目並委員解領歷次所進書籍送館摺》：「臣前此奏進各書內，除借取揚州商人馬裕家五十九種，先已移交鹽臣李質穎彙解外，計共存書一千三百八十九種。現准辦理四庫全書處知照，扣除重複二十五種，餘書一併送館校辦等因。」載數量相同。《檔案》記載十次呈書數量總和爲 1539 種，扣除重複 18 種，剩下 1521 種。又根據《江蘇巡撫楊魁奏遵旨查辦解京書籍應燬應還情形摺》十一次共送書 1726 種，減去第十一次的 205 種，則剩下十次共送 1521 種。則《檔案》記載與《進呈底簿》《進呈書目》數量相同，爲 1521 種。而江蘇省十一次送書共 1744 種，與《檔案》記載相符。

4. 兩江第一次書目

案：《進呈底簿》作「一千零三十二種」，《進呈書目》作「一千零二十九種」，實際統計《進呈底簿》爲 1031 種，《進呈書目》爲 1029 種。《進呈底簿》多《春秋左氏傳事類始末》宋章冲著三本，《春秋提綱》宋陳則通著二本。據乾隆三十八年十月二十五日所上《兩江總督高晉奏陳續購書目並委員彙解各書送館校辦摺》：「臣自閏三月至今，先後十次，計共奏進書一千二百二十七種。內除揚州商人馬裕家借取之書，久經遵旨移交鹽臣李質穎解送，又准四庫館單開刪去各種外，實共存應解書一千三十二種。」〔註 31〕故《檔案》爲 1032 種，與《進呈底簿》數量相同。

（二）浙江省呈送圖書數量分析

浙江省呈送圖書多達十二次，是各省呈送書目中次數最多，條列最清晰，內容最完整的省份。也是呈送書目中非常重要的一個省份。特別是其私

〔註 30〕《檔案》，第 195 頁。
〔註 31〕《檔案》，第 172 頁。

人藏書家呈送的圖書，更是收到乾隆皇帝的嘉獎。因爲數量龐大，私家送書眾多，也導致三種文獻記載存在不少差異，故列出浙江省呈送圖書數量表，以便分析。

浙江省呈送圖書數量統計表

進呈單位以及順序		《四庫進呈書籍底簿》		《各省進呈書目》		《纂修四庫全書檔案》
		標注數量	實際數量	標注數量	實際數量	數　量
1	浙江省第一次	56	57	56	57	56
2	浙江第二次	51+9	51+9	51+9	51+9	51+9
3	浙江第三次	108	108	108	108	108
4	浙江省第四次汪啓淑	524	523	524	524	524
5	浙江省第四次汪汝瑮	219	219	219	219	219
6	浙江省第四次孫仰曾	231	232	231	231	231
7	浙江省第四次吳玉墀	305	305	305	305	305
8	浙江省第四次鮑士恭	626	626	626	624	626
9	浙江省第五次范懋柱	602	602	602	600	602
10	浙江省第五次曝書亭	69	69	69	69	69
11	浙江省第五次鄭大節	82	82	82	82	82
12	浙江第六次	553	553	553	553	553
13	浙江第七次	202	198	202	196	202
14	浙江第八次	134	134	134	134	134
15	浙江第九次			156	156	156
16	浙江第十次			171	156	171
17	浙江第十一次	220	220	235	235	220
18	浙江第十二次	205	143	205	205	205
19	浙江續購書			63	63	63
20	浙江再購					14
	共計	4196	4131	4601	4577	4600

現將上表中三種文獻記載數量不同的次數，逐一考辨如下：

1. 浙江省第一次書目

案：《進呈底簿》《進呈書目》《檔案》記載數量均爲 56 種，實際統計《進呈底簿》與《進呈書目》均爲 57 種。據乾隆三十八年四月二十八日所上《浙江巡撫三寶奏呈續獲天一閣等家遺書目錄並〈永樂大典·考工記〉六本摺》：「現據寧波府稟：據鄞縣貢生盧址呈繳遺書二十餘種，除發局核對有無重複另行查辦外，並據繳出抄存《永樂大典》內《考工記》一部，計六本，稱係祖上遺留，今聞訪購，情願呈繳等語。」〔註 32〕此次獻書爲浙江省第五次送書，內含「抄存《永樂大典》內《考工記》一部」，則《進呈底簿》與《進呈書目》中載的最後一種「抄存《永樂大典》內《考工記》」應屬於第五次獻書。

2. 浙江省第二次書目

案：《進呈底簿》《進呈書目》《檔案》所載數量相同。《進呈底簿》作「五十一種又舊抄本九種」，《進呈書目》作「五十一種又舊抄本九本」。根據乾隆三十八年二月二十五日所上《護理浙江巡撫王亶望奏呈續收書目清單及宋犖之孫呈繳家藏抄本舊書摺》：「又據淳安縣知縣宋瑞金稟稱：有攜帶任所家藏抄本舊書九種。」〔註 33〕此九種爲宋瑞金家藏抄本，故應作「九種」。

3. 浙江省第三次書目

案：《進呈底簿》《進呈書目》《檔案》均記載爲 108 種。《進呈書目》著錄浙江第三次呈送書目中有 14 種圖書未具體注明藏書來源。這 14 種圖書是：《周易經傳集解》《五代史補》《南唐書》《四六談塵》《雲麓漫抄》《對床夜語》《竹齋詩集》《養蒙先生文集》《師山文集》《黃樓集》《浯溪集》《駢雅》《兩晉南北集珍》《倦圃蒔植記》。而在《進呈底簿》中，清楚注明「曝書亭書十四種」，即這 14 種圖書均來自曝書亭。這幾種圖書中《周易經傳集解》《五代史補》《浯溪集》，《四庫全書總目》均著錄作「浙江朱彝尊家曝書亭藏本」。在《浙江採集遺書總錄》中，《五代史補》作「曝書亭寫本」，可見這些圖書確實與曝書亭有關。乾隆三十八年閏三月二十六日所上《浙江巡撫三寶奏查訪范氏天一閣等藏書情形摺》：「曝書亭久經坍廢，書亦散佚無存，但爲

〔註 32〕《檔案》，第 106 頁。
〔註 33〕《檔案》，第 62 頁。

時較近，尚易蹤跡。其族孫現任嵊縣訓導朱休度，曾經覓送過三十二種，內選取一十二種，已在前二次進呈書目之內。……至現在書局續收遺書一百八種內，即有曝書亭者十四種，小山堂者六種，另繕書目，分別聲明，恭呈御覽。」〔註 34〕，則《進呈底簿》的記載與《檔案》記載相符。

《進呈書目》著錄有「卜山堂書六種」。這 6 種分別爲：《昭德新編》《蘆浦筆記》《文昌雜錄》《紫薇雜記》《文苑英華辨證》《西溪百詠》。浙江無「卜山堂」藏書樓。《進呈底簿》作「小山堂六種」。《浙江採集遺書總錄》己集「儒家類」著錄《蘆浦筆記》十卷，題小山堂寫本，庚集「道家類」著錄《昭德新編》三卷，題小山堂藏寫本。小山堂爲杭州趙昱藏書處。《進呈底簿》的記載與《檔案》相符。

4. 浙江省第四次汪啟淑家呈送書目

案：《進呈底簿》《進呈書目》《檔案》記錄數量均爲 524 種。實際統計《進呈底簿》爲 523 種，《進呈書目》爲 524 種，《進呈底簿》缺《曆學問答》。

5. 浙江省第四次孫仰曾家呈送書目

案：《進呈底簿》《進呈書目》《檔案》記錄數量均爲 231 種。實際統計《進呈底簿》爲 232 種，《進呈書目》爲 231 種，《進呈底簿》多《章道峰》六卷，此書乃浙江省第四次汪汝瑮家呈送書目中書，《進呈底簿》重出。

6. 浙江第四次鮑士恭呈送書目

案：《進呈底簿》《進呈書目》《檔案》記錄數量均爲 626 種。實際統計《進呈底簿》626 種，《進呈書目》624 種。《進呈底簿》：《金陵瑣事》四卷、《續瑣事》二卷、《二續瑣事》二卷，以上三種共四本。而《進呈書目》中《金陵瑣事》四卷續二卷，算作一種，且缺《二續瑣事》。

7. 浙江省第五次范懋柱家呈送書目

案：《進呈底簿》《進呈書目》《檔案》記錄數量均爲 602 種。《進呈底簿》未注明「范懋柱家呈送書」，僅作「浙江省第五次書目六百二種」。實際統計《進呈底簿》爲 602 種，《進呈書目》爲 600 種，缺《漕河奏議》四卷，明王以旂著二本；《海運志》二卷，明王宗沐著一本。

8. 浙江第六次書目

案：《進呈底簿》《進呈書目》《檔案》記載均爲 553 種。雖然《進呈底簿》

〔註 34〕《檔案》，第 90 頁。

數量爲 553 種，實際重出《海昌外志》五冊，缺《檇李往哲續編》。

9. 浙江省第七次呈送書目

案：《進呈底簿》《進呈書目》《檔案》記載均爲 202 種。實際統計《進呈底簿》198 種，《進呈書目》196 種。《進呈底簿》多《三吳雜誌》三冊，明潘之恒輯三本，《惠山古今考》十卷附錄三卷補遺一卷，明談修輯六本。

10. 浙江省第九次呈送書目

案：《進呈底簿》無浙江省第九次呈送書目。《進呈書目》有載，爲 156 種。據乾隆三十八年九月初六日所上《浙江巡撫三寶奏派員解送在局書籍並呈續獲遺書清單摺》：「至臣續據各屬暨教官書賈，現又零星購獲書一百五十六種，交收到局。」〔註 35〕可知《進呈書目》與《檔案》所載相同，《進呈底簿》缺第九次呈送書目一百五十六種。

11. 浙江省第十次呈送書目

案：《進呈底簿》無浙江省第十次呈送書目。《進呈書目》記載爲 171 種，實際統計得 156 種。據乾隆三十八年十月十八日所上《浙江巡撫三寶奏續獲遺書繕單呈覽摺》：「茲據陸續又購獲書一百七十一種，交收到局。」〔註 36〕可知浙江省第十次呈送書目應爲 171 種，《進呈底簿》缺第十次呈送書目，而《進呈書目》實際所載 156 種非完整書目。又根據浙江省第十一次呈送書目《進呈底簿》與《檔案》均作 220 種，而《進呈書目》爲 235 種，多 15 種，疑此 15 種即第十次所缺之 15 種。

12. 浙江省第十一次呈送書目

案：《進呈底簿》作「二百二十種」，《進呈書目》作「二百三十五種」。實際統計《進呈底簿》重出一本《思復堂集》，不算則爲 220 種。據乾隆三十八年十二月初一日所上《浙江巡撫三寶奏續獲遺書數目及統俟明春彙解摺》：「又零星覓獲書二百二十種，交收到局。」〔註 37〕則《進呈底簿》與《檔案》記載數量相同。《進呈書目》多 15 種故爲 235 種。15 種爲：《明史雜詠》《產鶴亭詩》《謙齋詩稿》《脈因證治》《古方選註》《臨證指南》《成方切用》《傷寒分經》《法喜志》《栖眞志》《六祖大師法寶壇經》《高峰語錄》《即山集》《天

〔註 35〕《檔案》，第 150 頁。
〔註 36〕《檔案》，第 166 頁。
〔註 37〕《檔案》，第 185 頁。

慧徹禪師語錄》《恬退錄》。如上所述，《進呈書目》多出 15 種疑爲第十次所送，浙江第十次書目本應爲 171 種，卻實際只有 156 種，差 15 種，可能就是第十一次中多出的這 15 種。

13. 浙江省第十二次呈送書目

案：《進呈底簿》《進呈書目》《檔案》記載均爲 205 種。實際統計得《進呈底簿》不全，《進呈書目》全，爲 205 種，《進呈底簿》缺 62 種。

62 種分別爲：《杜詩會萃》《王司馬集》《農歌集》《野處集》《柳待制詩文集》《始豐稿》《鰲峰類稿》《吳文肅公摘稿》《中州遺稿》《張文僖公文集》《海樵山人詩文集》《東園文集》《三易集》《八厓詩文集》《姚承庵詩集》《淩溪集》《蔡洨濱文集》《洪季隣集》《自愉堂集》《荷華山房摘稿》《葉子詩言志》〔註 38〕《督撫經略疏》《陸學士遺稿》《古雪堂文集》《念西堂詩》《王侍御詩集》《孫文簡公集》《棲老堂集》《劉蕺山遺稿》《雪洲文集》《吾野漫筆》《勉齋遺稿》《七錄齋集》《澄遠堂三世詩存》《讀史亭詩集》《徐花潭集》《白石山房集》《松桂堂集》《濮書》《變雅堂文集》《愚庵小集》《計改亭集》《鶴靜堂集》《菀青集》《鶴嶺山人集》《石川詩鈔》《秀巖集》《澹友軒集》《託素齋集文》《抱經齋集詩》〔註 39〕《詩經堂集》《圭美堂集》《釀川集》〔註 40〕《柳堂詩集》《無悔齋詩集》《慎獨軒文集》《絳跗閣詩集》《柘坡居士集》《天香閣集》《冬關詩鈔》《完玉堂詩集》。

14. 浙江省續購書

案：《進呈底簿》第一次與第二次之間未載此次續購，《進呈書目》有此六十三種。乾隆三十九年十二月初六日所上《浙江巡撫三寶奏遵旨再行查繳書籍並呈書目摺》：「其有從前設局時未經購及之書，尚可以備採擇者，共六十三種。」〔註 41〕根據《檔案》記載，此次獻書已經爲浙江省第十三次呈送，故續購書應該爲浙江第十三次呈送書目。

15. 浙江省再續購書

案：根據乾隆四十年五月二十二日所上《浙江巡撫三寶奏解繳續收應燬書籍版片並堪採遺書摺》：「臣又因前進採訪各書，恐尚有蒐羅未盡，諭令委

〔註 38〕附《道狗編》。
〔註 39〕文六卷。
〔註 40〕文二卷詩五卷詞五卷。
〔註 41〕《檔案》，第 308 頁。

員仍復一體留心購訪，現於各處又零星購獲顏氏《匡謬正俗》等遺書計一十四種。臣按部檢查，尚可以備採擇，謹附解四庫全書處查辦。」〔註 42〕此次續購書《進呈底簿》與《進呈書目》均未載，可算作浙江省第十四次呈送書 14 種。

（三）其他各省呈送圖書數量分析

其他各省呈送圖書數量統計表

進呈單位以及順序		《四庫進呈書籍底簿》		《各省進呈書目》		《纂修四庫全書檔案》
		標注數量	實際數量	標注數量	實際數量	數　量
1	奉天	3	3	3	3	3
2	直隸省	238	238	238	238	238
3	廣東省	12	12	12	12	12
4	安徽省	523	522	523	524	522
5	河南省	108	108	108	108	112
6	山西省	88	88	88	88	88
7	福建省共六次	201	201	201	201	203
8	陝西省	103	100	102	101	102
9	湖南省	30	30	30	30	30
	湖南省續到	16	16	16	16	16
10	山東省第一次					21
	山東省第二次	175	175	175	174	172
	山東省第三次	192	192	192	192	192
11	湖北省共三次	84	84	84	84	84
	共計	1773	1769	1772	1771	1795

現將上表中三種文獻記載數量不同的次數，逐一考辨如下：

1. 安徽省呈送書目

案：《進呈底簿》《進呈書目》記載爲 523 種。實際統計《進呈底簿》522

〔註 42〕《檔案》，第 397 頁。

種，《進呈書目》524種，多《中州金石考》和《古書紀》。根據《安徽巡撫裴宗錫奏從前給還不解各書及現在確查緣由摺》：「先後四次，共書五百一十六種，並委員解送四庫館交收在案。」〔註 43〕安徽省四次分別爲：乾隆三十八年四月十一日所上 82 種、乾隆三十八年八月二十一日所上 110 種、乾隆三十八年十月十五日所上 218 種、乾隆三十八年十二月二十七日所上 177 種，共呈送 587 種。其中扣除 110 種中重複 71 種〔註 44〕，實際爲 516 種，再加上乾隆三十七年十一月二十六日所送的 6 種〔註 45〕爲 522 種。《進呈底簿》的實際數量與《檔案》記載相同。

2. 河南省呈送書目

案：《進呈底簿》《進呈書目》記載爲 108 種。據乾隆三十八年十月二十八日所上《河南巡撫何煟奏委員解送書籍摺》：「豫省原奏書籍共一百二十四部，扣除重複一十二部，應解送遺書一百一十二部，共計九百六十本。」〔註 46〕，則《檔案》爲 112 種，比《進呈底簿》《進呈書目》多 4 種。

3. 福建省呈送書目

案：《進呈底簿》與《進呈書目》記載福建省第一次書目 20 種，第二次書日 25 種，第三次書目 18 種，第四次書目 20 種，第五次書目 61 種，第六次書目 57 種，總共爲 201 種。據乾隆三十九年九月二十二日所上《閩浙總督鐘音等奏不解遺書查無關礙字跡暨再派妥員查辦摺》：「臣等與學臣暨兩司逐一復檢，內有稍堪備採者，計二百三種，節次開單恭摺具奏解送在案。」〔註 47〕則《檔案》所載爲 203 種，比《進呈底簿》《進呈書目》多 2 種。

4. 陝西省呈送書目

案：《進呈底簿》作「一百零三種」，《進呈書目》作「一百零二種」。實際《進呈底簿》100 種，《進呈書目》101 種，《進呈書目》缺《二曲集》，《進呈底簿》缺《馬谿田公集》《溫公毅集》。據乾隆三十九年二月二十日所上《陝甘總督勒爾謹等奏委員解送書籍並彙敘目錄呈明摺》：「計今歲陝甘各屬詳解

〔註 43〕《檔案》，第 262 頁。

〔註 44〕《檔案》，第 194 頁。

〔註 45〕《詩經拾遺》《春秋究遺》《曾子子思全書》《禮經綱目》《周禮疑義》《翰苑集注》，《檔案》，第 24 頁。

〔註 46〕《檔案》，第 179 頁。

〔註 47〕《檔案》，第 264 頁。

及生童所獻刻本、抄本可備採錄者，共得六十二部。合以上年開單入奏之四十部，共成一百二部。」〔註 48〕《進呈書目》與《檔案》記載數目相同。

5. 山東省呈送書目

第一次送書：《進呈底簿》與《進呈書目》標出數目相同均爲 175 種，但實際統計得《進呈書目》174 種，缺《王鳳九集》。

第二次送書：《進呈底簿》與《進呈書目》數量相同均爲 192 種。根據《檔案》此次實際爲山東省第三次進呈書目。

案：根據《檔案》山東省共呈送三次，分別爲乾隆三十七年十一月初三日所上 21 種、乾隆三十八年五月初九日所上 172 種以及乾隆三十八年九月二十八日所上 192 種。乾隆三十八年九月二十八日所上《山東巡撫徐績等奏續得遺書並進呈書目摺》：「前已得書一百九十三種，業經兩次開單，奏蒙聖鑒，聽候行知取進。……又得書一百九十二種。」〔註 49〕亦可証。故山東省第一次呈送書目實際爲第二次呈送書目，第二次呈送書目實際應爲第三次呈送書目，而《進呈底簿》與《進呈書目》僅記載兩次，由此也可知爲何《進呈底簿》記載的山東省送書均不標出次數，僅作「山東省呈送書目」，而《進呈書目》所載「山東巡撫第一次呈送書目」與「山東巡撫第二次呈送書目」則是不確切的。《進呈底簿》與《進呈書目》均缺第一次呈送的 21 種。

（四）江西省呈送圖書數量分析

江西省呈送圖書由江西巡撫海成負責，根據《進呈底簿》與《進呈書目》的記載僅爲六次，而《檔案》根據乾隆四十二年八月初二日所上《江西巡撫海成奏遵旨陳明前進書籍應存應領情形摺》記載：「江省自乾隆三十八年起，計十一次共進書一千三十七種，內購買及借鈔者三百一十六種，藏書之家呈獻者七百二十一種。」〔註 50〕可知江西省一共呈送十一次。此呈送次數遠多於《進呈底簿》與《進呈書目》所載之六次，故把江西單獨列出，進行分析研究。

〔註 48〕《檔案》，第 198 頁。
〔註 49〕《檔案》，第 158 頁。
〔註 50〕《檔案》，第 642 頁。

江西省呈送圖書數量統計表

進呈單位以及順序		《四庫進呈書籍底簿》		《各省進呈書目》		《纂修四庫全書檔案》
		標注數量	實際數量	標注數量	實際數量	數　量
1	江西巡撫海成第一次	104	78	78	78	23
2	江西巡撫海成第二次	110	104	104	104	65
3	江西巡撫海成第三次	110	110	110	110	177
4	江西巡撫海成第四次	128	85	128	84	110
5	江西巡撫海成第五次	162	81	162	81	186
6	六次續採	81	81	81	81	268
7	江西巡撫海成第七次					28
8	江西巡撫海成第八次					110
9	江西巡撫海成第九次					19
10	江西巡撫海成第十次					9
11	江西巡撫海第十一次					
	共計	695	539	663	538	1037〔註51〕

現將上表中三種文獻記載數量不同的次數，逐一考辨如下：

江西巡撫海成呈送書目

江西巡撫海第一次呈送書目：《進呈底簿》作「一百零四種」，《進呈書目》不載種數，但在最後有「以上共書七十八部計五百二十本」，實際統計《進呈底簿》與《進呈書目》均載78種。此104種爲第二次呈送書目數量。

江西巡撫海第二次呈送書目：《進呈底簿》作「一百一十種」，《進呈書目》不記載種數，但在最後有「以上共書一百零四部計共六百二十五本」。實際統計《進呈底簿》與《進呈書目》均載104種。此110種爲第三次呈送書目數量。

江西巡撫海第三次呈送書目：《進呈底簿》作「一百一十種」，《進呈書目》不記載種數，但在最後有「以上共書一百一十部計五百九十四本」。

〔註51〕此數量並非上述10次之總和，而是根據《檔案》所載的11次呈送圖書之總數。

江西巡撫海第四次呈送書目：《進呈底簿》與《進呈書目》均作「一百二十八種」。《進呈書目》最後有「共一百二十八部一百一十四套」。實際統計《進呈底簿》85 種，《進呈書目》84 種，「《禹貢圖註》《讀史書後》共一套二本」《進呈書目》作 1 種，《進呈底簿》算 2 種，故有 1 種之差。

江西巡撫海續購書目：《進呈底簿》與《進呈書目》均作「一百六十二種」，實際統計均爲 81 種。下面六次續採亦爲 81 種，總共 162 種，故此 162 之數應爲五次與六次續採之總數。

六次續採：《進呈底簿》與《進呈書目》均不載數量，實際統計《進呈底簿》與《進呈書目》均爲 81 種。

案：根據乾隆四十二年八月初二日所上《江西巡撫海成奏遵旨陳明前進書籍應存應領情形摺》：「江省自乾隆三十八年起，計十一次共進書一千三十七種，內購買及借鈔者三百一十六種，藏書之家呈獻者七百二十一種。」〔註 52〕可知江西省一共呈送十一次。此呈送次數遠多於《進呈底簿》與《進呈書目》所載之六次，現將《檔案》中記載江西巡撫海成獻書次數與數量列舉如下：

第一次：23 部，乾隆三十八年正月初六日所上《江西巡撫海成奏進蒐訪書目摺》：「謹擇其堪以進呈者二十三部，遵照諭旨，注明時代、姓氏及書中要指所在，開序略節前來。」〔註 53〕

第二次：65 部，乾隆三十八年六月二十日所上《江西巡撫海成奏續訪得遺書六十五部開單進呈摺》：「謹擇其可以進呈者六十五部，遵照諭旨，注明時代、姓氏及書中要指所在，開序略節，敬繕清單，恭呈御覽。」〔註 54〕

第三次：104 部（177 種），乾隆三十八年九月二十四日所上《江西巡撫海成奏續陳書目摺》：「將有所補益經史之書，暨詩文風雅之集，俱分別選抄裝釘，共得一百零四部，計一百七十七種。」〔註 55〕

第四次：110 部，乾隆三十八年十二月初七日所上《江西巡撫海成奏呈續得書籍清單並即委員專解摺》：「復得堪選之書一百一十部，現已抄釘齊備。」〔註 56〕

〔註 52〕《檔案》，第 642 頁。
〔註 53〕《檔案》，第 44 頁。
〔註 54〕《檔案》，第 132 頁。
〔註 55〕《檔案》，第 156 頁。
〔註 56〕《檔案》，第 189 頁。

案：由於《檔案》所載數量有部與種之區別，故很難統計出確切數據。根據乾隆三十九年九月十二日所上《江西巡撫海成奏從前校核書籍無詆毀字句及現在查辦情形摺》中記載自乾隆三十八年蒐羅書籍以來「率同司道選擇堪以進呈者，共五百零三種，俱經陸續奏進。」〔註 57〕可知以上四次送書共爲 503 種，302 部。

第五次：186 部，乾隆三十九年十二月十八日所上《江西巡撫海成奏遵旨再行蒐羅遺書分別進呈摺》：「今據選得各書內有可備甄選者一百八十六部。」〔註 58〕

第六次：268 種，乾隆四十年五月十一日所上《江西巡撫海成奏繳應選應燬書籍摺》：「今據書局選得各書內，有備甄選者二百六十八種。」〔註 59〕

第七次：28 種，乾隆四十年九月十二日所上《江西巡撫海成奏進續得應選應燬書籍摺》：「茲據選得堪備甄擇者二十八種，應行銷燬者一千二百一十三部。」〔註 60〕

第八次：110 種，乾隆四十年十一月十七日所上《江西巡撫海成奏進續得應選應燬書籍摺》：「選得堪備甄擇者一百一十種，應行銷燬者三千零五十八部。」〔註 61〕

第九次：16 種，乾隆四十一年九月二十二日所上《江西巡撫海成奏進呈續獲應選應燬書籍摺》：「選得堪備甄擇者一十六種。」〔註 62〕

第十次：9 種，乾隆四十二年四月十五日所上《江西巡撫海成奏呈續得應選應燬書籍清單摺》：「選得堪備甄擇者九種。」〔註 63〕

案：根據《江西巡撫海成奏遵旨陳明前進書籍應存應領情形摺》記載：「江省自乾隆三十八年起，計十一次共進書一千三十七種。」可知江西送書應爲十一次，而《檔案》有數量記載者僅十次，未知第十一次呈送數量，僅可知十一次共送書 1037 種。

〔註 57〕《檔案》，第 256 頁。
〔註 58〕《檔案》，第 312 頁。
〔註 59〕《檔案》，第 385 頁。
〔註 60〕《檔案》，第 426 頁。
〔註 61〕《檔案》，第 484 頁。
〔註 62〕《檔案》，第 536 頁。
〔註 63〕《檔案》，第 586 頁。

三、《四庫館進呈書籍底簿》校勘記

（一）浙江省

第三冊〔註 64〕

• 浙江省第四次汪啟淑家呈送書目計共五百二十四種

《易林疑說》三冊，明楊瞿峽著，三本

按：三冊，《進呈書目》作「二卷」，誤也。又楊瞿峽，《總目》卷八作「楊瞿崍」，是也。提要云：「瞿崍字稚實，晉江人。萬曆丁未進士。官至江西提學副使。……今此本止三冊，不分卷數。」《明史》卷九十六《藝文志》載「楊啓新《易林疑說》二卷」，又有「楊瞿崍《易林疑說》十卷」。根據道光《晉江縣志》卷三十「萬曆三十五年丁未科」著錄楊瞿崍，注云：「啓新子。」則可知其二卷本應爲楊啓新所著，三冊本（十卷本）爲楊瞿崍所著。《浙錄》〔註 65〕甲集（P21-22）認爲楊啓新、楊瞿崍爲一人，誤也。《進呈底簿》「崍」誤作「峽」字。

《三易洞璣》十三卷，明黃道周著，四本

按：十三卷，《總目》卷一百八作「十六卷」。《明史》卷九十六《藝文志》《經義考》卷六十三與《浙錄》甲集（P23）均作「十六卷」。查其原書，實爲十六卷。現中山大學圖書館藏有此書，爲十六卷，四冊，清康熙三十二年刻本，故《進呈底簿》誤。

《春秋集傳微音》三卷，唐陸淳著，見前《禹貢山川郡邑考》，一本

按：微音，《進呈書目》作「微旨」，是也。《總目》卷二十六、《經義考》卷一百七十六等文獻均作「春秋微旨」。現北京大學圖書館、人民大學圖書館均藏有「春秋微旨三卷」，清嘉慶刻本。則《進呈底簿》「旨」誤作「音」字也。

《三禮纂注》四十九卷，明田汝成著，二十八本

按：田汝成，《總目》卷二十五、《千頃堂書目》卷二、《浙錄》乙集（P83）均作「貢汝成」，貢汝成字玉甫，宣城人。田汝成（1503～1557），字汝禾，

〔註 64〕《進呈底簿》原書所標冊數，下同。

〔註 65〕《浙江採集遺書總錄》，上海古籍出版社，2010 年 12 月出版，以下簡稱《浙錄》。

浙江錢塘人，撰著《西湖遊覽志》二十四卷、《西湖遊覽志餘》二十六卷等，具有廣泛的影響。此或因田汝成爲人習聞而致《進呈底簿》誤抄。

《四書疑節》二卷，元袁俊翁著，二本

按：二卷，《總目》卷三十六、《浙錄》丙集（P116）均作「十二卷」。查其原書亦爲十二卷，現北京大學圖書館藏有此書，作「十二卷」，則《進呈底簿》缺「十」字也。

《苑樂志樂》二十卷，明韓邦奇著，十二本

按：苑樂志樂，《進呈書目》作「苑洛志樂」，是也。《總目》卷三十八作「苑洛志樂二十卷」。《國史經籍志》卷二、《千頃堂書目》卷二亦載。《善本書室藏書志》卷四著錄此書，云：「前有宏治十七年三月中旬苑洛子韓邦奇自序。」則可知韓邦奇號苑洛子也，故此書應作「苑洛志樂」，《進呈底簿》誤。

《韻補本義》十卷，明茅溱輯，五本

按：韻補本義，《總目》卷四十四作「韻譜本義」。《千頃堂書目》卷三作「茅溱韻譜本義十六卷」，又《存目》經部第212冊收錄此書，作「韻譜本義十卷」，明茅溱撰，萬曆三十二年刻本。則應作「韻譜本義」，故《進呈底簿》誤。

《韻表新編》二冊，國朝仇廷樑輯，二本

按：仇廷樑，《總目》卷四十四作「古今韻表新編五卷，國朝仇廷模撰」。提要云：「廷模字季亭，寧波人。康熙辛卯舉人。」《存目》經部第 219 冊收錄此書，作「古今韻表新編四卷後編一卷」，清仇廷模撰，清雍正刻本，書前有「古堇仇廷模季亭氏手次」十字。故應作「仇廷模」，《進呈底簿》誤也。

《後梁春秋》二卷，明姚士麟著，《史記疑問》《官制備考》《潞水客談》，四本

按：姚士麟，《總目》卷六十六作「姚士粦」，是也。《明史》卷九十七《藝文志》《浙錄》丁集（P166）均作「姚士粦」。姚士粦字叔群，浙江海鹽人。《存目》史部第163冊收錄此書，作「姚士粦」，明萬曆三十五年濮陽春刻本，故應作「姚士粦」，《進呈底簿》誤。

《廣黄衛王本末》一卷，宋陳仲微著，見前《江南史野》，一本

按：廣黃衛王，《總目》卷五十二作「廣王衛王」。廣王衛王，乃廣、衛二王也。《浙錄》丁集（P179）與《總目》同，故應作「廣王衛王本末」。又「江南史野」應作「江南野史」，《江南野史》十卷，宋龍衮撰。下文《遼金大臣年表》《皇元聖武親征記》兩條所載「江南史野」均應改正。

《高廟紀事本末》八卷，明劉振著，八本

按：八卷，《進呈書目》作「八冊」，且無作者。《總目》卷四十九作「無卷數」且「舊本不著名氏」。可知，此書無作者，「明劉振」爲下條《識大錄》之作者。

《識大錄》五十二冊，明婁諒著，五十二本

按：婁諒，《進呈書目》作「劉振」。《總目》卷五十作「明劉振撰」無卷數，提要云：「振字自成，宣城人。」《存目》史部第35冊收錄此書，作「劉振」，清抄本，書前有「古宣逸史臣劉振伏述」。則作者應爲「劉振」，「婁諒」爲下條《皇明政要》之作者。

《皇明通志述遺》十二卷，明卜世昌著，六本

按：通志述遺，《總目》卷四十八作「通紀述遺」，提要云：「其書補東莞陳建明《通紀》之遺」，又《千頃堂書目》卷四亦作「通紀述遺」。《存目》史部第14冊收錄此書，作「皇明通紀述遺」，明卜世昌、屠衡撰，明萬曆刻本。可知《進呈底簿》誤，應作「皇明通紀述遺」。

《建文野朝野彙編》二十卷，明屠叔方著，六本

按：建文野朝野彙編，《總目》卷五十四、《千頃堂書目》卷五、《浙錄》丁集（P183）等文獻均作「建文朝野彙編」。《進呈底簿》衍「野」字，故誤。

《姜氏秘書史》一冊，明姜清著，原單未詳人名今查補，一本

按：《總目》卷五十三作「姜氏秘史一卷」，《千頃堂書目》卷五、《浙錄》丁集（P183）均作「姜氏秘史」。又《存目》史部第46冊收錄此書，亦作「姜氏秘史」，清初抄本。故應作「姜氏秘史」。

《古今鹺略》九卷補九卷，明汪珂玉著，四本

按：汪珂玉，《總目》卷八十四作「汪砢玉」，且案語云：「《明詩綜》作『珂玉』，字之誤也。」提要云：「砢玉字玉水，徽州人，寄籍嘉興。崇禎中官山東鹽運使判官。」又《續修》第839冊收錄此書，作「汪砢玉」，清抄本。

故《進呈底簿》誤也。

《海鹽圖經》十六卷，明胡應麟輯，四本

按：胡應麟輯，《總目》卷七十四作「胡震亨撰」。提要云：「震亨字孝轅，晚自稱遯叟，海鹽人。萬曆丁酉舉人。」《浙錄》戊集（P260）亦作「胡震亨」。雍正《浙江通志》卷二百五十三載《海鹽縣圖經》十六卷，小注云：「天啓壬戌邑令樊維城聘邑人胡震亨、姚士粦等修。」《存目》史部第 208 冊收錄此書，作「天啓《海鹽縣圖經》」，明樊維城、胡震亨等纂修，書前有胡震亨序。查胡應麟生平，生於 1551 年，卒於 1602 年，而此書乃「天啓壬戌」所作，即 1622 年，此時胡應麟已卒，何來輯錄此書之說，故《進呈底簿》誤也，應作「胡震亨撰」。

《衡岳志》十三卷，明彭範簪輯，二本

按：彭範簪，《總目》卷七十六作「明彭簪撰，姚宏謨重訂」。《千頃堂書目》卷八作「彭簪」，且小注云：「簪字民望，安福人。嘉靖戊子年修撰官，授衡山知縣。」又《存目》史部第 229 冊收錄此書，作「彭簪」，明嘉靖七年刻本。《浙錄》戊集（P281）亦作「彭簪」，故《進呈底簿》誤。

《西湖遊覽志》三十四卷志餘二十六卷，明田汝成撰，八本

按：三十四卷，《總目》卷七十作「二十四卷」。又《國史經籍志》卷三、《千頃堂書目》卷八均作「二十四卷」。現南京大學圖書館藏此書，作「二十四卷」，八冊，清光緒二十三年錢塘丁氏嘉惠堂刻本。則《進呈底簿》「二」誤作「三」也。

《使琉球錄》一卷，明蕭崇叢著，二本

按：一卷、蕭崇叢，《總目》卷五十四分別作「二卷」、「蕭崇業、謝杰」。提要云：「崇業，雲南臨安衛人，隆慶辛未進士，官至右僉都御史提督操江。杰長樂人，萬曆甲戌進士，官至戶部尚書總督倉場。」《浙錄》戊集（P295）作「一卷」、「蕭崇業」，《千頃堂書目》卷八作「蕭崇業《使琉球錄》二卷」，是《進呈底簿》作「蕭崇叢」者有誤。又《續修》第 742 冊收錄此書，作「二卷」、「蕭崇業、謝杰撰」，臺灣學生書局《明代史籍彙刊》影印明萬曆刻本。《續修》同時又收錄「一卷」本，爲明陳侃撰，可知蕭崇業所撰本實爲二卷，故《進呈底簿》《浙錄》均誤，應作「使琉球錄二卷，明蕭崇業、謝杰撰」。

《翰苑新書》前集七十卷後集二十六卷續集四十二卷別集十二卷，二十二本

按：後集二十六卷，《進呈書目》作「卷後集二十六卷又六卷」。《總目》卷一百三十五作「後集上二十六卷後集下六卷」。《浙錄》庚集（P443）與《進呈書目》同。可知，其《後集》分爲上下兩部，上部二十六卷、下部六卷。則《進呈底簿》闕「又六卷」也。

《群賢集事》四十七卷，二十五本

按：群賢集事，《總目》卷一百三十七作「群書集事淵海」，《千頃堂書目》卷十五、《浙錄》庚集（P444）與《總目》同，又《存目》子部第 175 冊收錄此書，亦作「群書集事淵海」，明弘治十八年賈性刻本。故《進呈底簿》誤。

《小字樣》七卷，宋陳思著，四本

按：小字樣，《進呈書目》作「小字錄」，是也。《總目》卷一百三十五作「小字錄一卷」，《千頃堂書目》卷十作「陳思古賢小字錄一卷」。又《浙錄》庚集（P427）作「小字錄七卷」，提要云：「右書首卷爲宋陳思輯，後六卷爲明沈宏正續輯。」故《進呈底簿》誤，應作「小字錄」。

《天廚禁臠》三卷，宋釋洪覺範撰，《鱗角禁》《恒軒詩集》《三畏齋集》，一本

按：鱗角禁，《進呈書目》作「鱗角集」。《總目》卷一百五十一載「麟角集一卷」，唐王棨撰，提要云：「題曰『麟角』者，蓋取《顏氏家訓》『學如牛毛，成如麟角』之義，以及第比登仙也。」故《進呈底簿》《進呈書目》均誤，應作「麟角集」。

《筆道通會》一卷，明項道士著，見前《六書指南》，一本

按：項道士，《進呈書目》作「項道明」，非是。《浙錄》庚集（P421）作「右明太學生秀水項道民撰」。又《存目》子部第 72 冊收錄此書，作「明朱象衡、項道民、許光祚等撰」，明刻本，書前有「桃里項道民」。則《進呈底簿》《進呈書目》均誤，應作「項道民」也。

《嵩陽石刻集記》二卷，國朝葉材著，二本

按：葉材，《總目》卷八十六作「葉封」，提要云：「封字井叔，黃州人。順治己亥進士，官至工部虞衡司主事。」《浙錄》庚集（P416）著錄此書，提

要云：「右國朝工部主事葉封撰。封本嘉興人，流寓黃州。」故《進呈底簿》誤，應作「葉封」。

《青連舫琴雅》三卷，明林有麟著，三本

按：青連舫、三卷，《總目》卷一百十四分別作「青蓮舫」、「四卷」。「青蓮舫」乃林有麟所坐舟名。《浙錄》庚集（P434）作「青蓮舫」、「三卷」，又《存目》子部第74冊收錄此書，作「青蓮舫琴雅四卷」，明萬曆刻本。故《進呈底簿》誤，應作「青蓮舫琴雅」。

《續文選》三十二卷，明楊紹祖輯，六本

按：楊紹祖，《總目》卷一百九十三作「湯紹祖」，是也。提要云：「紹祖字公孟，海鹽人。東甌王湯和裔也。」《浙錄》辛集（P504）、《天一閣書目》卷四之三均作「湯紹祖」，又《存目》集部第334冊收錄此書，亦作「湯紹祖」，明萬曆三十年刻本。據此，《進呈底簿》誤也。

《古詩類要》一百三十卷，明張之象輯，四十本

按：古詩類要，《進呈書目》作「古詩類苑」，是也。《總目》卷一百九十二、《千頃堂書目》卷三十一及《浙錄》辛集（P515）均作「古詩類苑」。又《存目》集部第320冊收錄此書，亦作「古詩類苑」，明萬曆三十年刻本。可知，《進呈底簿》誤也。

《松風餘韻》五十卷，國朝姚宏諸輯，八本

按：五十卷、姚宏諸，《總目》卷一百九十四分別作「五十一卷」、「姚宏緒」。提要云：「宏緒號聽巖，婁縣人。康熙辛未進士，官翰林院檢討。」《浙錄》辛集（P534）作「五十卷」、「姚宏緒」，且其提要云：「別有閨秀、方外一卷附於末。」又《存目》補編第37冊收錄此書，作「松風餘韻五十卷末一卷，清姚宏緒編」，清乾隆九年寶善堂刻本。據此，《進呈底簿》作「五十卷」不誤也，而作「姚宏諸」者誤也。

《玉山記遊》一冊，元表華編，《玉笥集》，一本

按：玉山記遊，《進呈書目》作「玉山紀遊」。《總目》卷一百八十八作「玉山紀遊一卷」，提要云：「元顧瑛紀遊倡和之作，明袁華爲類次成帙者也。」又《浙錄》辛集（P534）作「玉山紀遊」，提要云：「編次者袁華也。」則《進呈底簿》作「表華」爲誤，應作「玉山紀遊，元袁華編」。

《四六類編》十六卷，明李鼎華輯，二十本

按：李鼎華，《浙錄》辛集（P512）作「右明太僕寺卿秀水李日華輯」，又《欽定續通志》卷一百六十三《藝文略》《全燬書目》均作「李日華」。可證《進呈底簿》之誤。

《名媛彙詩》二十卷，明鄭文節輯，八本

按：鄭文節，《進呈書目》作「鄭大節」，誤也。《總目》卷一百九十三作「鄭文昂編」。此人始末未詳。《存目》集部第383冊收錄此書，作「鄭文昂」，明泰昌元年張正岳刻本。可知，《進呈底簿》誤。

《恒軒詩集》七卷，明韓性著，《天廚臠》《麟角集》《三畏齋集》，一本

按：天廚臠，《進呈書目》作「天廚禁臠」，是也。韓性，《浙錄》癸集上（P631）作「韓經」，提要云：「右明山陰韓經撰。宋魏公之裔也。南渡時遷越。有楊士奇序。」《總目》卷一百七十五載《恒軒集》六卷，作「韓經」，提要云：「經字本常，山陰人。宋太尉琦之十二世孫。」據此可知《進呈底簿》誤，應作「韓經」也。

《泰泉集》八卷，明黃佐著，十本

按：八卷，《進呈書目》作「六十卷」。《國史經籍志》卷五、《千頃堂書目》卷二十二均作「六十卷」，《浙錄》癸集上（P670）亦作「六十卷」，據此可改。

《文肅公文集》三十四卷，明鄒守益著，四本

按：鄒守益，《浙錄》癸集上（P645）作「何喬新」，提要云：「右明刑部尚書廣昌何喬新撰。一名《椒邱集》。」《存目》子部第174冊收錄「何文肅椒邱先生策府群玉文集三卷」，明何喬新輯，清康熙平昌四香堂刻本。據此可知，何喬新即文肅公，又《總目》卷一百七十收錄《椒邱文集》四十四卷，明何喬新撰，即爲《文肅公文集》，《進呈底簿》作「鄒守益」者，乃誤將下條作者作此條作者。

《俟知堂集》十三卷，明鄒守益著，四本

按：鄒守益，《國史經籍志》卷五、《千頃堂書目》卷二十三、清抄本《明史》卷一百三十七《藝文志》均作「鄒守愚」，且小注云：「莆田人。嘉靖丙戌進士，戶部左侍郎贈右都御史。」清抄本《明史》卷二百八十四有其傳，云：「鄒守愚字居哲，莆田人。」此書現存明嘉靖刻本，十四卷，山西大學圖

書館藏。故《進呈底簿》誤，應作「鄒守愚」。

《潘公定公集》十二卷，明潘汝孝著，六本

按：潘公定公集、潘汝孝，《進呈書目》分別作「潘恭定公集」、「潘汝」。《總目》卷一百七十七作「笠江集十二卷，明潘恩撰」，提要云：「恩字子仁，上海人。嘉靖癸未進士，官至左都御史，謚恭定。」根據提要可知，恩所著之書經其子合刻爲《恭定全集》。《浙錄》閏集（P836）作「潘恭定公集」，潘汝孝撰。又《存目》集部第 81 冊收錄此書，作「潘笠江先生集十二卷、近稿十二卷、附錄一卷」，明潘恩撰，明嘉靖至萬曆刻本，書前載陸樹聲撰「潘恭定公全集小引」，可知此書即爲《潘恭定公全集》也。故《進呈底簿》誤，應作「潘恭定公集」。

《詞韻》二卷，國朝仲恒道輯，《塡詞名解》《古今詞論》，一本

按：仲恒道，《總目》卷二百作「仲恒」，提要云：「恒字道久，號雪亭，錢塘人。」又《存目》集部第 426 冊收錄此書，作「仲恒」，清康熙十八年刻詞學全書本，書前有「錢塘雪亭仲恒道久編次」。《進呈底簿》當係將表字「道久」之「道」字闌入姓名而致誤，應作「仲恒」。

《弧三角》五卷

按：弧三角，《總目》卷一百六作「弧三角舉要」。現河南大學圖書館藏有此書，亦作「弧三角舉要」，清咸豐九年刻本。此書爲梅文鼎《曆算全書》中一種。

《環中黍天》六卷

按：環中黍天，《總目》卷一百六作「環中黍尺」。《浙錄》庚集（P461）《梅氏曆算全書》二十九種條作「環中黍尺」，現四川大學圖書館藏有此書，亦作「環中黍尺」，清梅文鼎撰，雍正中魏念庭刻乾隆十四年梅汝培補修本。《進呈底簿》因「尺」、「天」形近而致誤。

• 浙江省第四次汪汝瑮家呈送書目計共二百十九種

《吳越備紀》四卷補遺一卷，宋錢儼著，二本

按：吳越備紀，《進呈書目》《總目》卷六十六作「吳越備史」。《浙錄》丁集（P166）亦作「吳越備史」，且提要云：「謂《備史》亦儼所爲，託名林、范者。」《宋史》卷二百四《藝文志》著錄此書，且云：「吳越錢儼託名范坰、林禹撰」。故《進呈底簿》誤，應作「吳越備史」。

《靖康紀聞》一冊，宋丁時起著，一本

按：丁時起，《天一閣書目》卷二之一作「丁特起」。《浙錄》丁集（P174）作「宋太學生武陵丁特起撰」，又《續修》第423冊收錄此書，亦作「丁特起」，學津討原本。故應作「丁特起」也，《進呈底簿》誤。此因「特」、「時」二字形近而訛。

《息園集》九卷，明顧瓘著，五本

按：顧瓘，《總目》卷一百七十一作「顧璘」。顧璘字華玉，號東橋，吳縣人。宏治丙辰進士，官至刑部尚書。《浙錄》癸集上（P662）提要云：「息園者，璘罷官後所搆，時時與客豪飲，伎樂雜作。」《明文海》卷四百三十五收錄文徵明所寫《故資善大夫南京刑部尚書顧公墓誌銘》，載其所著《息園集》，綜上可知，《進呈底簿》誤，應作「顧璘」。

《謝西溟集》十卷，明謝榛著，六本

按：西溟集，《總目》卷一百七十二作「四溟集」，《浙錄》癸集上（P689）作「謝四溟集」，且提要云：「一名《四溟山人集》。」可知，《進呈底簿》誤，應作「四溟集」。

《瑤石山人詩稿》十六卷，明黎氏表著，六本

按：黎氏表，《進呈書目》《總目》卷一百七十二均作「黎民表」。提要云：「民表字雜敬，從化人。嘉靖甲午舉人。」《浙錄》癸集上（P691）作「明布政使參議從化黎民表」，據此可知《進呈底簿》誤。

《覆瓿集》六卷，明林烱著，二本

按：林烱，《千頃堂書目》卷二十四作「林烴」，小注云：「字貞耀，閩縣人。」《總目》卷一百七十八作「覆瓿草」，明林烴撰。《明史》卷一百六十三《林瀚傳》附《林烴傳》載「烴字貞耀，庭機次子也」。又《閩中理學淵源考》卷四十四載《尚書林貞耀先生烴》文。《少室山房集》卷八十二載《林貞耀觀察〈覆瓿草〉序》。可知，應作「林烴」，《進呈底簿》誤。《浙錄》閏集（P835）作「明尚書閩縣林烱撰」，亦誤。

《南元集》十卷，明馬汝驥著，四本

按：南元集，《進呈書目》作「西元集」。《總目》卷一百七十六作「西元集八卷」，《浙錄》癸集上（P670）作「西元集十卷」。又《存目》集部第73冊收錄此書，作「西玄詩集一卷」，明嘉靖刻本。則應作「西元集」也，「元」

字避諱也。《進呈底簿》作「南元集」則誤甚矣。

《倪文正公集》二十四卷，明倪岳著，四本

按：倪文正公集，《浙錄》癸集上（P645）作「倪文毅公集」。提要云：「一名《清溪漫稿》。」《總目》卷一百七十作「清谿漫稿二十四卷」。提要云：「諡文毅。」倪元璐諡文正，有《倪文貞集》十七卷，《進呈底簿》誤混，故應作「倪文毅公集」。

《熊峰先生集》四卷，明石瑤著，二本

按：石瑤，《總目》卷一百七十五作「石珤」，提要云：「珤字邦彥，藁城人。成化丁未進士，官至文淵閣大學士。」故《進呈底簿》誤。

《陸文裕公續集》十卷，明陸深著，四本

按：陸文裕，《進呈書目》作「陸文裕」。根據《明史》卷二百八十六記載，陸深字子淵，號儼山，上海人。諡文裕。《浙錄》癸集上（P660）載「儼山集一百卷、續集十卷、外集四十卷」，明陸深撰。陸深號儼山，此「續集」即爲《陸文裕公續集》也。又《存目》集部第59冊收錄《陸文裕公行遠集》，明刻清康熙六十一年補修本，前有陸起龍原跋云：「先曾叔祖《文裕公文集》一百卷，《續集》四十卷，《外集》四十卷。」其中續集散佚，由後人蒐集得十卷。故應作「陸文裕公續集」。《進呈底簿》誤。

《海涯文集》八卷，明顧槃著，二本

按：顧槃，《總目》卷一百七十六「顧磐」。提要云：「磐字子安，南直隸通州人。正德癸酉舉人。」《浙錄》癸集上（P664）、《千頃堂書目》卷二十一均作「顧磐」。故《進呈底簿》誤。

《袁胥臺集》二十卷，明袁裒著，八本

按：袁裒，《總目》卷一百七十七作「袁袠」。《浙錄》癸集上（P676）亦作「袁袠」。《千頃堂書目》卷二十三作「袁袠《袁永之集》二十卷」，小注云：「字永之，吳縣人。廣東按察司僉事。一作《胥臺集》。」故《進呈底簿》誤。

《衡門集》十五卷，明鄭履浮著，十二本

按：鄭履浮，《總目》卷一百九十二、《千頃堂書目》卷二十四均作「鄭履淳」。鄭履淳字敬甫，東明人。《浙錄》癸集上（P687）作「明光祿寺少卿海鹽鄭履淳」。可知《進呈底簿》「淳」誤作「浮」也。

《石居漫與》二卷，明陳器著，二本

按：石居漫與，《進呈書目》作「石興漫興」，誤也。《總目》卷一百七十六作「石居漫興稿」，《千頃堂書目》卷二十二與《總目》同，《浙錄》癸集上（P665）亦作「石居漫興」，故《進呈底簿》《進呈書目》均誤。

• 浙江第四次孫仰曾家呈送書目計共二百三十一種

《永樂典》三十六卷，明王佐著，六本

按：永樂典，《進呈書目》《總目》卷三十九均作「樂典」。又王佐，《總目》卷三十九作「黃佐」。《國史經籍志》卷二、《千頃堂書目》卷二均作「黃佐《樂典》」，黃佐字才伯，號泰泉，香山人。正德辛巳進士。《浙錄》丙集（P130）作「樂典」、「明贈禮部右侍郎黃佐撰」。又《續修》第113冊收錄此書，與《總目》同，嘉靖二十六年刻本。可知，《進呈底簿》兩處均誤，應作「《樂典》三十六卷，明黃佐著」。

《十國春秋》一百十四卷，國朝吳佐臣著，十二本

按：吳佐臣，《總目》卷六十六作「吳任臣」，提要云：「任臣字志伊，仁和人。康熙己未召試博學鴻詞，授翰林院檢討。」《浙錄》丁集（P168）亦作「吳任臣」，故《進呈底簿》誤，應作「吳任臣」。

《書畫跋》六卷，明孫鑛著，三本

按：書畫跋，《進呈書目》作「書畫跋跋」。《總目》卷一百十三作「書畫跋跋三卷續三卷」，提要云：「是書名書畫跋跋者，王世貞先有書畫跋，鑛又跋其所跋，故重文。」《浙錄》庚集（P422）亦作「書畫跋跋」，據此可知，《進呈底簿》誤也。

《瑞芝三房集》十四卷，明鮑應鰲著，四本

按：瑞芝三房集，《進呈書目》作「瑞芝山房集」，是也。《浙錄》癸集下（P714）亦作「瑞芝山房集」。又《禁燬》集部第141冊收錄此書，作「瑞芝山房集」，明崇禎刻本。故《進呈底簿》誤。

《高吾摘稿》八卷，明陳宏謨著，三本

按：陳宏謨，《總目》卷一百七十六作「陳洪謨」。陳洪謨字宗禹，武陵人。宏治丙辰進士。《浙錄》癸集上（P664）亦作「陳洪謨」，據此可改。

《汪禹又集》八卷，明江淮著，四本

按：江淮，《進呈書目》《總目》卷一百七十九均作「汪淮」。汪禹又集，《總目》卷一百七十九作「汪禹乂詩集」。提要云：「淮字禹乂，休寧人。隆慶間山人也。」《浙錄》癸集下（P698）作「汪禹乂集」。故《進呈底簿》誤，應作「汪禹乂集八卷，明汪淮著」。

《蒼耳齋詩集》十七卷，明方孝著，八本

按：方孝，《總目》卷一百七十九作「方問孝」。提要云：「問孝字胥成，歙縣人。」又《存目》集部第157冊收錄此書，作「方問孝」，明萬曆蔣之秀等刻本，卷首有「新都方問孝胥成甫著」。故《進呈底簿》誤，應作「方問孝」。

《文生小草》一冊，明文震著，一本

按：文震，《全燬書目》作「文震亨」，《浙錄》癸集下（P726）作「明中書舍人長洲文震亨撰」。《禁燬》集部第183冊收錄此書，亦作「文震亨」，明崇禎刻本。可知《進呈底簿》缺「亨」字。

《鴻泥堂小稿》四卷續稿十卷，明薛憲章著，五本

按：薛憲章，《總目》卷一百七十六作「薛章憲」。提要云：「章憲字堯卿，自號浮休居士，江陰人。」《浙錄》癸集上（P655）作「明江陰薛章憲」。又《存目》集部第 78 冊收錄此書，作「八卷續稿十卷，薛章憲」，明嘉靖刻本。則《進呈底簿》「章」、「憲」二字互倒。

《堇山文集》十五卷，明李堂著，四本

按：堇山文集，《進呈書目》作「望山文集」，誤也。《總目》卷一百七十五作「堇山集」，提要云：「堇山，即《越絕書》所謂『赤堇之溪，涸而出銅』者。」《浙錄》癸集上（P654）作「堇山遺稿」。又《存目》集部第44冊收錄此書，作「堇山文集」，明嘉靖刻本。綜上可知，《進呈底簿》《進呈書目》均誤。

《芙蓉館集》二卷，明楊一察著，二本

按：楊一察，《總目》卷一百七十九作「楊一葵」，提要云：「一葵字翹卿，漳浦人。萬曆壬辰進士，官至雲南布政司。」《浙錄》閏集（P837）亦作「楊一葵」，故《進呈底簿》誤。

《汲古堂集》二十八卷，明馮時可著，十四本

按：馮時可，《千頃堂書目》卷二十六作「何白」，小注云：「字无咎，永嘉布衣。」《浙錄》癸集下（P723）作「明布衣永嘉何白」。又《禁燬》集部第177冊收錄此書，亦作「何白」，明萬曆刻本。而馮時可乃下一條之作者，故《進呈底簿》誤也。

《涇皋藏稿》二十二卷，明顧顯臣著，六本

按：顧顯臣，《進呈書目》作「顧憲成」，是也。《總目》卷一百七十二、《千頃堂書目》卷二十五均作「顧憲成」，小注云：「字叔時，無錫人。丙子解元，吏部郎中，贈光祿寺少卿。」又《浙錄》癸集下（P713）作「明吏部郎中無錫顧憲成」，可知《進呈底簿》誤。

• 浙江省第五次書目六百二種

按：《進呈書目》作「浙江省第五次范懋柱家呈送書目計共六百零二種」。

《考經集講》一冊，明熊兆著，一本

按：考經集講，《總目》卷三十二作「孝經集講」。《天一閣書目》卷一之一與《總目》同，《浙錄》丙集（P113）亦作「孝經集講」。故《進呈底簿》誤。

《元公年譜》一冊，明張九禎編，一本

按：張九禎，《進呈書目》作「張元禎」。《文選樓藏書記》卷三作「張元禎編抄」。張元禎字廷祥，南昌人。天順庚辰進士。著有《東白集》。《浙錄》戊集（P311）著錄此書，作「周元公年譜」，張元禎。故《進呈底簿》誤。

《平點三記》一冊，一本

按：平點三記，《天一閣書目》卷一之一、《總目》卷五十三均作「平黔三記」。《浙錄》丁集（P191）作「平黔三紀」，提要云：「紀洪武壬子、正統己未、嘉靖甲子三次平黔之事。題曰『點蒼山人』。」又《存目》史部第49冊收錄此書，作「平黔三記」，明趙汝濂撰，明刻本。則《進呈底簿》誤將「點」與「黔」字相混。

《正統臨戒錄》一冊，明楊銘著，一本

按：臨戒，《進呈書目》作「臨戎」，是也。《總目》卷五十三、《天一閣書目》卷一之一、《千頃堂書目》卷五均作「正統臨戎錄」。《浙錄》丁集（P185）

亦作「正統臨戎錄」，根據提要，此書記載英宗北狩事。又《續修》第433冊收錄此書，明萬曆四十五年刻本。則《進呈底簿》「戎」誤作「戒」也。

《益苑》二卷，明宗室睦㮮著，二本

按：益苑，《進呈書目》作「謚苑」，是也。《天一閣書目》卷一之一、《總目》卷八十三均作「謚苑」，此書乃輯錄古謚法，故名。又《浙錄》丁集（P219）亦作「謚苑」。故《進呈底簿》誤。

《兩河經略》二冊，明滿季馴著，二本

按：滿季馴，《進呈書目》作「潘季馴」，是也。《總目》卷五十五、《天一閣書目》卷二之二均作「潘季馴」。潘季馴字時良，烏程人。嘉靖庚戌進士。《浙錄》丁集（P225）亦作「潘季馴」，則《進呈底簿》「潘」訛作「滿」也。

《娛書堂語話》一冊，宋宗室趙與虤著，四本

按：語話，《總目》卷一百九十五、《天一閣書目》卷一之一、《千頃堂書目》卷三十一均作「詩話」。《浙錄》庚集（P404）亦作「娛書堂詩話」，故《進呈底簿》誤。

《觀林詩話》一卷，宋吳聿子著，一本

按：吳聿子，《進呈書目》作「吳菁子」，非是。《總目》卷一百九十五作「吳聿」，提要云：「聿字子書，自署楚東人。」《浙錄》庚集（P404）著錄此書，提要云：「不知姓名，卷首但署『楚東吳聿子書』云。」故應作「吳聿」，《進呈底簿》與《進呈書目》均誤。

《宋朝名畫錄》三卷，宋劉道醇著，一本

按：宋朝名畫錄，《總目》卷一百十二作「宋朝名畫評」。《浙錄》庚集（P424）亦作「宋朝名畫評」，提要云：「以神品、妙品、能品三者別識之。」故《進呈底簿》誤。

《聲音文字通》三十二卷，明趙謙著，十六本

按：趙謙，《總目》卷四十四、《國史經籍志》卷二均作「趙撝謙」。《存目》經部第207冊收錄此書，亦作「趙撝謙」，清抄本。故《進呈底簿》誤。

《雜誠》一冊，明方孝儒著，一本

按：方孝儒，《總目》卷九十五作「方孝孺」。提要云：「孝孺字希直，一

字希古，號正學，天台人。」《浙錄》己集（P322）亦作「方孝孺」，《明史》卷一百四十一有其傳。故《進呈底簿》誤也。

《冶城客語》二卷，明陸采著，一本

按：冶城客語，《總目》卷一百四十四作「冶城客論」。《浙錄》庚集（P432）亦作「冶城客論」，又《存目》子部第 246 冊收錄此書，作「冶城客論」，清抄本。故《進呈底簿》誤。

《東閣客談》一冊，明孫道易著，一本

按：東閣，《天一閣書目》卷一之一、《總目》卷一百四十三均作「東園」。《浙錄》己集（P383）亦作「東園客談」，故《進呈底簿》誤。

《元能子》三卷，一本

按：元能子三卷，《進呈書目》作「无能子二卷」。《天一閣書目》卷一之一作「无能子三卷」，《總目》卷一百四十六作「無能子三卷」。《浙錄》庚集（P493）作「无能子」。故《進呈底簿》誤，應作「无能子」也。

《楚範》六卷，明張子象著，二本

按：張子象，《總目》卷一百九十七作「張之象」，提要云：「之象字元超，華亭人。」《千頃堂書目》卷三十一、《浙錄》辛集（P541）均作「張之象」，故《進呈底簿》誤也。

《天台集》三卷《前集別編》一卷《續》三卷《續集別編》六卷，宋林師藏、林表民輯，四本

按：林師藏，《總目》卷一百八十七作「林師蒧」。《浙錄》辛集（P532）著錄此書，且提要云：「其《天台集》三卷，錄唐以前詩賦，州學諭林師蒧輯，……《天台續集別編》六卷，師蒧子表民輯。」據此可知，此處應作「林師蒧」，《進呈底簿》誤也。

《昔遊集》三卷，唐李紳著，一本

按：昔遊集，《總目》卷一百五十、《文獻通考》卷二百四十二《經籍考》均作「追昔遊集」。《浙錄》辛集（P549）作「唐李丞相追昔遊集」，則《進呈底簿》漏「追」字也。

《郎峰漫錄》五十卷，宋史浩著，十二本

按：郎峰漫錄，《總目》卷一百五十九、《直齋書錄解題》卷十八均作「鄮

峰眞隱漫錄」。《佩文韻府》卷二之三載「鄮峰，《宋史》史浩文集名《鄮峰眞隱漫錄》」。又《浙錄》壬集（P575）亦與《總目》同，《國史經籍志》卷五作「鄮峰漫錄」。據此可知，《進呈底簿》誤。

《范德機集》七卷，元范檸著，二本

按：范檸，《總目》卷一百六十七作「范梈」，提要云：「梈字亨父，一字德機，清江人。」《浙錄》壬集（P608）作「元福建廉訪司知事清江范梈」，可知《進呈底簿》誤也。

《傅山人集》三卷，明傅汝州著，一本

按：傅汝州，《總目》卷一百七十八作「傅汝舟」，提要云：「汝舟本名舟，字虛木，號丁戊山人，一曰磊老侯官人。」又《浙錄》癸集上（P672）亦作「傅汝舟」，故《進呈底簿》誤。

《觀花集》一冊，明朱約佶著，一本

按：朱約佶，《進呈書目》作「朱約信」，誤也。《天一閣書目》卷三之二、《總目》卷一百四十七均作「觀化集一卷，明朱約佶撰」。又《浙錄》庚集（P497）載「觀化集一冊」，提要云：「明西奧弄九山人雲仙約佶撰。」故《進呈底簿》《進呈總目》均誤，應作「觀化集，明朱約佶著」。

《測圖海經》十卷，元李治著，二本

按：測圖海經，《進呈書目》作「測圓海經」，誤也。《天一閣書目》卷一之一、《總目》卷一百七均作「測圓海鏡」。又《浙錄》庚集（P457）亦作「測圓海鏡」，提要云：「紀勾股算法。」可證《進呈底簿》《進呈書目》之誤也。

《太白專征賦》一冊，一本

按：太白，《天一閣書目》卷一之一作「太乙」，《浙錄》庚集（P466）與《天一閣書目》同，故《進呈底簿》誤，應作「太乙專征賦」。

《五行類事》九卷，明季淑通著，三本

按：五行類事，《總目》卷一百十一作「五行類事占徵驗」，明李淑通撰。《浙錄》庚集（P465）作「五行類事占驗徵」，提要云：「明詹事府通事舍人河南李淑通撰。」《存目》子部第 68 冊收錄此書，作「五行類事占徵驗」，明李淑通撰，清抄本。故《進呈底簿》誤。

《三略直解》三卷，明良梁寅著，一本

按：明良梁寅，《總目》卷九十九、《千頃堂書目》卷十三均作「明劉寅撰」。《浙錄》庚集（P479）著錄此書，提要云：「書署曰『前辛亥進士太原劉寅解』。」可證《進呈底簿》之誤。

《東恒珍珠囊》二卷，明李景著，二本

按：東恒，《天一閣書目》卷一之一作「東垣」。《國史經籍志》卷四作「東垣珍珠囊，李杲」。《浙錄》庚集（P488）作「東恒珍珠囊」，李景撰。《進呈底簿》誤。《存目》子部第 41 冊收錄《珍珠囊指掌補遺藥性賦》四卷，金李杲撰，清光緒二十三年刻本，卷首有「東垣李杲編輯」。《總目》卷一百五載《珍珠囊指掌補遺藥性賦》四卷，提要云：「舊本題金李杲撰。考《珍珠囊》爲潔古老人張元素著，其書久已散佚，世傳《東垣珍珠囊》乃後人所僞託，李時珍《本草綱目》辨之甚詳。」綜上所述，應作「東垣珍珠囊，明李杲著」，《進呈底簿》《浙錄》均誤。

《醫史》一卷，明李濂輯，三本

按：一卷，《進呈書目》作「十卷」。《天一閣書目》卷一之一、《總目》卷一百五均作「十卷」。又《浙錄》庚集（P488）亦作「十卷」，可證《進呈底簿》誤也。

《範圍數》二冊，明張迎著，二本

按：張迎，《進呈書目》作「趙迎」。《總目》卷一百十一作「趙迎」，提要云：「迎，鞏縣人。嘉靖丙戌進士，官南京工部主事。」又《浙錄》庚集（P464）亦作「趙迎」，故《進呈底簿》誤。

《玉髓眞經》前集三十卷後集二十一卷，宋張同元輯，十四本

按：張同元，《千頃堂書目》卷十三作「張子微」，張洞玄字子微。《浙錄》庚集（P472）作「宋國師張洞玄輯」，提要引明張經序云：「宋張子微氏，洞曉陰陽，推測造化。……蓋集其大成而爲地理全書也。」又《續修》第 1053 冊收錄此書，亦作「張洞玄」，故《進呈底簿》誤也。

第五冊

• 浙江省第五次書目計共六十九種

按：《進呈書目》作「浙江省第五次曝書亭呈送書目計共六十九種」。

《事物考》八卷，明陳傅巖著，四本

按：陳傅巖，《總目》卷一百三十八作「傅巖」，提要云：「巖字野清，義烏人。崇禎甲戌進士，官至監察御史。」又《浙錄》己集（P367）亦作「傅巖」，可知《進呈底簿》衍「陳」字也。

《韓孟郁蓬廬雜稿》六卷，明韓上柱著，二本

按：韓上柱，《違礙書目》作「韓上桂」。南海人，萬曆甲午舉人，南京國子監博士。《浙錄》癸集下（P715）作「明國子監博士南海韓上桂」，提要云：「上桂才氣敏詹瞻，所作多急就。長於古詩歌行。」則《進呈底簿》誤。

《田居稿》明李允龍著，一本

按：李允龍，《進呈書目》作「李化龍」。《總目》卷一百七十九作「一卷」、「李化龍」。李化龍字于田，長垣人。萬曆甲戌進士。《明史》卷二百二十八有其傳。故應作「李化龍」也，又《浙錄》癸集下（P705）作「李化龍」，亦可證。《進呈底簿》誤。

• 浙江省第五次書目計共八十二種

按：《進呈書目》作「浙江省第五次鄭大節呈送書目共計八十二種」。

《皇明名臣像圖》一冊，明吳大有著，一本

按：吳大有，《總目》卷六十一作「吳守大」，提要云：「守大字有君，崑山人。」同治《蘇州府志》卷一百三十七亦作「吳守大」，《浙錄》戊集（P245）作「吳大有」。據查，吳大有乃宋人，而此書乃《皇明名臣像圖》，可知作者非吳大有也。故《進呈底簿》《浙錄》均誤。

《黎嶽集》一冊，唐李頻著，一本

按：黎嶽集，《總目》卷一百五十一作「梨岳集」。《新唐書》卷二百三《文藝傳》有李頻傳，云其「葬永樂州，爲立廟梨山，歲祠之」，可知應作「梨岳集」，《浙錄》辛集（P549）亦作「梨嶽集」。故《進呈底簿》誤。

《補妬記》六卷，二本

按：六卷，《進呈書目》作「八卷」。《總目》卷一百三十一作「補妒記八卷」。提要云：「其書自一卷至六卷紀商周迄五季妒婦之事；第七卷曰雜妒，謂淫亂而妒及事涉神怪者；第八卷曰總敘，乃雜說文章自涼張續妒婦賦，以下竝闕。」《浙錄》庚集（P428）亦作「補妬記八卷」，「妬」與「妒」同。可

知《進呈底簿》誤，應作「補妒記八卷」。

《大六壬無感鈐》一冊，二本

按：無感，《總目》卷一百十一作「無惑」。《天一閣書目》卷三之一與《總目》同，又《浙錄》庚集（P469）亦作「大六壬無惑鈐」，則《進呈底簿》誤。

• 浙江第四次吳玉墀家呈送書目計共三百五種

《了然易說》一冊，宋陳瓘著，一本

按：了然，《進呈書目》作「了齋」。《宋史》卷二百二《藝文志》《國史經籍志》卷二均作「了齋易說一卷」。《總目》卷二作「了翁易說」，以其自號了翁。《浙錄》甲集（P2）亦作「了齋易說」，故《進呈底簿》誤。

《讀易辨疑》國朝朱開先著，四本

按：朱開先，《進呈書目》作「李開先」，是也。《總目》卷九作「周易辨疑」，國朝李開先撰，提要云：「開先字傳一，長壽人，與嘉靖中太常寺卿李開先名姓偶同，非一人也。」又《浙錄》甲集（P30）亦作「李開先」，可知《進呈底簿》誤也。

《周易述》三十二卷，國朝魏棟著，四本

按：魏棟，《進呈書目》作「惠棟」。《總目》卷六作「二十三卷，國朝惠棟」，提要云：「棟字定字，號松崖，元和人。」《浙錄》甲集（P38）與《總目》同，故《進呈底簿》誤。

《尚書註考》一卷，明陳太來著，一本

按：陳太來，《總目》卷十二作「陳泰交」，根據提要可知，此書應爲陳泰交所作。《經義考》卷九十、《千頃堂書目》卷一亦作「陳泰交」，故《進呈底簿》誤。

《詩翼》六卷，明淩濛著，四本

按：詩翼、淩濛，《總目》卷十七作「言詩翼」、「淩濛初」。《浙錄》甲集（P55）亦作「言詩翼」，且提要云：「明烏程淩濛初撰。……一題曰《孔門兩弟子言詩翼》。」可知此書應作「言詩翼」，明淩濛初著。又《存目》經部第66冊收錄此書，作「孔門兩弟子言詩翼」，明崇禎刻本，亦可證。故《進呈底簿》誤也。

《三禮經集傳測》六十八卷，明湛若水著，十本

按：三禮經集傳測、湛若水，《進呈書目》分別作「二禮經集傳測」、「澄若水」。《總目》卷二十五作「二禮經傳測」，提要云：「是編從孔子曲禮三千，經禮三百之說，故曰『二禮』。」又《浙錄》乙集（P82）亦作「二禮經集傳測」，明湛若水撰。可知《進呈底簿》作「三禮」誤也。

《孟子解》十四卷，宋尹栻著，一本

按：尹栻，《總目》卷三十七作「尹焞」。《宋史》卷二百五《藝文志》與《總目》同，且《宋史》卷四百二十八有其傳，云：「尹焞字彥明，一字德充」。《浙錄》丙集（P114）亦作「尹焞」。又《存目》經部第154冊收錄此書，作「尹焞」，清抄本。可知《進呈底簿》誤。

《遼小史》一卷，明楊循著，一本

按：楊循，《千頃堂書目》卷五、《天一閣書目》卷二之一、《浙錄》丁集（P179）均作「楊循吉」，又下一條作者亦爲「楊循吉」，可證《進呈底簿》誤。

《典古紀聞》十八卷，明余繼登著，十本

按：典古紀聞，《總目》卷五十四作「典故紀聞」，根據提要，此書雜記明故事。《存目》史部第52冊收錄此書，作「皇明典故紀聞」，明萬曆王象乾刻本，前有「國朝典故紀聞序」。可知《進呈底簿》誤也。

《邱陵學山》十二冊，明王完輯，十本

按：王完，《浙錄》庚集（P454）同。《總目》卷一百三十四作「王文祿」，雍正《浙江通志》卷二百四十六有傳，略云：「性嗜書，聞人有異書，傾囊購募，得必手校。縹緗萬軸，置之一樓。俄失火，大慟曰：『但力救書者賞，他不必也。』所著有《藝草》《邱陵學山》《邑文獻志》《衛志》。」《本朝分省人物考》所載與《浙江通志》同。故其作者應爲「王文祿」，未知《進呈底簿》《浙錄》著錄之依據。

《孤樹裒談》十卷，明趙與可輯，十本

按：《進呈書目》有「一作李默撰」。趙與可，《千頃堂書目》卷五作「趙可與」，且小注云：「字會中，安成人。正德癸酉舉人，福建鹽運使，舊作李默誤。」又《本朝分省人物考》卷六十七載《趙可與傳》，云：「所著《孤樹裒談》《青石遺稿》行於世。」則《進呈底簿》作「趙與可」誤也，應作「趙

可與」。

《雲邁淡墨》六卷，明木增輯，六本

按：雲邁淡墨，《總目》卷一百三十二作「雲薖淡墨」，明木增撰。又《浙錄》己集（P396）作「雲薖淡墨」，又《存目》子部第145冊收錄此書，亦作「雲薖淡墨」，明崇禎十一年刻本，故《進呈底簿》誤。

《辛巳守蘄錄》一卷，宋趙與袞著，一本

按：守蘄錄，《進呈書目》作「泣蘄錄」。《總目》卷五十二作「辛巳泣蘄錄」，《絳雲樓書目》卷一、《善本書室藏書志》卷八等均與《總目》同。《浙錄》丁集（P178）亦作「辛巳泣蘄錄」，又《續修》第423冊收錄此書，清抄本。故《進呈底簿》誤。

《各省人物考》一百十五卷，明過庭訓著，五十本

按：各省人物考，《抽燬書目》作「明分省人物考」，明過庭訓撰。《浙錄》戊集（P249）作「分省人物考」，又《續修》第553冊收錄此書，作「本朝分省人物考」，明天啓刻本。則《進呈底簿》誤，應作「分省人物考」。

《東宮備覽》六卷，宋陳謨著，一本

按：陳謨，《總目》卷九十二作「陳模」，提要云：「模字中行，泉州永春人。慶元二年進士。」《宋史》卷二百三《藝文志》作「陳模」，《曝書亭集》卷五十二載《東宮備覽跋》亦作「陳模」，云：「《東宮備覽》六卷，宋迪功郎守祕書省正字兼國史院編修官陳模進」，故《進呈底簿》誤。

•浙江第四次鮑士恭呈送書目計共六百二十六種

《易臆》三卷，明鄭復著，一本

按：鄭復，《總目》卷八作「鄭圭」，提要云：「圭字孔肩，錢塘人。」《經義考》卷五十六亦作「鄭氏圭」，又《浙錄》甲集（P16）亦作「鄭圭」，故《進呈底簿》誤。

《禮記雜說辨疑》一卷，明戴冠著，一本

按：雜說，《總目》卷二十四作「集說」。《浙錄》乙集（P73）亦作「禮記集說辨疑」，提要云：「摘舉陳澔《集說》之可疑者，分條辨之。」可證《進呈底簿》之誤也。

《宋石瓜洲斃亮記》一冊，宋蹇駒編，一本

按：宋石瓜洲，《進呈書目》作「采石瓜洲」。《浙錄》丁集（P176）作「采石瓜洲斃亮記」，且提要云：「記宋紹興辛巳尚書虞允文敗金兵於采石瓜洲間史。」可知，應作「采石瓜洲斃亮記」也，《進呈底簿》誤。

《宋四大家外紀》四冊，明王世貴、陳之伸、范明泰、徐㶿四人編，四本

按：王世貴，《進呈書目》作「王世貞」。《總目》卷六十作「宋四家外紀四十九卷」，提要云：「四家者，蔡襄、蘇軾、黃庭堅、米芾也。蔡紀成於徐㶿，蘇紀成於王世貞，黃紀成於陳之伸，米紀成於范明泰。」《浙錄》己集（P387）作「王世貞」。可知，《進呈底簿》誤。

《咸賓錄》八卷，明羅日聚著，二本

按：羅日聚，《總目》卷七十八作「羅曰褧」，提要云：「曰褧字尚之，江西人。」《明史》卷九十七《藝文志》與《總目》同，《浙錄》戊集（P293）亦作「羅曰褧」，可知《進呈底簿》誤。

《四驛館考》十卷，國朝汪繁著，一本

按：四驛館考，《進呈書目》作「四譯館考」。《總目》卷八十三作「四譯館考」，國朝江蘩撰。江蘩字采伯，湖廣漢陽人。《浙錄》丁集（P220）亦作「四譯館考」，提要云：「國朝太常少卿漢陽江繁撰。述異域貢獻並國朝賜賚聖盛典。後附譯字。」又《存目》史部第272冊收錄此書，作「四譯館考」，清江蘩撰，清康熙刻本，卷首有「楚漢陽江蘩采伯編輯」。故《進呈底簿》《進呈書目》《浙錄》均誤也，應作「四譯館考十卷，國朝江蘩著」。

《野客叢談》三十卷，宋王楙著，四本

按：叢談，《總目》卷一百十八作「叢書」。《吳中人物志》卷九、《千頃堂書目》卷十二均與《總目》同，《浙錄》己集（P378）亦作「野客叢書」，故《進呈底簿》誤。

《靜齋筆記》五卷，元孔齊著，一本

按：靜齋筆記，《總目》卷一百四十三作「靜齋直記」、「至正直記」。《浙錄》己集（P357）作「靜齋至正直記」，提要云：「曰直記者，謂據見聞直筆記之也。」故《進呈底簿》誤。

《平江記事》一卷，元商德基著，一本

按：商德基，《總目》卷七十作「高德基」，《元史藝文志》卷二與《總目》同。《千頃堂書目》卷五、乾隆《江南通志》卷一百九十二《藝文志》均作「平江紀事」、「高德基」。同治《蘇州府志》卷七十八引《康熙志》載：「高德基仕至建德路總管，嘗著《平江紀事》。」又《浙錄》戊集（P265）亦作「高德基」。據此，《進呈底簿》誤。

《聲音紀元》六卷，明吳繼士著，二本

按：聲音紀元，《總目》卷四十四作「音聲紀元」，明吳繼仕撰，字公信，徽州人。《千頃堂書目》卷三與《總目》同，《浙錄》丙集（P150）亦作「音聲紀元」明吳繼仕撰。則《進呈底簿》誤。

《桂勝》十六卷，明張鳳鳴著，二本

《桂故》八卷，明張鳳鳴著，一本

按：張鳳鳴，《總目》卷七十均作「張鳴鳳」，提要云：「鳴鳳字羽王，豐城人。嘉靖壬子舉人，官桂林府通判。」《千頃堂書目》卷七亦作「張鳴鳳」。故《進呈底簿》誤。

《野菜博錄》二卷，明鮑山編，四本

按：野萊博錄，《進呈書目》作「野菜博錄」。《總目》卷一百二作「野菜博錄四卷」，根據提要此書乃記錄野菜品種，分門別類。《浙錄》庚集（P481）作「野菜博錄三卷」，提要云：「分草、木二部。草部二卷，木部一卷。」故《進呈底簿》誤，應作「野菜博錄三卷」。又兩淮鹽政李呈送書目計共二百四十種載此書，作「明鮑山《野菜博錄》三卷，三本」，亦可證。

《永嘉先哲錄》二十卷，明王朝佐編，四本

按：永嘉先哲錄，《總目》卷六十一、《千頃堂書目》卷十、雍正《浙江通志》卷二百五十四均作「東嘉先哲錄」，又《存目》史部第89冊收錄此書，作「東嘉錄」，即東嘉先哲錄，清影明抄本。則《進呈底簿》誤。

《餘東序錄》十二冊，明何孟春著，十二本

按：餘東，十二冊，《進呈書目》作「餘冬」、「十三卷」。《總目》卷一百二十七作「餘冬序錄六十五卷」。《天一閣書目》卷四之二作「餘冬序錄十三冊」。《浙錄》己集（P358）亦作「餘冬序錄十三冊」，又《存目》子部第101冊收錄此書，作「餘冬序錄六十五卷」，嘉靖七年刻本，故《進呈底簿》誤。

《舞志》十二卷，明張救著，一本

按：張救，《總目》卷三十九作「張敉」，提要云：「敉初名獻翼，有《讀易紀聞》已著錄。」《千頃堂書目》卷二、《浙錄》丙集（P133）與《總目》同。則《進呈底簿》誤。

《蜀山名勝記》三十卷，明曹學佺著，八本

按：蜀山名勝記，《進呈書目》作「蜀名勝記」，非是。《總目》卷七十六、《千頃堂書目》卷七均作「蜀中名勝記」，又《浙錄》戊集（P274）作「蜀中名勝記」，與「蜀中廣記」同爲曹學佺所著，故《進呈底簿》與《進呈書目》均誤。

《書畫題跋記》十二卷續集十二卷，國朝郁文慶著，六本

按：郁文慶，《進呈書目》作「郁逢慶」。《總目》卷一百十三作「明郁逢慶」，提要云：「逢慶字叔遇，別號水西道人。嘉興人。」《浙錄》庚集（P423）與《進呈書目》同，故《進呈底簿》誤也，應作「郁逢慶」。

《宋晚堂集》十二卷，宋鄭清之著，一本

按：宋晚堂集，《總目》卷一百六十二作「安晚堂詩集」，七卷，提要云：「宋鄭清之撰。清之初名燮，字文叔，後改今名，字德源，安晚其別號也。鄞縣人，嘉定四年進士。」此十二卷本缺卷一至卷五，實爲七卷。又《浙錄》壬集（P582）作「安晚堂集」。據此應作「安晚堂集」，《進呈底簿》誤。

《蘭皐集》二卷，宋吳錫焘著，一本

按：吳錫焘，《總目》卷一百六十五作「吳錫疇」。提要云：「錫疇字元倫，休寧人。」《元史藝文志》卷四、《浙錄》壬集（P591）亦作「吳錫疇」，故《進呈底簿》誤也。

《汶易端平詩雋》四卷，宋周弼著，一本

按：汶易端平詩雋，《總目》卷一百六十四作「汶陽端平詩雋」，《浙錄》壬集（P589）與《總目》同，又周弼乃汶陽人，故可證《進呈底簿》誤。

《春慶遺稿》一卷，宋蔣堂著，一本

按：春慶遺稿，《進呈書目》作「春卿選稿」。《總目》卷一百五十二、《善本書室藏書志》卷二十六均作「春卿遺稿」，又《浙錄》壬集（P553）亦作「春卿遺稿」，故《進呈底簿》《進呈書目》均誤。

《龍雲集》二十二卷，宋劉弇著，四本

按：二十二卷，《進呈書目》作「三十二卷」。《總目》卷一百五十五作「三十二卷」。《直齋書錄解題》卷十七、《宋史》卷二百八《藝文志》均與《總目》同。又《浙錄》壬集（P562）作「三十二卷」，提要載周必大序云：「先是汴京及麻沙刻公集二十五卷，紹興初余故人會昌尉羅長弼編求別本，手自編纂，至三十二卷，凡六百三十餘篇。」據此可知應作「三十二卷」也，《進呈底簿》誤。

《姑溪集》十卷後集二十卷，宋李之儀著，四本

按：十卷，《總目》卷一百五十五作「五十卷」，《文獻通考》卷二百三十七《經籍考》、《宋史》卷二百八《藝文志》、《國史經籍志》卷五均作「姑溪集五十卷後集二十卷」，又《浙錄》壬集（P562）亦作「五十卷」，則《進呈底簿》誤。

《宋忠簡公集》六卷，宋宗澤著，一本

按：宋忠簡公集，《總目》卷一百五十六作「宗忠簡集」，雍正《浙江通志》卷二百四十八、《浙錄》壬集（P563）均作「宗忠簡公集」，可知《進呈底簿》誤，應作「宗忠簡公集」。

《高峰集》四卷，宋廖綱著，一本

按：廖綱，《總目》卷一百五十九作「廖剛」。提要云：「剛字用中，順昌人。」高峰爲其號也。《宋史》卷三百七十四有其傳，云：「廖剛，字用中，南劍州順昌人。」又《浙錄》壬集（P567）亦作「廖剛」，據此《進呈底簿》誤。

《陳文正公集》十三卷，宋陳相等，一本

按：陳相，《浙錄》壬集（P569）作「陳康伯」。《存目》集部第 15 冊收錄此書，作「陳文正公文集」，宋陳康伯撰，清康熙二十九年刻本。《宋史》卷三百八十四有其傳，云其字長卿，弋陽人。據此，《進呈底簿》誤也。

《雲莊文集》二十卷，宋劉爚著，四本

按：二十卷，《總目》卷一百六十作「雲莊集十二卷」。《千頃堂書目》卷二十九著錄曾協《雲莊集》二十卷，又劉爚《雲莊集》十二卷附集十卷。可知二十卷本爲曾協所著，故此處應作「十二卷」，《進呈底簿》誤。

《泡水集》二十六卷，宋程珌著，四本

按：泡水集，《總目》卷一百六十二作「洺水集」，程珌字懷古，徽州休寧人，紹熙四年進士。提要云：「先世居洺洲，因自號洺水遺民。」又有《洺水詞》一卷。《善本書室藏書志》卷三十一、《絳雲樓書目》卷四、《浙錄》壬集（P581）均作「洺水集」，故《進呈底簿》誤也。

《松垣集》十一卷，宋辛元龍著，一本

按：辛元龍，《總目》卷一百七十四作「幸元龍」。《姓史人物考》卷九載「幸元龍，高安人，嘉泰初進士，著有《松垣集》。」又正德《瑞州府志》卷九有其傳。《浙錄》壬集（P583）亦作「幸元龍」，提要云：「前署古筠洪城幸清節公」，故《進呈底簿》誤。

《方壺集》四卷，宋汪萃著，二本

按：汪萃，《總目》卷一百六十三作「汪莘」。提要云：「莘字叔耕，休寧人。」其自號方壺居士。《浙錄》壬集（P583）亦作「汪莘」，故《進呈底簿》誤，應作「汪莘」。

《可齋集稿》三十四卷《續稿前》八卷《續稿後》十二卷，宋李僧伯著，十二本

按：可齋集稿，《進呈書目》作「可齋雜稿」。《總目》卷一百六十三作「可齋雜稿」，宋李曾伯撰。提要云：「曾伯字長孺，覃懷人。」《宋史》卷四百二十有其傳，《善本書室藏書志》卷三十一與《總目》同。又《浙錄》壬集（P586）作「可齋雜稿」，提要云：「宋觀文閣大學士覃懷李曾伯撰。」故《進呈底簿》誤。

《柴氏四隱集》三卷，宋柴隨亨等著，一本

按：柴隨亨，《進呈書目》作「柴復貞」。《總目》卷一百八十七著錄此書，提要云：「宋柴望及其從弟隨亨、元亨、元彪之詩文也。望有丙丁龜鑑已著錄。隨亨字瞻屺，登文天祥牓進士，歷知建昌軍事。」又《浙錄》壬集（P588）作「宋迪功郎江山柴望、知建昌軍柴隨亨、察推柴元彪撰」，可知其作者應爲柴望、柴隨亨等。因書有十一世孫柴復貞前序後跋，故《進呈書目》誤作者爲「柴復貞」也。而《進呈底簿》作「柴隨亨」亦誤。

《佩韋齋集》二十卷，宋俞徐鄰著，三本

按：俞徐鄰，《總目》卷一百二十一著錄「佩韋齋輯聞四卷」，宋俞德鄰

撰。提要云：「德鄰字宗大，號大玉山人〔註 66〕。」《善本書室藏書志》卷三十二作「佩韋齋文集二十卷，大玉山人俞德鄰」，又《浙錄》壬集（P591）作「佩韋齋集十六卷佩韋輯聞四卷」，宋進士玉山俞德鄰撰，可證《進呈底簿》作「俞徐鄰」誤也。

《莊靖集》十卷，金李俊氏著，二本

按：李俊氏，《總目》卷一百六十六作「李俊民」，提要云：「俊民字用章，澤州人。承安五年以經義舉進士第一，應奉翰林文字。」《浙錄》壬集（P601）作「李俊民」，故《進呈底簿》誤。

《剡源集》二十卷，元戴表元著，三本

按：二十卷，《進呈書目》作「二十六卷」。《總目》卷一百六十六作「三十卷」。根據提要有二十八卷本，久佚。《浙錄》壬集（P604）作「三十二卷」，天一閣寫本，提要云：「據別一本無詩，止二十六卷。宋序云『二十八卷』。萬曆周儀序云『三十卷』。……玆范氏天一閣所進乃完書也。」可知應作「二十六卷」，《進呈底簿》誤。

《牧菜脞語》二十卷二稿八卷，陳仁子著，五本

按：陳仁子，《進呈書目》作「宋陳仁子」。牧菜脞語二十卷，《總目》卷一百七十四作「牧萊脞語十二卷」，宋陳仁子撰。提要云：「是集名曰『牧萊』，言牧牛於草。萊，閒也。」則應作「牧萊脞語」也，《進呈底簿》誤。又《千頃堂書目》作「二十卷」。《浙錄》壬集（P587）作「牧萊脞語二十卷二稿八卷」，宋長沙陳仁子撰，《續修》第 1320 冊收錄此書，亦作「牧萊脞語二十卷二稿八卷」，清初影元抄本，故仍應作「二十卷」。

《翠寒集》一卷，元宋元著，一本

《啽囈集》一卷，元宋元著，一本

按：元宋元，《總目》卷一百六十七作「元宋无」，提要云：「无字子虛，蘇州人。」《浙錄》壬集（P607）作「元晉陵宋无撰」，可證《進呈底簿》誤。

《句曲外史集》三卷外集一卷補遺三卷，元張羽著，二本

按：張羽，《總目》卷一百六十八、《千頃堂書目》卷二十九均作「張雨」，張雨字伯雨、天雨，號貞居子。故《進呈底簿》誤。

〔註 66〕大玉山人，《總目》原作「大迂山人」，今改。

《道院遺稿》六卷，元虞集著，四本

按：道院，《進呈書目》作「道園」。《總目》卷一百六十七作「道園遺稿」，《浙錄》壬集（P608）作「道園先生遺稿」，其又有《道園學古錄》一書，故《進呈底簿》誤。

《詠物詩》一卷，元洲宗可著，一本

按：洲宗可，《進呈書目》作「謝宗可」。《總目》卷一百六十八作「謝宗可」，提要云其爲金陵人，始末無可考。《浙錄》壬集（P613）亦作「謝宗可」，故《進呈底簿》誤。

《北山集》四卷，元周權著，二本

按：北山集，《總目》卷一百六十七作「此山集」，周權號此山。《國史經籍志》卷五、《浙錄》壬集（P612）均與《總目》同，故應作「此山集」，《進呈底簿》誤。

《雲松樵集》三卷，元朱希晦著，一本

按：雲松樵集，《進呈書目》作「雲松巢集」。《總目》卷一百六十八、《元史藝文志》卷四均作「雲松巢集」。《浙錄》壬集（P618）作「雲松巢詩集十卷」，故《進呈底簿》誤。

《山林清氣集》元釋德靜著，一本

按：《進呈書目》有「一卷」。《總目》卷一百七十四作「一卷」，元釋德淨撰。提要云：「德淨字如鏡，錢塘人。」雍正《浙江通志》卷二百四十九與《總目》同。《浙錄》壬集（P627）作「釋德靜」。《存目》集部第 22 冊收錄此書，作「釋德淨」，清乾隆嘉慶間趙之玉星鳳閣鈔《唐宋元三朝名賢小集》本。書首有「錢塘德淨如鏡」六字。可知應作「釋德淨」也，《進呈底簿》《浙錄》均誤。

《蘭雪集》二卷，元張元娘著，一本

按：張元娘，《總目》卷一百七十四著錄此書，提要云：「元松陽女子張玉孃撰。」雍正《浙江通志》卷二百十六引《松陽縣志》有其傳，作「張玉娘」，其字若瓊，號貞一居士。《浙錄》壬集（P626）亦作「張玉娘」，故《進呈底簿》誤。

《順齋閒居叢稿》十六卷，元蒲道源著，四本按：十六卷，《總目》卷一百六十七、《千頃堂書目》卷二十九均作「二十六卷」。《浙錄》壬集（P610）亦作「二十六卷」，《進呈底簿》缺「二」字。

《桂隱文集》四卷詩集四卷，元許銑著，二本

按：許銑，《進呈書目》作「劉詵」。《總目》卷一百六十六作「劉詵」，提要云：「詵字桂翁，廬陵人。」《浙錄》壬集（P605）與《進呈書目》同，故《進呈底簿》誤。

《筠溪牧潛集》七卷，元釋圖主著，一本

按：釋圖主，《總目》卷一百六十六作「釋圓至」，提要云：「圓至字牧潛，號天隱，高安人。」《吳中人物志》卷十二有其傳，作「圓至」。又《浙錄》壬集（P627）作「元釋高安圓至」，故《進呈底簿》誤。

第九冊

• 浙江省第一次書目計共五十六種

《王學質疑》一冊，國朝張承烈著，一本

按：張承烈，《總目》卷九十七作「張烈」，張烈字武承，故《進呈底簿》誤爲「張承烈」也。又《浙錄》己集（P344）作「張承烈」，亦誤。《存目》子部第23冊收錄此書，作「張烈」，清抄本。

《滇考》三卷，國朝馮甦著，二本

按：三卷，《總目》卷四十九作「二卷」。《浙錄》戊集（P275）亦作「二卷」，復旦大學圖書館藏有清道光元年刻十四年重校印本，作「二卷」，可知《進呈底簿》誤。

《古栝遺芳》四卷，明鄭宣著，四本

按：古栝遺芳，《總目》卷一百九十二、雍正《浙江通志》卷二百五十四均作「古括遺芳」。《浙錄》辛集（P533）亦與《總目》同，可知《進呈底簿》誤。

《抄存永樂大典內考工記》六本

按：據乾隆三十八年四月二十八日所上《浙江巡撫三寶奏呈續獲天一閣等家遺書目錄並〈永樂大典·考工記〉六本摺》：「現據寧波府稟：據鄞縣貢生盧址呈繳遺書二十餘種，除發局核對有無重複另行查辦外，並據繳出抄存《永樂大典》內《考工記》一部，記六本，稱係祖上遺留，今聞訪購，情願

呈繳等語。」〔註 67〕此次獻書爲浙江省第五次送書，內含「抄存《永樂大典》內《考工記》一部」，則《進呈底簿》與《進呈書目》中載的最後一種「抄存《永樂大典》內《考工記》」應屬於第五次獻書。

• 浙江省第二次書目計共五十一種又舊抄本九種

按：《進呈書目》作「九本」。

《湛園禮記》四卷，國朝姜宸英著，一本

按：湛園禮記，《進呈書目》作「湛園札記」。《總目》卷一百十九作「湛園札記」，提要載「自序稱閻若璩欲改札記爲劄記」云云，則可知應爲「札記」也。《浙錄》己集（P374）作「湛園札記」。故《進呈底簿》誤。

《唐碑帖考》四卷，明周錫珪著，二本

按：唐碑帖考，《總目》卷八十七作「唐碑帖跋」，明周錫珪撰。根據提要可知此書乃作者所見各爲題跋，故應作「唐碑帖跋」。《浙錄》庚集（P415）作「唐碑帖考」。《存目》史部第 278 冊收錄此書，作「唐碑帖跋」，清沈氏野鳴山房抄本。可知《進呈底簿》《浙錄》誤也。

《兩漢詔令》二十二卷，元蘇天爵輯，三本

按：二十二卷，《進呈書目》作「二十三卷」。《總目》卷五十五作「二十三卷」。提要云：「《西漢詔令》十二卷，宋林虙編。《東漢詔令》十一卷，宋樓昉所續編也。」可知爲二十三卷也。《浙錄》丁集（P199）作「二十三卷」，亦可證，故《進呈底簿》誤。

《金吾記》三卷，宋釋適之著，二本

按：金吾記，《進呈書目》作「金壺記」。《總目》卷一百十四作「金壺記」，其又有「金壺字考一卷」。又《浙錄》己集（P381）亦作「金壺記」，可知《進呈底簿》誤。

• 浙江第三次書目計一百八種

《安定堂文鈔》二十卷，國朝毛際可著，四本

按：安定堂，《總目》卷一百八十二作「安序堂」，《浙錄》癸集下（P738）亦作「安序堂文鈔」，《存目》集部第 229 冊收錄此書與《總目》同，爲清康熙刻增修本。故《進呈底簿》誤。

〔註 67〕《檔案》，第 106 頁。

《集虛齋學古文》十二卷，國朝方莱如著，四本

按：方莱如，《進呈書目》作「陸奎勳」，誤也。《總目》卷一百八十四作「方粲如」，提要云：「粲如字文輈，淳安人。康熙丙戌進士，官豐潤縣知縣。」《浙錄》癸集下（P749）作「方粲如」。《兩浙輶軒錄》卷十四載「方粲如」云：「字文輈號朴山」。又載「方莱如」云：「字葯房，一字若芳，號荔帷，淳安諸生，粲如弟。」《存目》集部第263冊收錄此書，書首載「還淳方粲如文輈」，清乾隆十九年刻本。故此處應作「方粲如」，《進呈底簿》誤。

《易學四同》別卷錄二卷，明季本著，二本

按：別卷錄二卷，《總目》卷七作「八卷別錄四卷」。《國史經籍志》卷二、《千頃堂書目》卷一均作「易學四同八卷」，《浙錄》甲集（P11）亦作「八卷」，則「八卷」《進呈底簿》誤作「別卷」也。《浙錄》閏集（P758）作「易學四同別錄四卷」，故此處應改爲「易學四同八卷別錄四卷」，《進呈底簿》誤。

《詩易隅通》二卷，明來集之著，二本

按：詩易隅通，《總目》卷八作「讀易隅通」，《經義考》卷六十四與《總目》同，《浙錄》甲集（P26）亦作「讀易隅通」，提要云：「是書即守安慶城時夜不分寐，於巡邏之隙挑燈讀《易》，有得輒書，因而成帙。」又《續修》第 17 冊收錄此書，作「讀易隅通」，清順治黃正色刻本。可知《進呈底簿》誤。

《王季仲文集》十三卷，明王思任著，八本

按：王季仲文集，《浙錄》癸集下（P715）作「王季重文集」。《販書偶記》載《王季重文集》十三卷。王思任字季重，《違礙書目》亦作「王季重集」，故《進呈底簿》誤。

《倦圃蒔植記》三卷，國朝陳曹溶著，一本

按：陳曹溶，《總目》卷一百十六作「曹溶」。提要云：「溶字潔躬，號秋嶽，秀水人。前明崇禎丁丑進士。」《浙錄》庚集（P484）作「國朝侍郎秀水曹溶」，可知《進呈底簿》衍「陳」字。

• 浙江第六次呈送書目共計五百五十三種

《易籤》一冊，明盧翰著，一本

按：易籤，《進呈書目》作「籤易」。《總目》卷一百十一作「籤易一卷」，

《經義考》卷二百七十二、《明史》卷九十八《藝文志》均作「中庵籤易」。《浙錄》甲集（P14）與《進呈書目》同，又《存目》子部第 66 冊收錄此書，亦作「籤易」，明萬曆刻本，故《進呈底簿》誤。

《禮記目錄》三十卷，明黃乾行著，十本

按：禮記目錄，《總目》卷二十四作「禮記日錄」。《千頃堂書目》卷二、《經義考》卷一百四十五、《浙錄》乙集（P73）均與《總目》同。又《存目》經部第 89 冊收錄此書，亦作「禮記日錄」，明嘉靖三十四年刻本，故《進呈底簿》誤。

《禮樂通考》三十卷，國朝吳掄輯，十本

按：吳掄，《總目》卷二十五作「胡掄」，提要云：「掄字應麟，武進人。」《存目》經部第 111 冊收錄此書，亦作「胡掄」，清乾隆藜照軒刻本。故《進呈底簿》誤也。

《春秋四集通解》十二卷，明陳士芳著，四本

按：春秋四集通解，《進呈書目》《浙錄》乙集（P100）均作「春秋四傳通解」。《總目》卷三十作「春秋四傳通辭」，提要云：「因董仲舒有『《春秋》無通辭，隨變而移』之語，遂題曰『通辭』。」又《存目》經部第 123 冊收錄此書，作「春秋四傳通辭」，明春星堂刻本。故《進呈底簿》《進呈書目》與《浙錄》均誤。

《春秋經義慎考》十四卷，國朝姜兆錫輯，三本

按：春秋經義，《總目》卷三十一作「春秋事義」。《浙錄》乙集（P107）與《總目》同。《存目》經部第 136 冊收錄此書，作「春秋事義慎考」，清乾隆刻本。可知《進呈底簿》誤。

《閑闢錄》十卷，明陳瞳著，二本

按：陳瞳，《進呈書目》作「程瞳」，非是。《千頃堂書目》卷十一、《總目》卷九十六均作「程瞳」，提要云：「瞳號峩山，休寧人。」《浙錄》己集（P339）與《總目》同，又《存目》子部第 7 冊收錄此書，作「程瞳」，明嘉靖四十三年刻本。可知《進呈底簿》《進呈書目》均誤，應作「程瞳」。

《道南源委錄》十二卷，明宋衡輯，六本

按：道南源委錄、宋衡，《進呈書目》作「道源委錄」、「朱衡」。《總目》

卷六十一作「道南源委錄」、「朱衡」，提要云：「衡字士南，萬安人。嘉靖壬辰進士，官至工部尚書兼副都御史總理河漕。」《明史》卷二百二十三有其傳，《浙錄》己集（P333）作「道南源委錄」、「朱衡」，故《進呈底簿》《進呈書目》均誤。

《業語》十二卷，明吳炯著，四本

按：業語，《進呈書目》作「叢語」。《千頃堂書目》卷十一、《總目》卷一百二十五均作「叢語」，明吳炯撰。《浙錄》己集（P338）與《進呈書目》同，故《進呈底簿》誤。

《厚語》四卷，明錢袞輯，二本

按：錢衮，《總目》卷一百三十二作「錢蓘」，提要云：「蓘字懋登，海鹽人。萬曆中由貢生官於潛縣訓導。」雍正《浙江通志》卷二百四十六引《海鹽縣圖經》亦作「錢蓘」。《浙錄》己集（P338）作「錢衮」。《存目》子部第145冊收錄此書，作「錢蓘」，清抄本。則《進呈底簿》與《浙錄》均誤。

《雒閩淵源錄》十九卷，國朝張夏輯，六本

按：淵源錄，《總目》卷六十三作「源流錄」。《東林書院志》卷二十作「雒閩源流錄」。乾隆《江南通志》卷一百九十《藝文志》作「洛閩源流錄」，《浙錄》己集（P345）作「洛閩淵源錄」，提要云：「纂明一代諸儒學行梗概，取其淵源程、朱，題曰『洛閩』。」而《蘇錄》〔註 68〕（4P266）著錄《雒閩源流錄》十九卷。《續修》第 536 冊收錄此書，作「雒閩源流錄」，清康熙二十一年刻本，前有康熙壬戌張夏自序，云：「此雒閩源流一錄，夏之所以不得已而作也」。據此可知《進呈底簿》《浙錄》均誤，應作「雒閩源流錄」。

《垂世芳型》二冊，國朝金淮寧著，二本

按：金淮寧，《總目》卷九十作「金維寧」。提要云：「維寧字德藩，華亭人。康熙丙午舉人。」《存目》史部第 291 冊收錄此書，與《總目》同，清康熙賀劾堂刻本。可知《進呈底簿》誤。

《字學訂譌》二卷，明孛當泰輯，二本

按：孛當泰，《總目》卷四十三作「李當泰」，提要云：「當泰字元祉，泗

〔註 68〕《江蘇採集遺書總錄》，以下簡稱《蘇錄》。

州人。」《浙錄》丙集（P150）作「明㕣猶字當泰」。《六藝之一錄》卷二百七十載《李當泰字學訂譌序》。則《進呈底簿》與《浙錄》均誤。

《字學指南》十卷，明朱應奎編，四本

按：朱應奎，《總目》卷四十三作「朱光家」，提要云：「光家字謙甫，上海人。」《浙錄》丙集（P149）作「朱應奎」。《六藝之一錄》卷二百七十載《朱光家字學指南序》，《存目》經部第 192 冊收錄此書，作「朱光家」，明萬曆刻本，卷首載「上海後學謙甫朱光家輯注」。則《進呈底簿》與《浙錄》均誤。

《史書纂略》四十冊，明馬惟銘輯，四十本

按：馬惟銘，《總目》卷六十五作「馬維銘」。提要云：「維明字新甫，平湖人。萬歷庚辰進士，官至兵部職方司主事。」《浙錄》戊集（P299）與《總目》同。《存目》史部第 141 冊收錄此書，作「馬維銘」，明萬曆四十三年刻本。

《國憲家猶》五十六卷，明王大可著，三十二本

按：國憲家猶，《進呈書目》作「國憲家猷」，是也。《總目》卷一百三十七作「國憲家猷」，明王可大撰。提要云：「可大字元簡，南京錦衣衛人。嘉靖癸丑進士，官至台州府知府。」《明史》卷九十八《藝文志》與《總目》同。《存目》子部第 183 冊均收錄此書，作「國憲家猷」，明王可大輯，明萬曆十年自刻本，卷首載「東吳王可大元簡甫集著」。故《進呈底簿》作「國憲家猷」、「王大可」均誤。

《壺天玉露》四卷，明錢陛著，二本

按：錢陛，《總目》卷六十二作「錢陞」，提要云：「陞字元履，海鹽人。萬歷戊午舉人。」《浙錄》戊集（P235）與《總目》同，又《存目》史部第 110 冊收錄此書，作「錢陞」，明天啓五年自刻本。故《進呈底簿》誤。

《翰林典故》《翰苑須知》合一冊，明張位輯，二本

按：《總目》卷八十作「詞林典故一卷附翰苑須知一卷」。提要云：「此乃其官翰林學士時所輯詞館通行典例。自經筵日講以迄輿從服色，凡分三十二門。」《存目》史部第 258 冊收錄「詞林典故一卷」，明萬曆十四年刻本。故《進呈底簿》誤。

《考證服飾篇》十卷，明吳自南輯，一本

按：《總目》卷一百十九作「藝林彙考二十四卷」，國朝沈自南撰。提要云：「自南字留侯，吳江人。順治壬辰進士，官山東蓬萊縣知縣。」此書分棟宇、服飾、飲食、稱號、植物五篇，共二十四卷，服飾乃其中一篇也。《浙錄》己集（P366）作「藝林考證服飾篇」、「明沈自南撰」，故《進呈底簿》誤。

《攜李往哲初編》一冊，國初項玉筍輯，一本

按：《進呈書目》作「檇李往哲初編，明戚元佐輯」。《總目》卷六十一作「檇李往哲前編一卷」，明戚元佐撰。提要云：「元佐字希仲，嘉興人。嘉靖壬戌進士，官至尚寶司卿。」《浙錄》戊集（P250）載《檇李往哲初編》，明戚元佐撰，又《檇李往哲續編》，國朝項玉筍撰。故《進呈底簿》誤，《檇李往哲初編》作者應爲明戚元佐。而下條《海昌外志》重出，可據《進呈書目》改作「檇李往哲續編國初項玉筍輯一本」。

《三湖水考》十六卷，明林應訓輯，十二本

按：三湖水考，《進呈書目》作「三吳水考」。《總目》卷六十九作「三吳水考」，《浙錄》丁集（P227）與《進呈書目》同。可知《進呈底簿》誤。

《吳中水利道志》十七卷，二本

按：道志，《總目》卷七十五作「通志」。《浙錄》丁集（P227）與《總目》同，又《存目》史部第221冊收錄此書，亦作「吳中水利通志」，明嘉靖三年錫山安國銅活字本。此版本與《浙錄》所載爲同一版本。故《進呈底簿》誤。

《鄢署雜抄》十二卷，國朝江爲熙輯，三本

按：十二卷、江爲熙，《總目》卷一百四十四作「十四卷」、「汪爲熹」。提要云：「爲熹字若木，桐鄉人。」《存目》子部第 250 冊收錄此書，作「十二卷首一卷末一卷」，清汪爲熹輯，康熙綸瑕堂刻本。則《進呈底簿》誤也，應作「汪爲熹」。

《事物初略》三十四卷，明呂毖貞著，二本

按：呂毖貞，《總目》卷一百二十六作「呂毖」，提要云：「毖字貞九，吳縣人。」《存目》子部第98冊收錄此書，作「呂毖」，明崇禎十七年刻本，故《進呈底簿》誤。

《李氏類纂》四冊，國朝李純遠輯，四本

按：李純遠，《總目》卷一百三十九作「李繩遠」。提要云：「繩遠字斯年，嘉興人。」《浙錄》庚集（P449）與《總目》同，《進呈底簿》訛「繩」爲「純」也。

《事□類紀》三十卷，明徐常吉著，十本

按：「事」下一字原作「類」，後圈去。事□類紀，《進呈書目》作「事詞類紀」，誤也。《總目》卷一百三十八、《千頃堂書目》卷十五均作「事詞類奇」，又《浙錄》庚集（P446）作「事詞類奇」，提要云：「所採皆經史百家中奇語」，可證《進呈底簿》《進呈書目》均誤。

《琅琊代醉編》四十卷，明張思睿輯，十二本

按：張思睿，《總目》卷一百三十二作「張鼎思」。提要云：「鼎思字愼吾，安陽人。萬曆丁丑進士。」《浙錄》己集（P365）作「瑯琊代醉編」，明太僕丞蘇州張鼎思輯。《明史》卷九十八《藝文志》載此書，作「張鼎思」。又《存目》子部第129冊收錄此書，亦作「張鼎思」，明萬曆二十五年刻本。故《進呈書目》誤。

《廣蒙求》二十七卷，明姚光祚輯，八本

按：二十七卷，《總目》卷一百三十八作「三十七卷」，提要云其分三十七類。《浙錄》丙集（P138）與《總目》同。《存目》子部第199冊收錄此書，作「三十七卷」，明刻本。故《進呈底簿》誤，應作「三十七卷」。

《事言要元》三十卷，明陳懋學著，二十四本

按：三十卷，《總目》卷一百三十八作「三十二卷」。提要云：「是編分類隸事，凡天部三卷、地部八卷、人部十四卷、事部四卷、物部三卷」，共三十二卷。《存目》子部第 202 冊收錄此書，與《總目》同，明萬曆四十六年刻本。故《進呈底簿》誤。

《蘇米史廣》六卷，明郭化著，一本

按：蘇米史廣，《總目》卷六十作「蘇米譚史廣」。《浙錄》己集（P390）作「蘇米譚史廣」，提要云：「張師繹有《蘇米譚史》二卷，化爲廣之」，故名。《存目》史部第85冊收錄此書，作「蘇米譚史廣」，明末胡正言十竹齋刻本。可知《進呈底簿》誤。

《燕□叢錄》九卷，明徐昌祚著，二本

按：「燕」下一字原寫作「叢」字不全。燕□叢錄，《進呈書目》作「燕山叢錄」，據此可補。《總目》卷一百四十四作「燕山叢錄二十二卷」，此書分二十二類。《千頃堂書目》卷六、《浙錄》丁集（P195）亦作「二十二卷」。則《進呈底簿》誤，應作「燕山叢錄二十二卷」。

《□探》十卷，明李蘅輯，二本

按：「探」上一字原缺。□探，《進呈書目》作「巢探」，誤也。《浙錄》庚集（P455）作「璅探」。《總目》卷六十《雲林遺事》條提要云：「江寧李蘅嘗刻其本於所輯《璅探》中」，可知李蘅有《璅探》一書。又《文選樓藏書記》卷二作「璅探十卷明李蘅輯」，再者安徽省呈送書目中亦載此書，故據此可補，應作「璅探」。

《衍極》二卷，宋鄭杓著，二本

按：鄭杓，《總目》卷一百十二作「元鄭杓撰」，提要云：「案何喬遠《閩書》曰：『杓字子經，羅源人。泰定中官南安縣教諭，與陳旅為文字友，著《衍極》五篇。』」又《千頃堂書目》卷三、《讀書敏求記》卷一、《浙錄》庚集（P417）均作「鄭杓」。鄭杓當為「鄭杓」之誤。《總目》作「鄭杓」，亦非是。杓，此處當讀作都歷切，音 dí，即「標準」的意思，與其表字「子經」之意相合。據此，《進呈底簿》《總目》均誤。

《說類》六十二卷，明林槐茂著，八本

按：林槐茂，《進呈書目》作「林茂槐」，是也。《總目》卷一百三十二作「明葉向高編、林茂槐增刪」，提要云：「茂槐字穉虛，福清人。萬曆乙未進士，官至吏部郎中。」又《浙錄》庚集（P447）與《進呈書目》同，故《進呈底簿》誤。

《說詩樂趣》二十卷，國朝伍函芬輯，四本

按：伍函芬，《總目》卷一百九十七作「伍涵芬」，提要云：「涵芬字芝軒，於潛人。康熙丁卯舉人。」《浙錄》庚集（P409）與《總目》同，故《進呈底簿》誤。

《蟫史》十一卷，明穆文輯，四本

按：穆文，《總目》卷一百三十八作「穆希文」，提要云：「希文字純文，嘉興人。」《浙錄》庚集（P430）亦作「穆希文」，可知《進呈底簿》誤。

《琴學心聲》二卷，國朝張臻鳳著，三本

按：張臻鳳，《進呈書目》作「張晉鳳」，誤也。《總目》卷一百十四作「一卷」、「莊臻鳳」。提要云：「臻鳳號蜨庵，江寧人。」《天一閣書目補遺》亦作「莊臻鳳」。《存目》子部第 75 冊收錄此書，作「琴學心聲諧譜一卷附聽琴詩一卷」，清莊臻鳳撰，清康熙刻本，前有康熙甲辰中秋莊臻鳳自序。故《進呈底簿》《進呈書目》均誤。

《花史》二十七卷，明仲遵著，十二本

按：《總目》卷一百十六作「花史左編」，明王路撰，提要云：「路字仲遵，嘉興人。」可知仲遵乃王路字也。《千頃堂書目》卷九與《總目》同，又《存目》子部第 82 冊收錄此書，作「王路」，萬曆四十六年綠綺軒刻本。故《進呈底簿》誤，應作「王仲遵」也。

《各谿集》二卷，明釋方澤著，二本

按：各谿集，《進呈書目》作「冬谿集」。《總目》卷一百七十八作「冬谿集」，明釋方澤撰。提要云：「方澤字雲望，號冬谿，嘉善人。秀水精嚴寺僧也。」《浙錄》癸集下（P733）作「冬谿內集二卷外集二卷」，明釋嘉善方澤撰。可知《進呈底簿》誤，應作「冬谿集二卷明釋方澤著」。

《渾蓋通天圖說》二卷，明李之藻輯，二本

按：通天，《進呈書目》作「通禾」，誤也。《總目》卷一百六、《千頃堂書目》卷十三均作「渾蓋通憲圖說」，《浙錄》庚集（P459）亦作「渾蓋通憲圖說」，提要載其自序云：「憲者，法也，謂其法相同也。」則《進呈底簿》《進呈書目》均誤，應作「渾蓋通憲圖說」。

《萬壽仙書》四冊，國朝曹無輯，四本

按：曹無，《總目》卷一百四十七作「曹無極」。提要云：「無極字若水，金壇人。」《浙錄》庚集（P497）作「曹無極」，又《存目》子部第 261 冊收錄此書，亦作「曹無極」，故《進呈底簿》誤。

《諸集元奧集》九卷，四本

按：《浙錄》庚集（P496）作「諸眞元奧集十卷」。《續修》第 1295 冊收錄此書，作「諸眞玄奧集成九卷」，涵蟾子輯，明萬曆十九年金陵閻氏刻道書全集本。可知《進呈底簿》誤，應作「諸眞元奧集」。

《夢占類考》十二卷，明張鴻翼輯，四本

按：張鴻翼，《總目》卷一百十一作「張鳳翼」，提要云：「鳳翼字伯起，長洲人。嘉靖甲子舉人。」《千頃堂書目》卷十三亦作「張鳳翼」，《存目》子部第70冊收錄此書，與《總目》同，明萬曆十三年刻本。故《進呈底簿》誤也。

《神農本草疏經》三十卷，明繆希雍著，十二本

按：疏經，《總目》卷一百四作「經疏」，《浙錄》庚集（P491）亦作「神農本草經疏」，則《進呈底簿》誤。

《赤水元珠》三十卷《醫旨緒餘》二卷《醫案》五卷，明徐一奎著，二十四本

按：徐一奎，《總目》卷一百四作「孫一奎」，提要云：「一奎字文垣，號東宿，又號生生子，休寧人。」清抄本《明史》卷一百三十五《藝文志》亦作「孫一奎」，《浙錄》庚集（P490）與《總目》同，故《進呈底簿》誤。

• 浙江省第七次呈送書目計共二百二種，三本

按：《進呈書目》無「三本」。

《詩瀋》二十卷，國朝萬家相著，四本

按：萬家相，《進呈書目》作「范家相」，是也。《總目》卷十六作「范家相」，提要云：「家相字蘅洲，會稽人。乾隆甲戌進士，官至柳州府知府。」《浙錄》乙集（P62）與《總目》同，故《進呈底簿》誤。

《三家詩源流》十卷，國朝范家相著，三本

按：三家詩源流，《總目》卷十六作「三家詩拾遺」。《書目答問》經部、《八千卷樓書目》卷二均作「三家詩拾遺」。《浙錄》乙集（P62）與《總目》同，故《進呈底簿》誤。

《辨惑續篇》七卷附錄二卷，明顧亮寅著，四本

按：續篇、顧亮寅，《總目》卷九十六作「續編」、「顧亮」。提要云：「亮字寅仲，長洲人。」《浙錄》己集（P338）亦作「續編」。《存目》子部第9冊收錄此書，與《總目》同，明成化五年刻本。故《進呈底簿》誤，應作「辨惑續編」、「顧亮」。

《性理總要》二十二卷，明李廷機輯，十六本

按：總要，《總目》卷九十六作「綜要」，是也。《浙錄》己集（P334）亦

作「性理綜要」，提要云：「綜撮《性理大全》之要」，可知《進呈底簿》誤。

《見聞雜錄》一卷，宋王定國著，三本

按：見聞雜錄，《總目》卷一百四十作「甲申雜記一卷聞見近錄一卷隨手雜錄一卷」，宋王鞏撰。鞏字定國。又《四庫全書》收錄王鞏著《甲申聞見二錄補遺》一書。《國史經籍志》卷四亦作《甲申雜記》《聞見近錄》，故《進呈底簿》誤。

《四明延祐志》二十卷，元袁桷著，七本

按：四明延祐志，《總目》卷六十八作「延祐四明志」。此志存書成於延祐七年，可知「延祐」爲修書年代，故曰「延祐四明志」，《宋元學案》、雍正《浙江通志》均載此書。故應改作「延祐四明志」。

《石齋行業》四冊，明黃道周著，三本

按：石齋行業，《浙錄》癸集下（P729）作「石齋詠業」。《千頃堂書目》卷二十七載「石齋詠業二卷」。可知《進呈底簿》誤，應作「石齋詠業」。

《閔午堂詩集》七卷，明閔如霖著，二本

按：閔午堂，《總目》卷一百七十七作「閔午塘」，提要云：「如霖字師望，號午塘，烏程人。嘉靖壬辰進士，官至南京禮部尚書。」清抄本《明史》卷一百三十七《藝文志》載其有《午塘集》十六卷，可知《進呈底簿》誤也。

《黃葉村莊詩集》八卷續集二卷，國朝吳文振著，三本

按：吳文振，《總目》卷一百八十三作「吳之振」，提要云：「之振字孟舉，石門人。」《浙錄》癸集下（P741）作「吳之振」，《存目》集部第237冊收錄此書，亦作「吳之振」，康熙刻本。故《進呈底簿》誤。

•浙江省第八次呈送書目計共一百三十四種

《春秋經傳辨疑》一冊，明章品著，二本

按：《進呈書目》作「春秋經傳辨義一冊明童品著」。《總目》卷二十八作「春秋經傳辨疑一卷」，明童品撰。提要云：「品字廷式，號愼齋，蘭溪人。宏治丙辰進士。」《千頃堂書目》卷二、《浙錄》乙集（P94）與《總目》同，故《進呈底簿》《進呈書目》均誤，應作「春秋經傳辨疑一卷明童品著」。

《元晏齋□思抄》三卷，明孫愼行著，一本

按：「齋」下一字原缺。《進呈書目》作「元晏齋因思抄」，誤也。《總目》卷三十七、清抄本《明史》卷一百三十五《藝文志》均作「元晏齋困思抄」，《浙錄》丙集（P118）與《總目》同，又《存目》經部第 162 冊收錄此書，作「玄晏齋困思抄」，明萬曆刻本。據此可補。

《江右名賢編》二卷，明喻均安、劉元卿仝輯，二本

按：明喻均安劉元卿，《總目》卷六十二作「明喻均、劉元卿」，提要云：「均，新建人。隆慶戊辰進士，官至按察使副使。」清抄本《明史》卷一百三十七《藝文志》載「喻均《山居詩稿》十卷」，小注云：「字邦相，新建人。隆慶戊辰進士，山東副使。」《浙錄》戊集（P254）作「明新建喻均、安福劉元卿同輯」。據此，《進呈底簿》誤也。

《金華徵猷略》二十卷，國朝王崇炳著，十本

按：徵猷略，《總目》卷六十三作「徵獻略」，《浙錄》戊集（P251）與《總目》同，《存目》史部第 119 冊收錄此書，亦作「金華徵獻略」，清雍正刻本。則《進呈底簿》誤也。

《黃昏抄》九十七卷又《古今紀要》十九卷，宋黃震著，三十二本

按：黃昏抄，《進呈書目》作「黃氏日抄」。《總目》卷九十二作「黃氏日鈔」。《浙錄》己集（P319）與《總目》同。古代書寫豎排字，上下兩個「氏」與「日」誤合併作一個字。故《進呈底簿》誤，應作「黃氏日鈔」。

《躬行實踐錢》十五卷，國朝桑調元著，三本

按：躬行實踐錢，《總目》卷九十八作「躬行實踐錄」，《浙錄》己集（P379）與《總目》同，《進呈底簿》誤也。

《田居乙記》四卷，明方大愼著，二本

按：方大愼，《總目》卷一百三十二作「方大鎮」，提要云：「字君靜，桐城人。萬曆己丑進士，官至大理寺少卿。」其父爲方學漸。《浙錄》己集（P364）與《總目》同，又《存目》子部第 134 冊收錄此書，亦作「方大鎮」，明萬曆繡水沈氏刻寶顏堂秘笈本。故《進呈底簿》誤。

《玉塵新譚》二十四卷，明鄭仲夔輯，四本

按：《進呈書目》作「玉麈新譚」。《禁燬》子部第 38 冊收錄此書，作「玉

塵新譚三十四卷」，其中《清言》十卷、《偶記》八卷、《耳新》八卷、《雋區》八卷，明萬曆四十五年刻本。《進呈底簿》誤。

《覽古評語》五卷，明陳思著，五本

按：陳思，《總目》卷一百二十七作「陳師」，提要云：「師字思貞，錢塘人。」《千頃堂書目》卷十二、《浙錄》己集（P363）亦作「陳師」，故《進呈底簿》誤。

《漆園卮言》十七卷，明沈鍊著，十四本

按：沈鍊，《進呈書目》作「莊起元」。《總目》卷一百八十作「莊起元」，提要云：「起元字中孺，武進人。萬曆庚戌進士，官至太僕寺少卿。」又《千頃堂書目》卷二十六、《浙錄》癸集下（P719）亦作「莊起元」。《存目》集部第 184 冊收錄此書，作「莊起元」，明萬曆刻本。故《進呈底簿》誤也。

《松圓浪淘集》十八卷《倡庵集》二卷，明程嘉燧著，五本

按：倡庵集，《千頃堂書目》卷二十六作「偈庵集」。《浙錄》癸集下（P724）亦「偈庵集」。《續修》第 1385 冊收錄此書，作「松圓浪淘集十八卷松圓偈庵集二卷」，故《進呈底簿》誤。

• 浙江省第十一次呈送書目計共二百二十種

按：《進呈書目》作「二百三十五種」。

《詩牖》十五卷，明錢永錫著，四本

按：錢永錫，《總目》卷十七作「明錢天錫撰」，提要云：「天錫字公永，竟陵人。天啓壬戌進士，官至僉都御史。」《經義考》卷一百十六作「錢氏天錫」，《存目》經部第 67 冊收錄此書，亦作「錢天錫」，明天啓五年刻本，可知《進呈底簿》誤。

《沈氏戈說》六卷，明沈長卿著，六本

按：沈氏戈說，《進呈書目》作「沈氏弋說」，是也。《千頃堂書目》卷十二與《進呈書目》同，《浙錄》己集（P370）作「沈氏弋說」，提要云：「弋者，取《詩》：『如彼飛蟲，時亦弋獲』之義。」又《禁燬》子部第 21 冊收錄此書，作「沈氏弋說」，明萬曆刻本。故《進呈底簿》誤。

《木几冗談》一冊，明彭汝謙著，一本

按：彭汝謙，《總目》卷一百二十八作「彭汝讓」，提要云：「汝讓字欽之，

青浦人。」清抄本《明史》卷一百三十五《藝文志》與《總目》同，《存目》子部第104冊收錄此書亦作「彭汝讓」，明萬曆刻本。則《進呈底簿》誤。

《汝水中譜》一冊，明朱術詢著，一本

按：《總目》卷一百十六作「汝水巾譜一卷」，明朱術垧，提要云：「術垧字均焉，自號汝水居士。」又云：「此書載古今巾式凡三十二圖」，可是應爲「巾譜」也。《浙錄》閏集（P774）、《存目》子部第79冊收錄明崇禎六年自刻本，均與《總目》同。故《進呈底簿》誤也。

《谷水集》二十二卷，明胡夏容著，四本

按：胡夏容，《總目》卷一百八十二作「胡夏客」，提要云：「夏客字宣子，海鹽人。」其爲胡震亨之子。《千頃堂書目》卷二十六、《浙錄》閏集（P830）、《存目》集部第234冊收錄此書均作「胡夏客」，故《進呈底簿》誤。

《思復堂集》十卷，國朝邵庭采著，六本

按：邵庭采，《總目》卷一百八十三作「邵廷采」，提要云：「廷采字念魯，餘姚人。」《浙錄》閏集（P847）與《總目》同。《存目》集部第251冊收錄此書，作「邵廷采」，清康熙刻本。則《進呈底簿》誤。

《石屋詩鈔》八卷補一卷，國朝魏麟徵著，二本

按：魏麟徵，《總目》卷一百八十三作「魏麐徵」，提要云：「麐徵字蒼石，溧陽人。康熙丁未進士，官至邵武府知府。」《浙錄》閏集（P843）與《總目》同。又《存目》集部第242冊著錄此書，亦作「魏麐徵」，康熙四十九年玉石齋刻本。可知《進呈底簿》誤。

• 浙江省第十二次呈送書目共計二百五種

《文鐘集》一冊，國朝勞大與著，一本

按：文鐘集，《進呈書目》作「聞鐘集」。《總目》卷一百三十三作「聞鐘集」，國朝勞大輿。《存目》子部第156冊收錄此書，作「聞鐘集」，清勞大與撰，康熙刻本。書前有勞大與自序。則《進呈底簿》《進呈書目》均誤。

《廿一史論贊輯要》三十六卷，明趙以明著，十本

按：趙以明，《總目》卷六十五作「彭以明編」，提要云：「以明，廬陵人。」《千頃堂書目》卷五、《存目》史部第147冊收錄此書，萬曆三十七年刻本，均作「彭以明」，故《進呈底簿》誤。

《史疑》八卷，明宋存標著，四本

按：八卷，《總目》卷九十作「四卷」。《浙錄》閏集（P784）與《總目》同。《存目》史部第 288 冊收錄此書，作「秋士史疑四卷」，明崇禎二年君子堂刻本。可知《進呈底簿》誤。

《史通□釋》二十卷，明李本寧郭孔延同輯，六本

按：「通」下一字不清。史通□釋，《進呈書目》作「史通隨釋」，誤也。《總目》卷八十九作「史通評釋」，明李維楨評，郭孔延附評並釋。《浙錄》閏集（P783）與《總目》同。又《續修》第 447 冊收錄此書，作「史通評釋」，明萬曆三十二年刻本。據此可補。

《古今紆籌》十卷，明朱錦文輯，八本

按：古今紆籌，《進呈書目》作「古今于籌」，誤也。朱錦文，《禁燬》子部第 9 冊作「朱錦」，明末刻本，書前有自序，末題「天啓乙丑立夏日朱錦文弢父題於江山第一樓」。可知應爲「朱錦」也。又兩江第二次書目著錄此書，亦作「朱錦」。故《進呈底簿》《進呈書目》均誤。

《子史彙纂》三十四卷，明馮廷章著，十本

按：三十四卷，《進呈書目》作「二十四卷」。《總目》卷一百三十八作「二十四卷」，提要云：「是書分二十四類」，故爲二十四卷。《浙錄》閏集（P804）與《進呈書目》同。又《存目》子部第 225 冊收錄此書，亦作「二十四卷」，書前有馮廷章序云：「其類卷凡二十有四」。故《進呈底簿》誤。

《沈氏月旦》十二卷，明沈長卿著，六本

按：沈氏月旦，《禁燬》子部第 12 冊收錄此書，作「沈氏日旦」，崇禎刻本。書前有沈長慶《日旦自序》云：「古人縮寸陰爲分陰，惜時之念也。予縮月旦爲日旦，亦猶是意耳，」又卷一載「飲食之暇日有所記，旦有所鈔，題爲日旦，借書史以觸性靈。」據此可知《進呈底簿》誤。

《茗笈》一冊，明譚眞點，二本

按：譚眞點，《進呈書目》作「屠杰畯輯」，誤也。《總目》卷一百十六作「屠本畯」。《浙錄》閏集（P801）與《總目》同。此書《進呈底簿》「譚眞點」三字塗抹去，故應作「屠本畯」。《進呈書目》亦誤。

《譚子雕蟲》二冊，明譚眞點著，二本

按：譚眞點，《進呈書目》作「譚眞默」。《總目》卷一百二十八作「二卷」、「譚貞默」，提要云：「貞默字梁生，別號埽菴，嘉興人。崇禎戊辰進士，官至國子監祭酒。」《存目》子部第113冊收錄此書，亦作「譚貞默」，故《進呈底簿》誤。

《詩紀》一百五十卷，明馮琦輯，二十六本

按：馮琦，《總目》卷一百八十九「馮惟訥」。提要云：「惟訥字汝言，臨朐人。嘉靖戊戌進士。」《本朝分省人物考》卷九十七有其傳，可知其爲光祿寺卿，且有《光祿詩集》行世，所著「漢魏六朝詩紀」。《國史經籍志》卷五、《千頃堂書目》卷三十一與《總目》同。《浙錄》閏集（P821）作「詩紀一百五十六卷」，提要云：「明光祿卿北海馮琦輯」，誤也，光祿寺卿乃馮惟訥也。惟訥乃馮琦從祖。

（二）江蘇省

第一冊

•兩淮商人馬裕家一次呈送書目計共二百二十九種

宋熊過《春秋明志》十二卷，四本

按：宋、春秋明志，《總目》卷二十八分別作「明」、「春秋明志錄」。熊過爲嘉靖己丑進士，故四庫館臣定其爲明人。《千頃堂書目》卷二與《經義考》卷二百二均作「春秋明志錄」。

宋田均《儒林公議》一卷，一本

按：田均、一卷，《總目》卷一百四十分別作「田況」、「二卷」。田況字元均，則《進呈底簿》闕「元」字，故誤。又《天一閣書目》卷三之二與《總目》同。

宋宋祁《唐大詔令集》一百三十卷，八本

按：宋祁，《總目》卷五十五作「宋敏求」，是也。提要云：「敏求字次道，趙州平棘人。參知政事綬之子。進士及第，官至史館修撰，龍圖閣直學士。」宋祁字子京，雍邱人。天聖二年進士，官翰林學士承旨，諡景文，與歐陽修等合撰《新唐書》，二者非一人。《善本書室藏書志》卷八亦作「宋敏求」，故《進呈底簿》誤。

宋王侄《雪溪集》五卷，一本

按：王侄，《總目》卷一百五十八作「王銍」。王銍，字性之，汝陰人。《進呈底簿》誤。

宋富察《忠肅公集》二卷，一本

按：富察，《總目》卷一百五十五作「傅察」，傅察字公晦，濟源人。《宋史》卷四百四十六有其傳。忠肅公集二卷，《總目》《國史經籍志》卷五均作「忠肅集三卷」。則《進呈底簿》誤。

宋方琮《鐵庵集》三十六卷，四本

按：方琮、三十六卷，《總目》卷一百六十三分別作「方大琮」、「三十七卷」。方大琮字德潤，號壺山，莆田人。《千頃堂書目》卷二十九作「方大琮」、「四十五卷」。《閩中理學淵源考》卷九載《忠惠方德潤先生大琮》，此或是《進呈底簿》著錄人名漏字。

宋劉錫之《方是閒小稿》二卷，一本

按：劉錫之，《進呈書目》同。《總目》卷一百六十二著錄《方是閒居士小稿》二卷，作宋劉學箕撰。提要云：「學箕，字習之，崇安人。」號方是閒居士。乾隆《福建通志》卷六十八著錄劉學箕《方是閒小稿》，《天一閣書目》卷四之一與《總目》同。因其字「習」與「錫」音近而誤，故應作「劉學箕」也。

元程文海《雪樓集》十三卷，八本

按：十三卷，《總目》卷一百六十六作「三十卷」。《元史藝文志》卷四等書目均作「三十卷」。又程鉅夫，初名文海，以字行，故它書均作「程鉅夫」。浙江第四次鮑士恭呈送書目著錄此書，亦作「三十卷」，可知《進呈底簿》誤也。

元陳基《夷白齋稿》三十卷，三本

按：三十卷，《總目》卷一百六十八作「三十五卷外集一卷」。提要云：「凡內集詩十一卷，文二十四卷，外集詩文合一卷」，可知應爲「三十五卷」。《善本書室藏書志》卷三十四、《讀書敏求記》卷四等書目文獻均與《總目》同。則《進呈底簿》闕「五」字。

宋沈虛中《通鑑總類》二十卷，二十本

按：沈虛中，《總目》卷六十五作「沈樞」，是也。提要云：「樞字持要，德清人。紹興間進士，官至太子詹事光祿卿，謚憲敏。」同治《蘇州府志》卷六十九載：「沈虛中，字太虛，廣德人。」《天一閣書目》卷二之一作「沈憲敏公撰」，即沈樞也。《宋史》卷二百三《藝文志》與《總目》同。可知，《進呈底簿》誤。

宋人《韓柳年譜》七卷，二本

按：宋人韓柳年譜，《進呈書目》作「宋文安禮、呂大防韓柳年譜」。《總目》卷五十九著錄《韓柳年譜》八卷，提要云：「《韓文類譜》七卷，宋魏仲舉撰。仲舉，建安人。慶元中書賈也。嘗刊《韓集五百家注》。輯呂大防、程俱、洪興祖三家所撰譜記，編爲此書，冠於集首。《柳子厚年譜》一卷，宋紹興中知柳州事文安禮撰，亦附刊集中。近時祁門馬曰璐得宋槧柳集殘帙，其中年譜完好，乃與韓譜合刻爲一編，總題此名云。」是韓譜爲呂大防、程俱、洪興祖三家所撰，柳譜爲文安禮撰，《進呈底簿》作「宋人」，固嫌籠統。

宋李廷忠《橘山四六》十二卷，四本

按：十二卷，《總目》卷一百六十一作「二十卷」。《千頃堂書目》卷三十二、《天一閣書目》卷四之四等書目文獻均作「二十卷」。則《進呈底簿》誤。

《長安志》三卷，四本

按：《總目》卷七十載《長安志圖》三卷，元李好文撰。根據提要，此書列於宋敏求《長安志》之首，合爲一編，四庫館臣仍分爲二書。故三卷本應爲《長安志圖》。《長安志》二十卷，宋敏求撰。《郡齋讀書志》卷五上、《直齋書錄解題》卷八等書目均作「二十卷」。《浙錄》閏集（P779）著錄此書，作「二十卷」。

• 兩淮商人馬裕家二次呈送書目計共六十二種

國朝張安茂《判宮禮樂全書》十六卷，三本

按：判宮禮樂全書，《進呈書目》作「頖宮禮樂全書」，是也。頖宮，泛指學宮。《總目》卷八十三著錄本書，書名即作《頖宮禮樂全書》。提要云：「其事分學校、褒崇、廟制、釋奠、從祀、祀禮、釋詁、祀樂、樂律、樂譜、樂舞、釋菜、啓聖祠、名宦鄉賢祠十四門。大抵祖李之藻《頖宮禮樂疏》、王煥如《文廟禮樂書》少增損之。」可見此書與學校、禮樂等都有關係。又《存目》史部第 271 冊收錄此書，與《進呈書目》同，清順治十三年刻本。故《進呈底簿》誤。

國朝陳祥裔《蜀都粹事》六卷，六本

按：蜀都粹事，《總目》卷七十七作「蜀都碎事」。提要云其「採蜀中故實，爲《碎事》四卷」。又光緒《順天府志》卷一百二十五亦著錄此書，作「蜀都碎事六卷」。《存目》史部第 250 冊收錄此書作「蜀都碎事四卷藝文補遺二卷」，清康熙刻本。可知《進呈底簿》「碎」訛作「粹」也。

明楊愼《哲匠金桴》二卷，二本

按：二卷，《總目》卷一百三十七作「五卷」，《千頃堂書目》卷三十二等各家書目均作「五卷」。《存目》子部第 177 冊收錄此書，亦作「五卷」，明隆慶刻本。據此可知《進呈底簿》誤。

明張暎《甘白集》六卷，一本

按：張暎，《總目》卷一百七十五作「張適」，是也。張適字子宜，蘇州人。《國史經籍志》卷五、《吳中人物志》卷七等文獻均作「張適」。《存目》集部第 25 冊收錄《甘白先生張子宜詩集》作「張適」，清王氏十萬卷樓抄本。可知《進呈底簿》誤，應作「張適」。

• 兩淮商人馬裕家三次呈送書目共計三百九十四種

宋耿南仲《周易新講義》六卷，二本

按：耿南仲，《進呈書目》作「耿仲南」，非是。《總目》卷二作「《周易新講義》十卷，宋耿南仲撰」，且爲浙江巡撫採進本。提要云：「南仲字希道，開封人……事蹟具《宋史》本傳。」查浙江省第四次汪啓淑家呈送書目中有此書，作「耿南仲」，且作十卷。故《進呈底簿》《進呈書目》均誤。

宋吳自牧《夢梁錄》二十卷，四本

按：夢梁錄，《進呈書目》作「夢粱錄」。《總目》卷七十作「夢粱錄」，兩江總督採進本。且提要云：「自牧自序云『緬懷往事，殆猶夢也，故名夢粱錄』。」則可知其取「黃粱夢」之義，故《進呈底簿》爲誤。浙江第四次鮑士恭呈送書目、兩江第一次書目著錄此書。

宋汪莘《方壺存稿》四卷，一本

按：四卷，《總目》卷一百六十三作「八卷」，編修汪如藻家藏本。且提要云：「是編第一卷爲書辨序說頌，第二爲賦歌行，第三卷至第七卷爲古今體詩，第八卷爲詩餘，附錄李以申所撰傳及交遊往來書。」故《進呈底簿》誤。

宋釋辨才《參寥集》十二卷，一本

按：《總目》卷一百五十四著錄《參寥子集》十二卷，宋僧道潛撰。一作《參寥集》。提要云：「道潛於潛人，蘇軾守杭州，卜智果精舍居之。《墨莊漫錄》載其本名曇潛，軾爲改曰道潛。」查《咸淳臨安志》卷七十載其傳云：「道潛，於潛浮溪村人，字參寥，本姓何。」《郡齋讀書志》卷四下著錄此書，載「道潛自號參寥子」，《直齋書錄解題》卷二十均作「道潛」。《浙錄》壬集（P599）著錄此書，與《總目》同。據此《進呈底簿》誤。

元肅漢中《讀易考原》一卷，一本

按：肅漢中，《總目》卷四作「蕭漢中」，提要云：「漢中字景元，泰和人。」《千頃堂書目》卷一亦作「蕭漢中」。故《進呈底簿》誤。

明季本《春秋地考》一卷，一本

按：春秋地考一卷，《總目》卷三十作「春秋私考三十六卷」。《國史經籍志》卷二、《千頃堂書目》卷二與《總目》同。萬曆《紹興府志》卷四十二有季本傳，載其所著書十一種，中有《春秋私考》。《存目》經部第 117 冊收錄此書，作「春秋私考三十六卷首一卷」，明嘉靖刻本。可知《進呈底簿》誤也，應作「春秋私考三十六卷」。

明黄潭《讀書一得》四卷，二本

按：黄潭，《總目》卷一百二十七作「黄訓」，是也。《千頃堂書目》卷十二與《總目》同，又其卷二十三載有黄訓《黄潭集》十卷，下有小註云：「字學古，歙縣人。」根據《宋史》卷九十七《河渠志》記載，黄潭爲古堤名，在江陵縣東三十里。故此處應作「黄訓」。《存目》子部第 103 冊收錄此書，作「黄潭先生讀書一得」，明黄訓撰，明嘉靖四十一年刻本。可知《進呈底簿》誤。

明釋圓復《延慶寺紀略》一卷，一本

按：延慶寺，《總目》卷七十七作「延壽寺」，明釋圓復撰。提要云：「延壽寺在鄞縣南三里，舊號保恩院，宋祥符間改爲延壽寺。」《千頃堂書目》卷八載楊德周《延慶寺紀略》一卷，小注云：「字孚先，萬曆丁巳修。」則《延慶寺紀略》應爲楊德周著，《延壽寺紀略》爲釋圓復著，故此處應作「延壽寺紀略」，《進呈底簿》誤混。

《寧波府簡要》五卷，一本

按：寧波府簡要，《總目》卷七十三作「寧波府簡要志」，明黃潤玉撰。乾隆《鄞縣志》卷三十與《總目》同。潤玉字孟清，鄞縣人，永樂庚子舉人。《存目》史部第174冊收錄此書，作「寧波府簡要志」，清抄本。故《進呈底簿》誤。

國朝夏洪基《孔子言譜綱目》一卷，一本

按：孔子言譜綱目，《總目》卷五十九作「孔子年譜綱目」，兩江總督採進本。《千頃堂書目》卷三著錄其《孔子年譜》一卷。《存目》史部第80冊收錄此書，作「孔子年譜綱目」，明崇禎刻本。故《進呈底簿》誤。

宋樓鑰《崇古文訣》三十五卷，十本

按：樓鑰，《總目》卷一百八十七作「樓昉」，且提要云：「昉字暘叔，號迂齋，鄞縣人，紹熙四年進士。」《國史經籍志》卷五、乾隆《鄞縣志》卷二十二均與《總目》同。《浙錄》辛集（P505）著錄此書，亦作「樓昉」，提要云：「題曰『迂齋先生標注』。」又樓鑰字大防，故《進呈底簿》誤「樓昉」作「樓鑰」也。

宋□傅良《止齋集》五十二卷，六本

按：「宋」下一字原缺。□傅良，《進呈書目》作「陳溥良」，誤也。《總目》卷二十七其所著《春秋後傳》提要案語云：「傅良或作傅良，諸本互有異同，然其字曰君舉，則爲傅說舉於版築之義，故今定爲傅字。」則「陳傅良」爲是，下文有誤者均作「陳傅良」。

宋王炎午《古汶稿》二卷，二本

按：古汶稿，《進呈書目》作「吾汶稿」，是也。《總目》卷一百六十五作「吾汶稿十卷」。提要云：「因所居汶源里，名其稿曰吾汶，以示不仕異代之義。」《千頃堂書目》卷二十九作「吾汶稿九卷」。可知《進呈底簿》誤，應作「吾汶稿」。

明許有穀《忠義存褒什》一卷，二本

按：忠義存褒什一卷，《進呈書目》作「忠義存褒十一卷」，誤也。《總目》

卷六十二作「忠義存褒什二卷」。《續通志》卷一百五十九《藝文略》載與《總目》同。《存目》史部第115冊收錄此書，作「皇明忠義存褒什二卷」，明崇禎刻本，故此書名應作「忠義存褒什」，卷數爲「二卷」，故《進呈底簿》《進呈書目》均誤。

明黃淮《省衍集》二卷，二本

按：省衍集，《總目》卷一百七十作「省愆集」。提要云：「此集乃其繫獄時所作，故以『省愆』爲名。」《國史經籍志》卷五、《千頃堂書目》卷十八、雍正《浙江通志》卷二百四十九均與《總目》同。可知《進呈底簿》誤。

明柯薰《東岡集》十卷，四本

按：柯薰，《總目》卷一百七十五作「柯暹」，提要云：「暹字啓暉，更字用晦，建德人。」《明史》卷九十九《藝文志》、《千頃堂書目》卷十八均作「柯暹」。又《存目》集部第30冊收錄此書，亦作「柯暹」，明柯株林等刻本。根據書前劉定之序可知柯薰乃柯暹子。則《進呈底簿》作「柯薰」不確切也，應作「柯暹」。

明張瀚《吏部職掌》未分卷，八本

按：《總目》卷八十作「明黃養蒙撰，方九功、王篆續修」，無卷數。又《明史》卷九十七《藝文志》、雍正《浙江通志》卷二百四十四、《千頃堂書目》卷九均載張瀚《吏部職掌》八卷。根據上述可知，黃氏與張氏均著錄《吏部職掌》一書，而未分卷本爲黃氏所著，八卷本爲張氏所著。《存目》史部第258冊著錄此書，不分卷，爲明李默、黃養蒙等刪定，明萬曆刻本。又《千頃堂書目》卷九載李默《吏部職掌》四卷，則李默書即爲黃養蒙書。綜上所述，張瀚所著本應作「八卷」。

明《南都察院》四十卷，二十四本

按：南都察院，《總目》卷八十作「南京都察院志」，明施沛撰。《明史》卷九十七《藝文志》、《千頃堂書目》卷九均作「徐必達」。根據提要，施沛「修此書時，則爲南京國子監生，時董其事者爲操江副都御史徐必達，天啓初因修兩朝實錄而作也。」據此可補。

明馬明卿等《華岳全集》十四卷，八本

按：十四卷，《總目》卷七十六作「十三卷」，兩淮鹽政採進本。此本爲萬曆二十四年張維新與馬明卿重修而成。《續修》第722冊收錄此書，作「十三卷」，爲明末刻本。

明蔡宗袞《通惠河志》三卷，一本

按：蔡宗袞，《總目》卷七十五作「吳仲」，提要云「仲字亞甫，武進人，正德丁丑進士，官至處州府知府。」《續修》第850冊收錄此書，與《總目》同，明嘉靖刻隆慶增修本。

宋洪邁《經子法語》十五卷，二本

按：十五卷，《總目》卷一百三十一作「二十四卷」，根據提要，其書《易》一卷，《書》二卷，《詩》三卷，《周禮》二卷，《禮記》四卷，《儀禮》《公羊傳》《穀梁傳》《孟子》《荀子》《列子》《國語》《太元經》各一卷，《莊子》四卷，共二十四卷。《宋史》卷二百七《藝文志》、《文獻通考》卷二百二十八《經籍考》、《直齋書錄解題》卷十四均作「二十四卷」。《存目》子部第119冊收錄此書，亦作「二十四卷」，清抄本。

宋林希逸《竹溪獻齋續集》三十卷，五本

按：竹溪獻齋續集，《總目》卷一百六十四作「鬳齋續集」，提要云：「《宋史・藝文志》載林希逸有《鬳齋前集》六十卷，久佚不存，惟此續集謂之竹溪十一稿者，尚有傳本，即此三十卷也。」又《千頃堂書目》卷二十九載《竹谿鬳齋十一集》九十卷，又《續稿》三十卷。《閩中理學淵源考》卷八收錄《中書林竹溪先生希逸》云：「林希逸字肅翁，號鬳齋，福清人。」其又有《鬳齋考工記》，可知，「獻」字爲「鬳」字之誤，故應作「竹溪鬳齋續集」。《進呈底簿》誤。

•兩淮商人馬裕家四次呈送書目計共一百三十四種

國朝馬繡《繹史》一百六十卷，四十四本

按：馬繡，《總目》卷四十九作「馬驌」，又卷二十九《左傳事緯》提要云：「驌字驄御，又字宛斯，鄒平人，順治己亥進士。」雍正《山東通志》卷二十八有其傳，其又作《左傳事緯》一書，故應作「馬驌」。

宋魏慶之《詩人》十三卷遺集一卷，七本

按：《總目》卷一百九十五作「詩人玉屑二十卷」，《閩中理學淵源考》卷三十八《魏菊莊先生慶之》載其「手編《詩人玉屑》若干卷」，《千頃堂書目》卷三十一載與《總目》同。

宋《范忠宣公集》十卷，四本

按：《總目》卷一百五十三作「忠宣文集二十卷奏議二卷遺文一卷附錄一卷補編一卷」，宋范純仁撰。提要云：「純仁子堯夫，仲淹次子，皇祐元年進士。」《宋史》卷二百八《藝文志》亦著錄《忠宣集》二十卷。據此可改。

宋楊萬里《誠齋集》一百二十二卷，十二本

按：一百二十二卷，《總目》卷一百六十作「一百三十三卷」，《文獻通考》卷二百四十《經籍考》、《直齋書錄解題》卷十八、《國史經籍志》卷五均作「一百三十三卷」。據此可改。

國朝汪懋麟《百尺梧桐閣集》一卷，一本

按：《總目》卷一百八十三作「二十六卷」。乾隆《江南通志》卷一百九十四《藝文志》作「十六卷」。《存目》集部第 241 冊著錄《百尺梧桐閣詩集》十六卷《文集》八卷《遺稿》十卷。

國朝鈕秀《臨野堂集》十七卷，二本

按：《總目》卷一百八十三作「十卷」、「鈕琇」，提要云：「琇字玉樵，吳江人。」乾隆《震澤縣志》卷三十一與《總目》同。《存目》集部第 245 冊收錄此書，作「臨野堂文集十卷、詩集十三卷、詩餘二卷、尺牘四卷」，清鈕琇撰，清康熙刻本。可知《進呈底簿》誤，應作「鈕琇」。又則「十卷」爲文集之卷數，《進呈底簿》作「十七卷」誤也。

明張懋《楓山集》四卷，五本

按：張懋，《總目》卷一百七十一作「章懋」，懋字德懋，別號闇然子，蘭溪人。又有《楓山語錄》一卷。故應作「章懋」，《進呈底簿》誤。

• 兩淮鹽政李呈送書目計共二百四十種

宋杜斿《瓊花譜》一卷，一本

按：宋杜斿，《總目》卷一百十六作「明楊端撰」，端字惟正，鄞縣人。提要云：「首冠杜斿《瓊花記》，故或題曰杜斿《瓊花譜》，考斿宋人，字叔高，端平初以布衣召入館閣校讎。此本載及元明，非斿作也。」根據提要錢曾《讀書敏求記》載《瓊花考》一卷爲楊端木輯，與此本序文年月合，又天一閣所藏有《揚州瓊花集》亦題曰楊端撰，《讀書敏求記》多一「木」字，故作者應爲「楊端」。

宋李彌遜《竹溪集》二十五卷，四本

按：竹溪集，《進呈書目》作「筠溪集」。《總目》卷一百五十六作「筠溪集二十四卷」，提要云：「筠溪者，其歸連江時所居之地，彌遜以自號，因以名集。」又「此本舊題竹溪集考，諸家著錄皆無此名，知爲傳寫之誤。」故仍應作「筠溪集」。《宋史》二百八《藝文志》、《文獻通考》卷二百三十九《經籍考》均作「二十四卷」。

元俞氏《書敘指南》二十卷，四本

按：元俞氏，《總目》卷一百三十五作「宋任廣撰」，提要云：「其書初刊於靖康中，版旋被燬，有俞氏者，攜舊本南渡，其後輾轉傳寫，多非完帙。」《通志》卷六十九《藝文略》、《直齋書錄解題》卷十四均作「任廣」。

明張景《補疑獄集》十卷，一本

按：《總目》卷一百一著錄《疑獄集》四卷《補疑獄集》六卷，《疑獄集》四卷爲五代和凝與其子和㠓同撰。《補疑獄集》六卷明張景所增，共爲十卷。故張景所作《補疑獄集》應作「六卷」。

明徐燉《榕陰新檢》八卷，一本

按：徐燉，《總目》卷六十二作「徐𤊹撰」。徐𤊹初字惟起，後更字興公，閩縣人。《千頃堂書目》卷七所載與《總目》同，《存目》史部第111冊著錄此書，亦作「徐𤊹」，明萬曆三十四年刻本。故應作「徐𤊹」，《進呈底簿》誤。

明胡彥匡《花史》十卷，十本

按：胡彥匡，《總目》卷一百十六作「吳彥匡撰」，吳彥匡爵里未詳。「胡」、「吳」二字音近而誤。

明陸詔孫《煙霞小說》十四種，四本

按：陸詔孫，《總目》卷一百三十一作「陸貽孫」，二十二卷。陸貽孫，蘇州人。根據提要此書僅爲十二種。《千頃堂書目》卷十五著錄此書，作「十四種」，范欽輯。《進呈底簿》與《進呈書目》均「貽」字誤作「詔」字。

明祈召《名義考》十二卷，六本

按：祈召，《總目》卷一百十九作「周祈」。周祈，蘄州人。《明史》卷九十八《藝文志》與《千頃堂書目》卷三均作「周祈」，故《進呈底簿》與《進呈書目》均誤。

明朱善繼《一齋集》十五卷，六本

按：朱善繼，《總目》卷一百七十五作「朱善」，十六卷。朱善字備萬，號一齋，豐城人。根據提要，集中自稱曰朱善，「繼」字乃刊本誤也。《存目》集部第 25 冊收錄此書，作「朱善」，明成化二十二年刻本。故《進呈底簿》誤。

明馬中錫《東田稿》六卷，七本

按：東田稿，《總目》卷一百七十五作「東田漫稿」。《存目》集部第 41 冊收錄此書，爲明嘉靖十七年文三畏刻本。則《進呈底簿》缺「漫」字也。

明蔡正《洨濱集》十二卷，四本

按：蔡正，《總目》卷一百七十七作「蔡叆」。蔡叆字天章，號洨濱，寧晉人，嘉靖己丑進士，官至監察御史巡按河南。《千頃堂書目》卷二十三、《蘇錄》（3P557）〔註 69〕與《總目》同，故《進呈底簿》與《進呈書目》均誤。

明趙用賢《松石齋集》十卷，四本

按：十卷，《進呈書目》作「三十卷」。乾隆《江南通志》卷一百九十四《藝文志》作「三十卷」。《明史》卷九十九《藝文志》載其有文集三十卷。《禁燬》集部第 41 冊收錄此書作「三十六卷」，明萬曆刻本，查其目錄，乃三十卷又六卷也。

• 兩淮鹽政李呈送書目計共四百七十種

國朝吳淇《粵風續稿》九十五卷，二本

按：粵風續稿九十五卷，《進呈書目》作「粵風續九十五卷」。《總目》卷二百作「《粵風續九》四卷」。「續九」乃續屈原《九章》《九歌》也。《池北偶談》卷十六著錄《粵風續九》一篇。可知，其書名爲《粵風續九》。《進呈底簿》作「粵風續稿」誤也。

唐蘇鶚《杜陽雜編》二卷，一本

按：二卷，《總目》卷一百四十二作「三卷」，《通志》卷六十五《藝文略》《文獻通考》卷二百十五《經籍考》《崇文總目》卷四、《郡齋讀書志》卷三下、《直齋書錄解題》卷十一、《國史經籍志》卷三、《天一閣書目》卷三之二

〔註 69〕《蘇錄》（3P557），3 表示第三冊，下同。

均作「三卷」。可知《進呈底簿》誤。

宋相臺書塾《經傳沿華例》一卷附明梅鷟《古易考原》一卷，一本

按：經傳沿華例，《進呈書目》作「經傳沿革例」。《進呈底簿》「革」字誤作「華」字。《總目》卷七著錄《古易考原》，作「三卷」。《千頃堂書目》卷一與《經義考》卷五十二均作「三卷」。《存目》經部第 3 冊收錄此書，作「三卷」，故《進呈底簿》《進呈書目》均誤。

宋徐天麟《梅詢年譜》一卷、張師曾《梅堯臣年譜》一卷，一本

按：梅堯臣，《進呈書目》作「梅克臣」，非是。《總目》卷五十九作《二梅公年譜》二卷，提要云：「《梅詢年譜》一卷，宋淳熙中陳天麟撰。《梅堯臣年譜》一卷，元至元中張師曾撰。」《存目》史部第 82 冊收錄《二梅公年譜》六卷，明梅一科輯，清初抄本。書前有《編許昌梅公年譜序》，末有「淳熙丁巳三月朔集英殿修撰同邑陳天麟書」，卷一有載「郡人陳天麟編次」，可知應作「陳天麟」，《進呈底簿》誤也。

宋陳鵠《西堂耆舊續聞》十卷，一本

按：西堂耆舊續聞，《總目》卷一百四十一著錄此書，作「耆舊續聞」，提要云：「一本題曰陳鵠西塘撰。」《千頃堂書目》卷十二與《總目》同，小注云：「號西塘」，則「西堂」爲誤。

宋王欽若《翊聖保德傳》二卷，一本

按：二卷，《總目》卷一百四十七作「三卷」。《宋史》卷二百五《藝文志》亦作「三卷」。《存目》子部第 258 冊收錄此書，作「三卷」，清抄本。

明黃俣卿《倭患考略》二卷，一本

按：倭患考略，《總目》卷五十四作「倭患考原」。《存目》史部第 52 冊收錄此書，作「倭患考原」，清初抄本。則《進呈底簿》誤。

明許諾《平番始末》一卷，一本

按：許諾，《進呈書目》作「許誥」，非是。《總目》卷五十三作「許進」。提要云：「進字秀升，靈寶人，成化丙戌進士，官至兵部尚書。」《明史》卷九十七《藝文志》《千頃堂書目》卷五均作「許進」，又《續修》第 433 冊收錄此書，亦作「許進」，明嘉靖刻本。許誥乃許進子，故《進呈底簿》與《進呈書目》均誤。

明茅元儀《西峰談話》四卷，一本

按：西峰談話，《總目》卷一百四十三作《西峰淡話》。《存目》子部第 244 冊著録此書，作《西峰淡話》一卷，清順治三年宛委山堂刻《説郛續》本。則《進呈底簿》與《進呈書目》「淡」誤訛作「談」。

明馮汝弼《祐山雜記》一卷，一本

按：祐山雜記，《總目》卷一百四十四作「祐山雜説」，《存目》子部第 246 冊著録此書，爲明萬曆繡水沈氏刻寶顔堂秘笈本。

明陳恂《餘菴雜録》二卷，一本

按：二卷，《總目》卷一百二十八作「三卷」，《存目》子部第 113 冊著録此書，亦作「三卷」，爲清初抄本。原書分卷上、卷中、卷下。

明朱孟震《河上楮談》三卷《汾上續談》三卷，二本

按：汾上續談三卷，《總目》卷一百二十八作「汾上續談一卷」。《續修》第 1128 冊收録此書，亦作「一卷」。據此可改。

明鄭□夔《耳新》十卷，一本

按：「鄭」下一字原缺一字。《進呈書目》作「五新十卷明鄭仲夔」，非是。《總目》卷一百四十四作《耳新》十卷，明鄭仲夔撰。鄭仲夔字龍如，江西人。《千頃堂書目》卷十二著録此書，作「《耳新》八卷」。《存目》子部第 248 冊收録此書，作「《耳新》十卷」，爲清抄本。據此，應爲鄭仲夔《耳新》，《進呈書目》誤。

明鄧雲霄《冷邸小言》一卷《弢集》二卷，一本

按：《進呈書目》作《冷邸小言》十卷明鄧雲霄一本，《解弢集》二卷明鄧雲霄一本。《總目》卷一百七十九作《解弢集》一卷。卷一百九十七作《冷邸小言》一卷。《存目》集部第 178 冊收録《解弢集》一卷，明刻本。第 417 冊收録《冷邸小言》一卷，清道光二十七年刻本。可知《進呈底簿》《進呈書目》均誤。

明侯甸言《西樵野記》一卷，一本

按：侯甸言、一卷，《總目》卷一百四十四作「侯甸」、「四卷」。《明史》卷九十八《藝文志》與《千頃堂書目》卷十二均作「侯甸」、「十卷」。《續修》第 1266 冊收録此書，作「侯甸」、「十卷」，明抄本。故《進呈底簿》與《進

呈書目》均多一「言」字，且應作「十卷」。

明楊愼《滇城記》一卷《載記》一卷，一本

按：滇城記，《總目》卷六十四作「滇程記」，提要云：「此編乃其謫戍永昌時紀程之作」，故爲《滇程記》。《明史》卷九十七《藝文志》、《千頃堂書目》卷八均與《總目》同。又卷六十六著錄《滇載記》一卷。《存目》史部第 127 冊收錄此書，作「滇程記」，明萬曆三十三年刻本。可知《進呈底簿》與《進呈書目》均「程」訛爲「城」。

明諸茂卿《今古鈞園》四十卷，二十本

按：今古鈞園，《進呈書目》作「今古鈎園」，誤也。《抽燬書目》作「今古鈎元」。《存目》子部第 151 冊作「今古鈎玄」，明抄本。可知《進呈底簿》與《進呈書目》均誤。

明胡儼《頥安文選》二卷，二本

按：頥安文選，《總目》卷一百七十作「頤庵文選」。又《千頃堂書目》卷十八載胡儼《頤庵集》三十卷，則應作「頤庵」，《進呈底簿》誤。

明鄒氏《士齋詩》三卷，一本

按：《千頃堂書目》卷二十八著錄此書作《士齋詩集》，鄒氏名賽貞，乃國子監丞濮琰妻，當塗人。《存目》集部第 60 冊收錄此書，作「士齋詩集」，明鄒賽貞撰，明嘉靖三年刻本。則《進呈底簿》所載不全面也。

明李日華《梅虛別錄》一卷，一本

按：梅虛別錄一卷，《總目》卷六十作「梅墟先生別錄二卷」，明李日華、鄭琰同撰。《千頃堂書目》卷十、雍正《浙江通志》卷二百五十四亦著錄此書。《存目》史部第 85 冊收錄此書，與《總目》同，涵芬樓影印明萬曆刻本。可知，《進呈底簿》「墟」訛作「虛」，誤也。

宋王質中《鍼炙資生經》七卷，六本

按：王質中，《總目》卷一百三與《郡齋讀書志》卷五上均作「王執中」，王執中字叔權，永嘉人，澧陽郡博士。據此《進呈底簿》誤。

金劉完素《保命集》三卷，三本

按：《總目》卷一百四著錄此書，作「張元素《病機氣宜保命集》三卷」，張元素字潔古，易州人。《千頃堂書目》卷十四亦作「張元素」。根據李時珍

《本草綱目》卷一上可知，本爲張元素，後人誤作劉元素所著，故《進呈底簿》誤。

元李自實《世史積疑》二卷，二本

按：李自實，《總目》卷八十九作「李士實」，李士實新建人，明成化進士，官至右都御史。《文選樓藏書記》卷三與《天一閣書目》卷二之二均作「李士實」，故《進呈底簿》誤。

明《金幻孜集》十卷，七本

按：金幻孜，《總目》卷一百七十作「金幼孜」，《金文靖集》十卷。《明史》卷九十九《藝文志》著錄《金幼孜集》十二卷。金幼孜，名善，以字行，江西新淦人。歷官太子少保，禮部尚書兼武英殿大學士。《進呈底簿》作「金幻孜」爲誤。

明徐時聘《雁山志》四卷，一本

按：雁山志，《千頃堂書目》卷八作「雁蕩山志」，雍正《浙江通志》卷二百五十三所載與《千頃堂書目》同。則《進呈底簿》誤。

嘉靖《貴州志》十七卷，五本

按：《總目》卷七十四作「嘉靖《貴州通志》十二卷，明張道撰」。《存目》史部第 193 冊收錄此書，作「嘉靖貴州通志十二卷」，明謝東山、張道纂修，天一閣藏明代方志選刊續編影印明嘉靖三十二年刻本。

宏治《衡州府志》十五卷，十六本

按：《總目》卷七十四作「萬曆《衡州府志》」，明伍讓撰，提要云：「舊本簽題『宏治《衡州府志》』，誤也」。據此可改。

崇正《碭山縣志》二卷，二本

按：崇正，《總目》卷七十四作「崇禎」，明劉芳撰。《存目》史部第 212 冊收錄此書，與《總目》同，明崇禎十二年刻本。《進呈底簿》誤作「崇正」也。

• 兩淮鹽政李呈送書目計共一百八十種

宋鄭剛中《北山集》八卷，二本

按：八卷，《總目》卷一百五十八作「三十卷」，提要云：「凡初集十二卷，中集八卷，後集十卷。」《直齋書錄解題》卷十八、《國史經籍志》卷五、雍正《浙江通志》卷二百四十八亦作「三十卷」。又《浙錄》壬集（P572）收錄此書，作「北山文集三十卷」。則此八卷非全本也。

宋林之奇《拙齋集》二十卷，八本

按：二十卷，《直齋書錄解題》卷十八、《國史經籍志》卷五均作「二十二卷」。《千頃堂書目》卷二十九著錄周應極《拙齋集》二十卷，可知二十卷本非林之奇所作，故應作「二十二卷」。

元謝孔昭《蘭庭集》十卷，二本

按：蘭庭集十卷，《進呈書目》作「蘭亭集一卷」，誤也。《總目》卷一百七十作「《蘭庭集》二卷，明謝晉撰」。謝晉字孔昭，號葵丘，吳縣人。提要云：「以其字孔昭推之，作『晉』有理，作『縉』無義，本集或傳寫之誤耶。」《國史經籍志》卷五與《總目》同，《千頃堂書目》卷十八均作「謝縉《蘭庭集》一卷」。查其原書，僅爲卷上卷下，故應作「一卷」，《進呈底簿》《進呈書目》均誤。

明楊溥《秘閣書目》一卷，二本

按：楊溥，《總目》卷八十七作「錢溥」。錢溥字原溥，號遺庵，華亭人。《存目》史部第277冊收錄此書，作「錢溥」，清抄本。可知《進呈底簿》作「楊溥」誤也。

宋石塾《中庸輯略》二卷，四本

按：石塾，《進呈書目》作「石墩」。《總目》卷三十五作「石𡼖編，朱子刪定」。提要云：「𡼖字子重，號克齋，新昌人。紹興十五年進士，官至太常主簿，出知南康軍。」《經義考》卷一百五十二與《總目》同。又明唐順之《荊川集》卷六載《中庸輯略序》云：「中庸輯略凡二卷，初宋儒新昌石𡼖子重採兩程先生語與其高第弟子游楊謝侯諸家之說。」吉林大學圖書館有此書，作「石𡼖」，明萬曆二十四年刻本。《康熙字典》載「墩」，曰：「平地有堆曰墩」，又載「𡼖」，曰：「山貌。」則與其字子重相合，故應作「石𡼖」，《進呈底簿》《進呈書目》均誤。

明張文燿《國策譚椒》十卷，十四本

按：國策譚椒，清抄本《明史》卷一百三十五《藝文志》、《千頃堂書目》卷十二均作「戰國策譚椒」。《存目》史部第44冊收錄此書，作「戰國策譚椒」，明萬曆刻本。

明正義齋《宋史筆斷》十二卷，六本

按：正義齋，《總目》卷九十作「正誼齋」。《存目》史部第289冊收錄此書，作「宋史筆斷」，明刻本。《浙錄》戊集（P305）著錄此書，提要云：「書署曰：『正誼齋編集』，不詳姓名。」據此可知應作「正誼齋」也，《進呈底簿》誤。

明王思羲《香雪林集》二十六卷，十本

按：王思羲，《總目》卷一百十六作「王思義」，是也。王思義字允明，松江人。《浙錄》辛集（P505）著錄此書，與《總目》同。《存目》子部第80冊收錄此書，作「王思義輯」，明萬曆三十三年自刻本。則《進呈底簿》作「王思羲」誤也。

明呂不明《得月稿》八卷，四本

按：呂不明，《進呈書目》、《總目》卷一百七十四作「呂不用」，是也。清抄本《明史》卷一百三十六《藝文志》、《千頃堂書目》卷二十九均作「呂則耕」，呂不用字則耕，上虞人。萬曆《紹興府志》卷四十六有呂不用條，云：「新昌人，初名必用，字則行……更名不用，字則耕。」《存目》集部第23冊收錄此書，作「呂不用」，清抄本。可知《進呈底簿》誤。

第八冊

•兩江第一次書目計共一千零三十二種

按：《進呈書目》作「一千零二十九種」。

《麈史》宋王彥甫著，一本

按：王彥甫，《進呈書目》作「王彥臣」，非是。《總目》卷一百二十作「王得臣」、「三卷」。《直齋書錄解題》卷十一作「王得臣彥輔撰」。王得臣字彥輔，故應作「王得臣」或「王彥輔」，可知《進呈底簿》《進呈書目》均誤。

《蓉塘詩話》明姜南明著，二本

按：姜南明，《千頃堂書目》卷三十二作「姜南」，萬曆《順天府志》卷四：「姜南，浙江仁和縣人。」又道光《濟南府志》：「姜南，字明叔。」又《續修》第1695、1696冊收錄此書，作「姜南」，二十卷，明嘉靖二十二年刻本。可知，《進呈底簿》誤。

《蠶尾集》濟南王士正著，四本

按：王士正，《總目》卷一百八十二作「王士禛」。《諭內閣所有王士正之名著改爲王士禛各館書籍一體照改》：「乾隆三十九年十二月初三日內閣奉上諭：原任刑部尚書王士正之名，原因恭避廟諱而改。但所改『正』字與原字音太不相近，恐流傳日久，後世不能復知爲何人。所有王士正之名，著改爲王士禛。凡各館書籍記載，俱一體照改，欽此。」〔註70〕可知，《進呈底簿》爲未改前之名。

《易義隨記》江陰楊明時著，四本

按：楊明時，《進呈書目》作「楊名時」。《總目》卷十著錄此書，作「國朝夏宗瀾撰」，夏宗瀾字起八，江陰人。提要云：「是編乃宗瀾恭讀御纂《周易折中》意有所會，即標記之，多因集說而作。時宗瀾方從楊名時於雲南，以修《周易折中》。時李光地爲總裁官，而名時爲光地門人，故參互以光地《榕村易解》，就正於名時以成此書。」又楊名時字賓實，江陰人。康熙辛未進士。可知，《進呈底簿》誤也。

《諫坦疏》明姚宗閔著，四本

按：諫坦疏、姚宗閔，《總目》卷五十六作「諫垣疏稿四卷」、「姚學閔」。姚學閔字順山，武陵人。隆慶辛未進士。《進呈底簿》作「姚宗閔」，誤也。又《進呈底簿》著錄書名亦誤。諫垣，指諫官官署。《總目》稱姚學閔「歷官禮刑兵三科給事中」。明制，分設吏、戶、禮、兵、刑、工六科給事中，掌侍從規諫，稽察六部之弊誤。姚氏身在諫垣，故有諫垣疏稿。《總目》亦稱「以其前後奏疏彙爲此編」。《進呈底簿》作「諫坦」則不成詞。

《古今拾遺》桐城方中履著，十二本

按：古今拾遺，《總目》卷一百二十六作「古今釋疑」，十八卷。《八千卷樓書目》卷十二、《浙錄》己集（P373）等均與《總目》同，《存目》子部第 99 冊收錄此書，亦作「古今釋疑十八卷」，清康熙刻本。可知《進呈底簿》誤。

《尚書考異》太原閻若璩著，一本

按：《總目》卷十二著錄《尚書考異》五卷，明梅鷟撰。《千頃堂書目》

〔註70〕《檔案》，第 302 頁。

卷一與《總目》同。又《總目》卷十二著錄《古文尚書疏證》八卷，國朝閻若璩撰。則《進呈底簿》誤混二書作者。

《五代都擁錄》宋程大昌著，十本

按：五代都擁錄、程大昌，《進呈書目》作「五代都雍錄」、「程太昌」，非是。《總目》卷七十作「雍錄」，宋程大昌撰。其書卷一有《五代都雍總圖》《五代都雍總說》。則《進呈底簿》《進呈書目》均誤。

《東萊雜說》宋呂祖謙著，一本

按：《總目》卷一百二十一著錄「紫薇雜說一卷」，提要云：「舊本題宋呂祖謙撰。又有別本則但題《東萊呂紫薇雜說》而不著其名。」根據提要可知，因呂本中官中書人，故稱紫薇，則此書實爲呂本中所撰。又《總目》卷七著錄《東萊易說》二卷，宋呂祖謙撰。

《歷代改元考》明當㴐編，一本抄本

按：明當㴐，浙本《總目》卷八十三作「明宗室朱常㴐」，提要云：「前有自序載嘉靖壬午魯國常㴐識。考《明史・諸王世系表》不載其名，蓋魯荒王檀之元孫，而懷王常淴之從兄弟也。」查《明史》卷一百十六可知魯荒王子莊王，莊王子當淴、當沍等，均爲「當」字輩，可知《總目》作「常」誤也。又《存目》史部第268冊收錄此書，明抄本，卷首載「魯國望洋子當㴐編次」。則應作「朱當㴐」。殿本《總目》作「當」字不誤。

《周易玩辭》宋項世安著，五本

按：項世安，《總目》卷三作「項安世」，項安世字平甫，松陽人。淳熙二年同進士出身。《宋史》卷三百九十七有其傳，云：「字平父，其先括蒼人，後家江陵。淳熙二年進士。」《國史經籍志》卷二、《經義考》卷二十八均作「項安世」。又雍正《湖廣通志》卷九十六載朱子著《與江陵項安世書》一文，可證《進呈底簿》誤，應作「項安世」也。

《東谷易翼傳》宋趙汝諧著，二本

按：趙汝諧，《總目》卷三作「鄭汝諧」，提要云：「汝諧字舜舉，號東谷，處州人。」《直齋書錄解題》卷一、《宋史》卷二百二《藝文志》及《國史經籍志》卷二均作「鄭汝諧」。嘉泰《會稽志》卷二載「鄭汝諧，淳熙十四年十二月以朝散郎、兩浙轉運判官兼知。十五年正月除直秘閣，就知二十二日罷。」《鐵琴銅劍樓藏書目錄》卷一作「東谷鄭先生易翼傳二卷」，宋鄭汝諧撰。可知《進呈底簿》誤。因下條作「趙汝楪」，疑兩者誤混。

《周易輯說》宋王申子輯，五本

按：王申子，《進呈書目》作「王甲子」，誤也。周易輯說，《總目》卷四作「大易緝說十卷」，元王申子撰。《宋史藝文志補》、《元史藝文志》卷一以及《千頃堂書目》卷一均與《總目》同，故應作「大易緝說」，故《進呈底簿》《進呈書目》均誤。

《周易本義附錄纂注》元胡一柱輯，三本

《周易啓蒙翼傳》元胡一柱輯，四本

按：胡一柱，《總目》卷四作「胡一桂」。胡一桂，字庭芳，號雙湖，婺源人。《千頃堂書目》卷一、《絳雲樓書目》卷一與《總目》同。可知《進呈底簿》誤。

《讀書管見》元王克耘著，二本

按：王克耘，《總目》卷十二作「王充耘」，《千頃堂書目》卷一著錄此書，小注云：「字與耕，吉水人。元統甲戌進士。」《經義考》卷八十六亦同。故《進呈底簿》誤。

《春秋集解》宋呂祖謙著，十本

按：呂祖謙，《總目》卷二十七作「呂本中」，提要云：「題曰呂祖謙，誤也。本中字居仁，好問之子。《宋史》本傳載其靖康初官祠部員外郎，紹興六年賜進士，擢起居舍人。八年遷中書舍人，兼侍講權直學士院學者，稱爲東萊先生，故趙希弁《讀書附志》稱是書爲東萊先生撰。後人因祖謙與朱子游其名最著，故亦稱爲東萊先生，而本中以詩擅名，詩家多稱呂紫微，東萊之號稍隱，遂移是書於祖謙。不知陳振孫《書錄解題》載是書固明云本中撰也。」可知此書爲呂本中所著。因呂祖謙亦號東萊，故後人誤作呂祖謙也。

《春秋諸國統記》元徐履謙著，一本

按：徐履謙，《進呈書目》作「徐禮謙」，非是。《元史藝文志》卷一作「齊履謙」，字伯恒。《天祿琳琅書目》卷五載：「元齊履謙撰，六卷。前元吳澄序，履謙自序，後齊思恭跋。」《元史》卷一百七十二有其傳，作「齊履謙」。可知，《進呈底簿》《進呈書目》均誤。

《庸齋考工記解》宋林希逸著，二本

按：庸齋，《總目》卷十九作「鬳齋」，提要云：「希逸字肅翁，福清人，端平二年進士。」《閩中理學淵源考》卷八收錄《中書林竹溪先生希逸》云：「林希逸字肅翁，號鬳齋，福清人。」故應作「鬳齋考工記解」，《進呈底簿》誤。

《經説》宋熊明來著，二本

按：熊明來，《進呈書目》作「熊朋來」，是也。《總目》卷三十三著錄「五經說七卷」，元熊朋來撰。《元史》卷一百九十有其傳，云：「熊朋來字與可，豫章人。宋咸淳甲戌登進士第四人，授從仕郎寶慶府僉書判官廳公事。」故《進呈底簿》誤。

《經濟文集》明陳其愫選，十二本

按：經濟文集，《總目》卷一百九十三作「經濟文輯三十二卷」，明陳其愫輯。提要云：「是編選明代議論之文」分爲十六類，且所錄皆嘉靖隆慶以前之文。《存目》集部第 369 冊收錄此書，作「皇明經濟文輯二十三卷」，明陳其愫輯，明天啓七年自刻本。《經濟文集》六卷，爲元李士瞻所著，《進呈底簿》二書互誤，故應作「經濟文輯」。

《詩史品節》明陳深輯，二十四本

按：詩史品節，《總目》卷六十五作「諸史品節三十九卷」。《千頃堂書目》卷五、崇禎《吳興備志》卷二十二均與《總目》同。又《吳興藝文補》卷三十八收錄陳深《諸史品節序》，故應作《諸史品節》，《存目》史部第 132 冊收錄此書，作「諸史品節四十卷」，明萬曆二十一年刻本，故《進呈底簿》誤。

《吳文肅集》明吳儆著，四本

按：乾隆《江南通志》卷一百九十四《藝文志》載「《吳文肅集》宜興吳儼」。《千頃堂書目》卷二十著錄「吳儼《吳文肅公摘稿》」，小注云：「字克溫，宜興人，南京禮部尚書，贈太子少保，謚文肅。」又卷二十九著錄「吳儆《吳文肅公竹洲文集》二十卷」，小注云：「字益恭，休寧人。舉紹興二十七年進士。官朝散郎，主管台州崇道觀。」亦謚文肅。綜上所述，吳儼爲明人，吳儆爲宋人，又《季滄葦藏書目》著錄「宋《吳文肅公儆集》廿卷，四本」，又《總目》卷一百五十九著錄《竹洲集》二十卷，宋吳儆撰，安徽巡撫採集本。

則此處應該作「宋」，《進呈底簿》誤。

《説楛》明焦，四本

按：明焦，《進呈書目》作「明焦竑著」，非是。《千頃堂書目》卷十二作「焦周《焦氏說楛》七卷」，小注云：「焦竑子，萬曆庚子舉人。」《總目》卷一百二十八作「說楛七卷」，明焦周撰。可知，此處應作「焦周」，《進呈底簿》闕「周」字，《進呈書目》誤「焦周」作「焦竑」。

《陸清河集》晉陸機著，二本

按：陸機，《漢魏六朝百三家集題辭注》作「陸雲」，乾隆《江南通志》卷一百九十三《藝文志》著錄此書，作「《陸清河集》十二卷，吳郡陸雲」。《冊府元龜》卷八百三十八載：「陸雲字士龍，士衡（陸機）弟也，……成都王穎表爲清河內史。」又《隋書》卷三十五《經籍志》載「晉清河太守陸雲集十二卷」，據此，陸雲曾爲清河太守，故亦名陸清河，則《陸清河集》應爲陸雲所著。因陸機爲陸雲兄，名聲顯於雲，故《進呈底簿》誤作「陸機」也。

《劉中庶集》梁劉孝感著

按：劉中庶集，《漢魏六朝百三家集題辭注》作「劉孝威集」。劉孝威，劉孝綽第六弟。《隋書》卷三十五《經籍志》載「梁太子庶子劉孝威集十卷」，則《進呈底簿》誤，應作「劉孝威」。

《詩故》明朱謀瑋撰，一本

按：應作「朱謀㙔」。《明史》卷九十六《藝文志》著錄此書，清抄本《明史》卷三百八十五《儒林傳》有其傳，云：「朱謀㙔字鬱儀，寧府鎮國中尉獻王七世孫也。」

《讀宋史偶識》明楊夢原著，四本

按：楊夢原，《總目》卷四十六載「宋史偶識三卷」，明項夢原撰。提要云：「夢原字希憲，秀水人。萬曆己未進士，官至刑部郎中管河張秋。其書乃讀《宋史》時隨筆摘錄，又他書所見可以參考者附之，閒加評斷」云云，可知即爲此書。雍正《浙江通志》亦載其人，故應爲「項夢原」。《存目》史部第 1 冊收錄此書，作「項夢原」，明天啓六年自刻本，故《進呈底簿》作「楊夢原」誤也。

《觀物篇解》元祝秘輯，四本

按：元祝秘，《總目》卷一百八作「宋祝泌撰」，提要云：「泌字子涇，鄱陽人，自號觀物老人。」《千頃堂書目》卷十三載「祝泌《祝氏秘鈐》五卷」，小注云：「字子涇，德興人。宋咸興十年進士，官饒州路三司提幹。元世祖徵之，不起，遣甥傅立上其書於朝。」可知《進呈底簿》誤，應作「宋祝泌」。

《芙蓉集》如皐宋元鼎著，四本

按：宋元鼎，《總目》卷一百八十三作「宗元鼎」，提要云：「元鼎字定九，號梅岑，江都人。」乾隆《江南通志》卷一百九十四《藝文志》亦作「揚州宗元鼎」。又根據《淮海英靈集》甲集卷三載，其爲江都人，居東鄉宜陵鎮之東。《存目》集部第 238 冊收錄此書，作「宗元鼎」，清康熙元年刻本。卷首載「廣陵宗元鼎定九氏詩稿」。可知，《進呈底簿》作「如皐宋元鼎」爲誤，應爲「江都宗元鼎」。

《鼓枻稿》元虞堪著，一本

按：元虞堪，《總目》卷一百六十九作「明虞堪」，虞堪字克用，一字勝伯，長洲人。至正中隱居不仕，至洪武中起爲雲南府教授，故提要云：「原本題曰元虞堪，非其實也。」應作「明虞堪」。

《關定紀定本》明戴光啓等纂，四本

按：關定紀定本，《總目》卷六十作「關帝紀定本四卷」，《抽燬書目》中亦著錄此書，且云：「係明戴光啓輯，以關帝事實及歷代尊崇故典分門纂次。」故應作「關帝紀定本」，故《進呈底簿》誤。

《周義訂義》宋王與之輯，十六本

按：周義訂義，《總目》卷十九作「周禮訂義八十卷」，《宋史》卷二百二《藝文志》、《經義考》卷一百二十四均與《總目》同。《進呈底簿》「周禮」誤作「周義」也。

《讀周禮略記》明朱朝英著

按：朱朝英，《總目》卷二十八、《千頃堂書目》卷二十七、雍正《浙江通志》均作「朱朝瑛」，朱朝瑛字美之，號康流，又號罍庵，海寧人。崇禎庚辰進士，官旌德縣知縣。《存目》經部第 84 冊收錄其《讀周禮略記》六卷，作「朱朝瑛」，清鈔七經略記本。故《進呈底簿》誤。

《遺忠錄》明張芹輯，二本

按：《總目》卷六十一著錄《別本革朝遺忠錄》二卷，提要云：「不著撰人名氏，惟題青州府知府杜思子睿重刻。」可知此本爲郁衮《革除遺忠錄》，又云：「書首冠以張芹《備遺錄》、黃佐《革除遺事》、敖英《備遺續錄序》三篇，皆與書不相應。」則張芹所著應爲《備遺錄》，而此《遺忠錄》實爲鬱衮所著。《存目》史部第 90 冊收錄此書，明嘉靖杜思刻本。

《劍莢》明錢希言輯，八本

按：劍莢，《總目》卷一百十六、清抄本《明史》卷一百三十四《藝文志》《千頃堂書目》卷九均作「劍筴」。《存目》子部第 77 冊收錄此書，作「劍筴」，明刻本。故《進呈底簿》誤。

《周易存義錄》江陰徐世沆著，六本

《周易惜陰錄》江陰徐世沆著，十本

《周易存義詩》江陰徐世沆著，三本

按：以上三條《進呈書目》作「徐世沐」。《總目》卷九作「徐世沐」，乾隆《江南通志》卷一百六十三有其傳，云：「字爾瀚，江陰諸生。」《進呈底簿》誤。又《總目》卷九載其所著《周易惜陰錄》四十六卷、《周易存義錄》十二卷、《周易惜陰詩集》三卷。則《進呈底簿》作「周易存義詩」爲誤，應作「周易惜陰詩集」。

《璇璣遺述》明揭曉著，四本

按：揭曉，《總目》卷一百七作「揭暄」，揭暄字子宣，江西廣昌人。《續修》第 1033 冊收錄此書，作「揭暄」，乾隆三十年刻本。可知《進呈底簿》誤。

《古詩所》明臧懋修輯，十二本

按：臧懋修，《千頃堂書目》卷三十一、《明史》卷九十九《藝文志》均作「臧懋循」，《佩文齋書畫譜》卷四十四有其傳，云：「字晉叔，長興人。萬曆庚辰進士。」《總目》卷一百九十三作「詩所五十六卷，明臧懋循編」，即爲此書。《存目》集部第 325 冊收錄此書，作「臧懋循」，明萬曆刻本。故《進呈底簿》誤。

《詩經六帖》明徐光起著，六本

按：徐光起，《總目》卷十七作「詩經六帖重訂十四卷」，明徐光啓撰。

徐光啓字子先，上海人。萬曆甲辰進士。《存目》經部第 64 冊載《新刻徐玄扈先生纂輯毛詩六帖講意》四卷，明徐光啓撰。明萬曆四十五年刻本。故《進呈底簿》誤。

《五代史補》宋王禹偁著，二本

按：《總目》卷五十一作「五代史闕文一卷」，宋王禹偁著。《郡齋讀書志》卷二上載：「錄五代史筆避嫌漏略者以備闕文」，《直齋書錄解題》卷五、《國史經籍志》卷三等書目文獻均與《總目》同。故應爲《五代史闕文》，又《五代史補》乃宋陶岳所著，故《進呈底簿》誤。

《詩話總龜》宋阮一閲編，十本

按：阮一閲，《總目》卷一百九十五作「阮閲」。阮閲字閎休，舒城人。雍正《江西通志》卷六十載其人。則《進呈底簿》作「阮一閲」誤也。

《舞譜》明朱載煻撰，二本

按：《天祿琳琅書目》卷七作「樂舞全譜，明朱載堉著」。《總目》卷三十八載其《樂律全書》四十二卷，提要云：「載堉，鄭恭王厚烷世子也。」則《進呈底簿》誤。

《文體明辨》明徐世曾纂，二十五本

按：徐世曾，《進呈書目》作「徐師曾」。《總目》卷一百九十二、《國史經籍志》卷五均作「徐師曾」，徐師曾字伯魯，吳江人。嘉靖癸丑進士，官至吏科紹事中。同治《蘇州府志》卷一百五有其傳。故《進呈底簿》誤。

《吳興掌故》明徐思獻輯，四本

按：《總目》卷七十四作「吳興掌故集十七卷，明徐獻忠撰」。徐獻忠字伯臣，號長谷，華亭人。嘉靖乙酉舉人，官奉化縣知縣。《千頃堂書目》卷七與《總目》同。《存目》史部第 188 冊收錄此書，作「吳興掌故集」，明徐獻忠撰，明嘉靖三十九年刻本。故《進呈底簿》誤。

《少岷拾存稿》明曾嶼著，四本

按：曾嶼，《總目》卷一百七十六作「曾璵」，提要云：「璵字東玉，瀘州人。正德戊辰進士，官至建昌府知府。」雍正《江西通志》卷六十二有其傳，亦作「曾璵」，故《進呈底簿》誤。

《唐宋元二十二家文集》明葛鼎等著，二十二本

按：葛鼎，《進呈書目》作「葛鼒」。《總目》卷一百九十三作「古文正集二編」，提要云：「舊本題葛鼒、葛鼐評輯」，又云：「文中評語亦止載鼐字，蓋鼒爲鼐兄，附名其間，實則鼐作也。」葛鼐字端調，吳縣人。崇禎庚午舉人。《存目》補編第 48 冊收錄此書，作「古文正集十卷二編不分卷」，明葛鼒、葛鼐評輯，明崇禎永懷堂刻本。故《進呈底簿》誤。

• 兩江第二次書目

按：《進呈底簿》作「兩江第二次書目計共三百種」。

《點易丹》明顧懋著，四本

按：顧懋，《進呈書目》作「顧懋懋」，非是。《總目》卷八作「顧懋樊」，《桂林點易丹》十六卷，提要云：「懋樊字霖調，仁和人。其自題桂林者，乃舉所居之地而言也。」《經義考》卷六十五載與《總目》同。《存目》經部第 25 冊收錄此書，亦作「顧懋樊」，明崇禎二年刻本。故《進呈底簿》《進呈書目》均誤。

《明典故紀聞》明余紀登輯，四本

按：余紀登，《進呈書目》作「余繼登」。《總目》卷五十四作「典故紀聞十八卷」，明余繼登撰。《千頃堂書目》與《進呈書目》同。《明史》卷二百十六有其傳，云：「余繼登字世用，交河人。」《存目》史部第 52 冊收錄此書，作「余繼登」，明萬曆刻本。故《進呈底簿》誤。

《通鑒博論》明寧藩輯，三本

按：明寧藩，《總目》卷八十九作「明寧王權撰」，《明史》卷一百十七有其傳，云：「寧獻王權，太祖第十七子，洪武二十四年封。踰二年，就藩大寧。」《存目》史部第 281 冊收錄此書，作「三卷」、「明朱權」，明萬曆十四年內府刻本。朱權即寧王權，則《進呈底簿》作「寧藩」不確切也。

《俗書證錄》宋顏愍楚著

按：俗書證錄，《進呈書目》作「俗書正誤」，非是。《說郛》卷八十五作「《俗書證誤》隋顏愍楚撰」。《續修》第 236 冊收錄此書，作「俗書證誤一卷」，隋顏愍楚撰，清道光十五年劉際清等刻青照堂叢書本。可知《進呈底簿》誤，應作「俗書證誤隋顏愍楚著」。

《保生要錄》宋蒲處貫著

按：蒲處貫，《文淵閣書目》卷二作「蒲虔貫」。《正統道藏》洞神部方法類收錄此書，作「蒲虔貫」。可知《進呈底簿》誤也。

《歷代法帖釋文考異》仁和顧從義輯，一本

按：歷代法帖釋文考異，《總目》卷八十六作「法帖釋文考異」，《四庫全書》所錄各種文獻均同《總目》，書名無「歷代」二字。又按：其籍貫，《總目》作「上海人」，是也。現有文獻著錄其籍貫亦都作上海人。《進呈底簿》作仁和人，非是。乾隆《江南通志》卷一百七十載「顧從義，字汝和」，此或是《進呈底簿》誤錄其籍貫爲「仁和」之原因。

《絳帖記》宋姜堯章著，一本

按：絳帖記，《進呈書目》作「絳帖平」。《總目》卷八十六作「絳帖平六卷」宋姜夔撰。姜夔字堯章。康熙《江西通志》卷一百六十二、《善本書室藏書志》卷十四均與《總目》同，《進呈底簿》誤。

《少鶴集》明楚藩著，四本

按：《總目》卷一百七十七作「少鶴詩集八卷」，提要云：「明武岡王顯槐撰。顯槐，楚端王榮滅第三子，愍王顯榕之弟。嘉靖十七年封。榮滅嘗自稱黃鶴道人，故顯槐自號曰少鶴。」則《進呈底簿》作「楚藩」不確切也。

《樂府指迷》宋張焱輯，一本

按：張焱，《總目》卷二百、《千頃堂書目》卷二均作「張炎」。《存目》集部第 425 冊收錄此書，作「寶顏堂訂正樂府指迷二卷」，宋張炎撰，明萬曆繡水沈氏刻本。故《進呈底簿》誤。

《讀書劄記》明徐問之著，一本

按：徐問之，《總目》卷九十三作「徐問」，《讀書劄記》八卷，提要云：「問字用中，號養齋，武進人。宏治壬戌進士。」《千頃堂書目》卷十一與《總目》同。《明史》卷二百一有其傳，作「徐問」。故《進呈底簿》。誤。

《戴中丞集》明戴暨著，四本

按：戴暨，《總目》卷一百七十六作「戴鱀」，提要云：「鱀字時重，或作時量，字之譌也。號東石，鄞縣人。正德丁丑進士。」《存目》集部第 74 冊著錄此書，作「戴鱀」，明嘉靖三十九年刻本。故《進呈底簿》誤。

《湶修堂集》孝感熊世履著，二本

按：熊世履，《總目》卷一百八十二作「熊賜履」，熊賜履字敬修，孝感人。康熙戊戌進士。《存目》集部第230冊收錄此書，作「熊賜履」，十六卷，清康熙四十二年刻本。《進呈底簿》誤。

《塤箎吟》明虞淳熙等著，二本

按：塤箎吟，《總目》卷一百九十三作「塤箎音二卷」，明虞淳熙、虞淳貞同撰。提要云：「淳熙作者命曰『塤音』，淳貞作者命曰『箎音』。」可知應作「塤箎音」，《進呈底簿》誤。

《碧川文選》明楊守址著，四本

按：楊守址，《總目》卷一百七十五作「楊守阯」，提要云：「守阯字惟立，號碧川，鄞縣人。成化戊戌進士。」《千頃堂書目》卷二十與《總目》同。《存目》集部第 42 冊收錄此書，作「楊守阯」，明嘉靖四年刻本。則《進呈底簿》誤。

• 兩江總督高第三次進到書目計共三十三種

《朱正泉文集》二本

按：朱正泉，《進呈書目》作「朱止泉」。《道南淵源錄》卷十二收錄陸言著《朱止泉先生傳》，云：「朱澤澐，字湘陶，一字止泉，寶應人。」其有《朱止泉先生文集》八卷。

《白田堂堂集》五本

按：白田堂堂集，《進呈書目》作「白田草堂集」。《總目》卷一百八十四載《白田草堂存稿》二十四卷，國朝王懋竑撰，兩江總督採進本。

《淳化閣法帖考正》四本

按：《總目》卷八十六作「淳化祕閣法帖考正十二卷」，國朝王澍撰。

第四冊

• 江蘇省第一次書目計共一千五百二十一種

按：《進呈書目》作「一千二十一種」。

《陳正齋文集》六本

按：陳正齋文集，《總目》卷一百八十一作「誠正齋集八卷」，《存目》集部第202冊作「誠正齋文集八卷」，清上官鋐撰，清康熙二十二年刻本。書前有序末題「山西翼城上官鈺松石甫題於絳雪居之誠正齋」，據此可知《進呈底簿》誤。

《周公肅公書》六本

按：周公肅公書，《進呈書目》作「周恭肅公集」。《總目》卷一百七十六作「周恭肅集十六卷」，明周用撰。提要云：「用字行之，吳江人。宏治壬戌進士，官至吏部尚書，諡恭肅。」《千頃堂書目》卷二十一載「周用周恭肅公集十六卷」。《浙錄》癸集上（P658）亦作「周恭肅公集十六卷」，可知《進呈底簿》誤。

《皇書軼典》二本

按：皇書軼典，《進呈書目》作「皇書秩典」，誤也。《總目》卷一百三十四作「皇書帝佚」無卷數，明蔣軼凡編。提要云：「首載僞三墳及乾坤鑿度，謂之《皇書》。次載《中天佚典》，託名五帝之言，謂之《帝佚》。」

《明地輿志》十本

按：明地輿志，《蘇錄》（4P279）作「明輿地志」，提要云：「此書依天文分野分派州郡，記其建置沿革，共二十四卷。」據此可改。

《對長夜語》一本

按：對長夜語，《進呈書目》作「對床夜語」。《總目》卷一百九十五作「對牀夜語五卷」，宋范晞文撰。《善本書室藏書志》卷三十九等書目文獻均與《總目》同。《進呈底簿》誤。

《桑懌民集》十本

按：桑懌民集，《進呈書目》作「桑民懌集」。《本朝分省人物考》卷二十二載「桑悅，字民懌，蘇州人也」。《石滄詩稿》卷三十二《西峰集》收錄《偶閱桑民懌集有老人燈詩二首余爲和之》，據此，應爲「桑民懌集」，《進呈底簿》誤。《蘇錄》（4P420）作「桑氏集」，柳州通判常熟桑悅著，共十六卷。《存目》集部第39冊著錄《思玄集》十六卷附錄一卷，明桑悅撰，明萬曆二年桑大協活字印本。書前有楊循吉撰《明故思玄先生柳州府通判桑公墓誌銘》云：「先生諱悅，字民懌」，亦可證《進呈底簿》之誤。

《列山通紀》十六本

按：列山通紀，《總目》卷一百四十七作「列仙通紀六十卷」，國朝薛大訓撰，江蘇巡撫採進本。此書乃採集神仙故事，《蘇錄》（4P336）亦作「列仙通紀」，提要云：「共五十卷」。《存目》子部第 260 冊收錄此書，作「六十卷」，清刻本。《進呈底簿》誤。

《陳元齋集》一本

按：陳元齋集，《進呈書目》作「陳亢齋集」，非是。查《蘇錄》（4P396）著錄《陳克齋集》，陳文蔚著，三卷。《總目》卷一百六十二著錄此書，作「克齋集十七卷」，湖北巡撫採進本。《進呈底簿》《進呈書目》均誤。

《兵機彙纂》四本

按：兵機彙纂，《總目》卷一百作「兵機類纂三十二卷」，明張龍翼撰，江蘇巡撫採進本。提要云：「分爲三十二類，每類中又各析子目。」《蘇錄》（4P338）所載與《總目》同。可證《進呈底簿》誤。

《孝經學學集解》二本

按：孝經學學集解，《進呈書目》作「孝經小學集解」。《總目》卷三十二作「孝經集解一卷」國朝蔣永修撰。根據提要，此書原與《小學》合刊，名爲「孝經小學集解大全」，故《進呈底簿》誤。

《戊均課講周易》二本

按：戊均課講周易，《總目》卷九作「成均課講周易」國朝崔紀撰。《清文獻通考》二百十二《經籍考》與《總目》同，《蘇錄》（4P110）作「成均課講周易十二卷」。又《存目》經部第 37 冊收錄此書，亦作「成均課講周易」十二卷，清乾隆活字本。故《進呈底簿》誤。

《傅與蠣詩集》二本

按：傅與蠣詩集，《總目》卷一百六十七作「傅與礪詩文集二十卷」，提要云：「若金初字汝礪，揭傒斯爲改字與礪，江西新喻人。」《千頃堂書目》卷二十九作「傅與礪詩集」，元傅若金撰，其又有《傅與礪文集》。《天一閣書目》卷四之一亦載，《蘇錄》（3P134）作「傅與礪文集十一卷附錄一卷詩集八卷」。可知《進呈底簿》誤，應作「傅與礪」。

《九經眞音》二本

按：九經眞音，《蘇錄》（4P182）作「九經直音」，提要云：「此書專詳九經字音，共二冊。」《總目》卷三十三作「明本排字九經直音二卷」。可證《進呈底簿》誤也。

《周官錄田考》一本

按：周官錄田考，《總目》卷十九作「周官祿田考三卷」，國朝沈彤撰。根據提要，此書乃辨歐陽修「《周禮》官多田少，祿且不給」，分為官爵數、公田數、祿田數三篇。故《進呈底簿》誤。

《聖門志》八本

按：聖門志，《總目》卷五十九作「聖門志六卷」，明呂元善撰。《存目》史部第 79 冊收錄此書，明崇禎刻本。故《進呈底簿》誤。

《治河或問》二本

按：治河或問，《總目》卷七十五作「治水或問四卷」，明龐尚鴻撰。《千頃堂書目》卷八與《總目》同，小注云：「南海人」。又《千頃堂書目》卷二十六載「龐尚鴻贛言一卷」，小注云：「字昆成，尚鵬弟。」《蘇錄》（4P252）作「治河或問」，明南海龔尚鴻著，提要云：「此書專論治河事共四卷。」可知應作「龐尚鴻《治水或問》」，《進呈底簿》《蘇錄》均誤也。

《揆易堂解》二十四本

按：揆易堂解，《進呈書目》作「易堂解」，誤也。《總目》卷十作「周易撥易堂解二十卷」，國朝劉斯組撰。《蘇錄》（4P105）作「撥易堂解」，提要云：「共二十四卷。」《存目》經部第 39 冊收錄此書，作「周易撥易堂解二十卷首二卷末二卷」，清乾隆刻本。可知《進呈底簿》《進呈書目》均誤，應作「撥易堂解」。

《紗山會語》六本

按：紗山會語，《總目》卷九十六作「緒山會語二十五卷」，明錢德洪撰，江蘇周厚堉家藏本。《蘇錄》（4P444）作「緒山會語全集」，共二十五卷。可知《進呈底簿》作「紗山會語」誤。

《陳公介集》六本

按：陳公介集，《進呈書目》作「陳恭介集」，是也。《千頃堂書目》卷二十四作「陳有年陳恭介公集十二卷」。《蘇錄》（4P472）作「陳恭介集」十二卷。《續修》第 1352 冊收錄此書作「陳恭介公文集十二卷」明陳有年撰，明萬曆陳啓孫刻本。《進呈底簿》誤。

《鄧尉聖恩寺》四本

按：鄧尉聖恩寺，《進呈書目》作「鄧尉聖恩寺集」，非是。《總目》卷七十七作「鄧尉聖恩寺志十八卷」，明周永年撰。《八千卷樓書目》卷八、同治《蘇州府志》卷一百三十九均與《總目》同。《蘇錄》（4P278）作「鄧尉聖恩志」。又《續修》第 719 冊收錄此書，作「鄧尉聖恩寺志十八卷」，明崇禎十七年刻本。可證《進呈底簿》《進呈書目》均誤，應作「鄧尉聖恩寺志」。

《春秋事疑全考》八本

按：《總目》卷二十八作「春秋事義全考十六卷」，明姜寶撰。《千頃堂書目》卷二與《總目》同。乾隆《江南通志》卷一百九十《藝文志》作「春秋事義全考二十卷」。《蘇錄》（4P150）作「春秋事義全考」，十卷。故《進呈底簿》誤。

《讀書易蕞殘》三本

按：讀書易蕞殘，《總目》卷八十七作「讀書蕞殘三卷」，國朝王鉞撰。《蘇錄》（4P185）與《總目》同，《存目》史部第 277 冊收錄此書，亦作「讀書蕞殘」，清康熙六十一年刻本。可知《進呈底簿》衍「易」字。

《三妙集》三本

按：三妙集，《進呈書目》作「二妙集」，是也。《總目》卷一百八十八作「二妙集八卷」，此爲金段克己、段成己兄弟詩集。《千頃堂書目》卷二十九、《蘇錄》（4P405）與《總目》同，《進呈底簿》誤。

• 江蘇省第二次書目計共二百零五種

《練兵紀實》八本

按：練兵紀實，《總目》卷九十九作「練兵實紀九卷雜集六卷」，明戚繼光撰。《明史》卷九十八《藝文志》亦著錄此書，《蘇錄》（4P339）作「練兵實紀」，提要云：「爲目九卷右雜錄二卷，共十一卷。」則《進呈底簿》誤。

《梅里集》四本

按：梅里集，《進呈書目》作「梅果集」，誤也。《總目》卷六十作「梅里志四卷」，國朝吳存禮撰。根據提要，此書以泰伯居梅里，而吳氏出自泰伯，是以爲書，「以述其祖德」。《蘇錄》（4P280）作「梅里志」。又《存目》史部第 87 冊收錄此書，亦作「梅里志」，清雍正二年刻本。可知《進呈底簿》《進呈書目》均誤。

（三）存疑〔註 71〕

《笑拙墅稿》一冊，明余逢中著，一本

按：余逢中，《進呈書目》作「金逢中」。《總目》卷一百八十作「金建中」，提要云：「建中字仲立，海陽人。萬曆中國子監生。」《浙錄》閏集（P837）作「余建中」。

《遁甲吉方直指》一冊，明王殿曳輯，一本

按：王殿曳，《總目》卷一百十一作「王巽」，提要云：「巽自號秦臺子，蘭陽人。」《浙錄》庚集（P468）作「明登仕郎五官司歷河南蘭陽王巽曳輯」。

《資暇集》三卷，明李濟翁輯，一本

按：明李濟翁，《總目》卷一百十八作「唐李匡乂」，提要云：「舊本或題李濟翁，蓋宋刻避太祖諱。」《郡齋讀書志》卷三下、《國史經籍志》卷四均作「李匡乂」。《浙錄》己集（P376）作「唐李匡義」。《直齋書錄解題》卷十、《文獻通考》卷二百十四《經籍考》均作「唐李匡文濟翁」，查《新唐書》卷五十九《藝文志》載「李匡文資暇三卷」。《進呈底簿》作「明」誤也，應作「唐」。《十駕齋養新錄》卷十三「文獻通考」條云：「又見卷二百四十八總集類李匡文《資暇集》三卷，二百十四雜家類，而卷二百十五又有李匡義《資暇》三卷，不知義與文乃字形相涉而譌也。」

《茶經》六卷《酒史》六卷，明徐渭著，三本

按：茶經六卷，《進呈書目》作「茶經一卷」。《總目》卷一百十五作「茶經三卷」，唐陸羽撰。《浙錄》庚集（P430）作「一卷」。則《進呈底簿》作「六卷」誤也。《總目》卷一百十六作「酒史六卷」，明馮時化撰。提要云：「浙江鮑士恭家別本其文竝同，而改題曰徐渭撰。案書中所載有袁宏道《觴政》《酒評》，渭集雖宏道所編，然宏道實不及見渭，渭何由收宏道作乎？其為坊賈偽題明矣。」可知，《酒史》非徐渭所著矣。《存目》子部第 80 冊收錄《酒史》，明馮時化輯，明隆慶四年獨醒居士刻本。

《經術要義》四卷，國朝顏光斅著，二本

按：顏光斅，《進呈書目》作「顏光教」。《總目》卷一百三十三作「國朝

〔註 71〕未能考訂之條目，在此存疑。

高元標撰」，提要云：「元標字琴山，嘉興人。」《浙錄》己集（P374）作「國朝提督浙江學政曲阜顧光斆輯」。雍正《浙江通志》卷一百四十九載顏光斆，知其乃山東曲阜人，其督學浙江，與《浙錄》所載相符。

國朝徐宏道《遊記》十卷，十本

按：《總目》卷七十一著錄《徐霞客遊記》十二卷，明徐宏祖撰。宏祖號霞客，江陰人。

宋陳祥道《經論語全解義》十卷，四本

按：經論語全解義，《進呈書目》作「文經論語全解義」，非是。《總目》卷三十五作《論語全解》十卷，提要云：「每卷皆標曰：『重慶陳用之眞本，入經論語全解』，未詳其義。」陳祥道字用之，其標題疑爲《入經論語全解》，《進呈底簿》無「入」字，《進呈書目》誤爲「文」字。

《楚南苗志》江寧程啓生著，八本抄本

按：程啓生，《進呈書目》作「程致生」，誤也。《總目》卷七十八作「六卷，國朝段汝霖撰」。段汝霖字時齋，號梅亭，漢陽人。且提要云：「是書乃汝霖爲湖南永綏同知時所作。」未知程啓生作過此書。《存目》史部第256冊收錄此書，亦作「段汝霖」，清乾隆二十三年刻本。

《襪線集》明汪德著，二本

按：《總目》卷一百七十五著錄此書，作「明蕭儀撰」，提要云：「儀字德容，樂安人。永樂乙未進士。」光緒《重修安徽通志》卷三百四十三作「汪德」。《存目》集部第31冊著錄《重刻襪線集》二十卷，明蕭儀撰，清乾隆五年重刻本。

《愚公集》明僧如愚著，四本

按：僧如愚，《千頃堂書目》卷二十六、同治《蘇州府志》卷一百三十八均作「錢謙貞」。

《方改亭奏議》一本

按：《總目》卷五十六作「方改亭奏草」無卷數，明方鳳撰。《蘇錄》（4P429）作「方改亭集」。《續修》第1338冊收錄方鳳《改亭存稿》十卷、《改亭續稿》六卷，明崇禎十七年刻本。

《三通彙典》四本

按：《總目》卷一百三十八作「三通政典」無卷數，提要云：「不著撰人名氏，並不著書名。《江蘇採集遺書目錄》題曰『三通政典』亦不知何據也。」《蘇錄》（4P352）作「三通令典」。

《詩經廣大全》二十卷，國朝王夢白、陳張陳同輯，八本

按：王夢白、陳張陳，《總目》卷十八作「黃夢白、陳曾」，提要云：「夢白字金孺，曾字衣聖，皆無錫人。」《經義考》卷一百十八作「王氏夢白、陳氏曾」，《浙錄》甲集（P59）作「王夢白、陳張曾」。《存目》經部第 77 冊收錄此書，清康熙二十一年刻本。書前有康熙壬戌王夢白序、陳曾序，又書前載「梁溪後學王夢白金孺氏編，陳張曾衣聖氏輯」。未知孰是。

參考文獻

著　作

1. 吳慰祖校訂，《四庫採進書目》，商務印書館，1960 年。
2. （清）紀昀等編，《四庫全書總目》，中華書局，1965 年。
3. 黃愛平，《〈四庫全書〉纂修研究》，中國人民大學出版社，1989 年。
4. 四庫全書存目叢書編纂委員會編，《四庫全書存目叢書》，齊魯書社，1995 年。
5. 中國第一歷史檔案館編，《纂修四庫全書檔案》，上海古籍出版社，1997 年。
6. 四庫未收書輯刊編纂委員會編，《四庫未收書輯刊》，北京出版社，2000 年。
7. 續修四庫全書編纂委員會編，《續修四庫全書》，上海古籍出版社，2002 年。
8. 四庫禁燬書叢刊編纂委員會編，《四庫禁燬書叢刊》，北京出版社，2005 年。
9. （清）黃烈等編，《江蘇采輯遺書目錄》，張昇編《〈四庫全書〉提要稿輯存》，北京圖書館出版社，2006 年。
10. 復旦大學圖書館古籍部編，《四庫系列叢書目錄·索引》，上海古籍出版社，2007 年。
11. （清）沈初等編，《浙江採集遺書總錄》，上海古籍出版社，2010 年。
12. （唐）魏徵等，《隋書》，中華書局，1973 年。
13. （宋）歐陽修、宋祁，《新唐書》，中華書局，1975 年。
14. （元）脱脱等，《宋史》，中華書局，1977 年。
15. （清）張廷玉等，《明史》，中華書局，1974 年。

16. （清）萬斯同，《明史》，清抄本，《續修》第324～331冊。
17. （宋）施宿等，嘉泰《會稽志》，《四庫全書》本，總486冊。
18. （明）沈應文、張元芳纂，萬曆《順天府志》，明萬曆刻本，《存目》史部第208冊。
19. （明）蕭良幹、張元忭等纂，萬曆《紹興府志》，明萬曆刻本，《存目》史部第200冊。
20. （明）董斯張，崇禎《吳興備志》，《四庫全書》本，總494冊。
21. （清）岳濬等修，杜詔等纂，雍正《山東通志》，《四庫全書》本，總539～541冊。
22. （清）邁柱等修，夏力恕等纂，雍正《湖廣通志》，《四庫全書》本，總531～534冊。
23. （清）謝旻等修，陶成等纂，雍正《江西通志》，《四庫全書》本，總513～518冊。
24. （清）嵇曾筠等修，沈翼機等纂，雍正《浙江通志》，《四庫全書》本，總519～526冊。
25. （清）趙弘恩等修，黃之雋等纂，乾隆《江南通志》，《四庫全書》本，總507～512冊。
26. （清）郝玉麟等修，謝道承等纂，乾隆《福建通志》，《四庫全書》本，總527～530冊。
27. （清）錢維喬修，錢大昕纂，乾隆《鄞縣志》，清乾隆五十三年刻本，《續修》第706冊。
28. （清）李銘皖、馮桂芬纂修，同治《蘇州府志》，稿本，藏於蘇州圖書館。
29. （清）沈葆楨等修，何紹基等纂，光緒《重修安徽通志》，清光緒四年刻本，《續修》第651～655冊。
30. （清）周家楣等修，張之洞、繆荃孫纂，光緒《順天府志》，清光緒十二年刻本，《續修》第683冊。
31. （宋）晁公武，《郡齋讀書志》，《四庫全書》本，總674冊。
32. （宋）陳振孫，《直齋書錄解題》，《四庫全書》本，總674冊。
33. （宋）王堯臣等，《崇文總目》，《四庫全書》本，總674冊。
34. （明）焦竑，《國史經籍志》，明萬曆三十年刻本，《存目》史部第277冊。
35. （明）楊士奇編，《文淵閣書目》，《四庫全書》本，總675冊。
36. （明）董斯張等輯，《吳興藝文補》，明崇禎六年刻本，《存目》集部第376冊。

37. （清）朱彝尊，《經義考》，《四庫全書》本，總 677～680 冊。
38. （清）錢謙益，《絳雲樓書目》，清嘉慶二十五年劉氏味經書屋抄本，《續修》第 920 冊。
39. （清）丁丙，《善本書室藏書志》，清光緒二十七年錢塘丁氏刻本，《續修》第 927 冊。
40. （清）阮元撰，李慈銘校訂，《文選樓藏書記》，清越縵堂抄本，《未收》第 1 輯第 30 冊。
41. （清）丁丙藏，丁仁編，《八千卷樓書目》，民國十二年鉛印本，《續修》第 921 冊。
42. （清）于敏中，《天祿琳琅書目》，《四庫全書》本，總 675 冊。
43. （清）季振宜藏，《季滄葦藏書目》，清嘉慶十年黃氏士禮居刻本，《續修》第 920 冊。
44. （清）錢大昕，《元史藝文志》，清刻潛研堂全書本，《續修》第 916 冊。
45. （清）張之洞，《書目答問》，清光緒刻本，《續修》第 921 冊。
46. （清）姚覲元編，《清代禁燬書目四種》，清光緒十年刻咫進齋叢書第三集本，《續修》第 921 冊。
47. （清）瞿鏞編纂，《鐵琴銅劍樓藏書目錄》，上海古籍出版社，2000 年。
48. （清）黃虞稷，《千頃堂書目》，上海古籍出版社，2001 年。
49. （清）范邦甸等，《天一閣書目》，上海古籍出版社，2010 年。
50. 林夕主編，《中國著名藏書家書目匯刊》，商務印書館，2005 年。
51. 中華書局編輯部編，《宋元明清書目題跋叢刊》，中華書局，2006 年。
52. （宋）鄭樵，《通志》，《四庫全書》本，總 372～81 冊。
53. （元）馬端臨，《文獻通考》，《四庫全書》本，總 610～616 冊。
54. （清）嵇璜、曹仁虎等，《欽定續通志》，《四庫全書》本，總 392～401 冊。
55. （清）乾隆十二年，《清文獻通考》，《四庫全書》本，總 632～638 冊。
56. （宋）眞宗敕撰，王欽若、楊億等，《冊府元龜》，《四庫全書》本，總 902～919 冊。
57. （明）過庭訓，《本朝分省人物考》，明天啓刻本，《續修》第 533～536 冊。
58. （明）張昶等，《吳中人物志》，明隆慶張鳳翼張燕翼刻本，《續修》第 541 冊。
59. （明）胡應麟撰，江湛然編，《少室山房集》，《四庫全書》本，總 1290 冊。

60. （明）陶宗儀編，《説郛》，《四庫全書》本，總 875 冊。
61. （明）張溥，《漢魏六朝百三家集題辭注》，人民文學出版社，1963 年。
62. （明）唐順之，《荊川集》，《四庫全書》本，總 1276 冊。
63. （清）黃宗義，《明文海》，中華書局，1987 年。
64. （清）章履仁輯，《姓史人物考》，清乾隆二十年刻本，《未收》第 4 輯第 17 冊。
65. （清）阮元輯，《兩浙輶軒錄》，清嘉慶仁和朱氏碧溪艸堂錢塘陳氏種榆仙館刻本，《續修》第 1683 冊。
66. （清）王士禛，《池北偶談》，《四庫全書》本，總 870 冊。
67. （清）陶元藻輯，《全浙詩話》，清嘉慶元年怡雲閣刻本，《續修》第 1703 冊。
68. （清）盧文弨輯，莊翊昆等校補，《常郡八邑藝文志》，清光緒十六年刻本，《續修》第 917 冊。
69. （清）李清馥，《閩中理學淵源考》，《四庫全書》本，總 460 冊。
70. （清）高廷珍等，《東林書院志》，清雍正十一年刻本，《存目》史部第 246 冊。
71. （清）倪濤，《六藝之一錄》，《四庫全書》本，總 830 冊。
72. （清）聖祖御定，孫岳頒等，《佩文齋書畫譜》，《四庫全書》本，總 819 冊。
73. （清）朱彝尊，《曝書亭集》，《四庫全書》本，總 1317～1318 冊。
74. （清）阮元輯，《淮海英靈集》，清嘉慶三年小琅嬛仙館刻本，《續修》第 1682 冊。
75. （清）鄒鍾泉，《道南淵源錄》，清道光二十八年道南祠刻本，《未收》第 9 輯第 7 冊。
76. （清）張玉書、陳廷敬等，《佩文韻府》，《四庫全書》本，總 1011～1028 冊。

論　文

1. 黃寬重，《〈四庫採進書目〉的補遺問題：以淮商馬裕呈送書目爲例》，《宋史叢論》，臺北新文豐出版公司，1993 年。
2. 杜澤遜，《吳慰祖校訂〈四庫採進書目〉舉正》，《圖書館工作與研究》，2000 年第 2 期。
3. 杜澤遜，《四庫提要條辨》，《圖書館工作與研究》，2003 年第 4 期。
4. 江慶柏，《四庫全書地方採進本的地域性問題》，《圖書館雜誌》，2007 年第 8 期。

5. 江慶柏，《四庫全書私人呈送本中的鄭大節家藏本》，《圖書館工作與研究》，2008 年第 6 期。
6. 江慶柏，《四庫全書私人呈送本中的宋瑞金家藏本》，《圖書館理論與實踐》，2009 年第 10 期。
7. 江慶柏，《乾隆朝浙江省向四庫館呈送圖書的數目》，《歷史檔案》，2009 年第 3 期。

後　記

收錄在這本書集中的十篇論文，都是本人指導的南京師範大學文學院中國古典文獻學專業碩士研究生的畢業論文。

這些論文都以《四庫全書》爲研究對象。從內容上看，可以分爲三部分。第一至第六篇是對《四庫全書總目》的考訂，第七至第九篇是對《四庫全書》本的考訂，最後一篇是對四庫進呈文獻的考訂。我們今天能看到的四庫提要、四庫各庫本、四庫進呈文獻都有幾種不同的本子，各種本子之間的差異是非常大的。考訂這些差異，是四庫學研究的重要內容。

這些論文可能在研究的深度上還需要繼續努力，有些結論還可以商榷，一些文字表達還顯稚嫩，但每一考訂成果，都是作者自己深入思考的結果，每篇論文的完成都是作者在自己閱讀文獻的基礎上，經過反覆修改完成的。其中有些內容已經在學術刊物上發表過，有些研究成果也已被他人引用。考慮到這些論文對四庫學的研究或許有所幫助，且論文主題相同，因徵得各位同學的同意，結爲一集，予以出版。

這些論文最早的完成於二〇〇六年，最遲的完成於二〇一五年，前後間隔有十年時間。這期間，四庫學研究發展很快。這些論文中的表述，前後可能會有不一致的地方。如果不是原則上的問題，一般不作改動。論文的一些表述有自己的特點，我們也沒有加以統一。

南京師範大學文學院中國古典文獻學專業注重學生基礎知識的傳授，注重學生基本功的訓練，強調遵守基本的學術規範。各位同學學業的完成，是自己努力的結果，也凝聚了專業老師的心血。作爲他們的指導老師，更高興地看到他們經過自己的努力所取得的成果。

衷心感謝花木蘭文化事業有限公司接受本書的出版。衷心感謝楊嘉樂先生爲出版此書付出的辛勞。

論文不足之處尚多，期盼各位專家批評指正！

江慶柏

二〇一七年九月，南京